Karl Friedrich Bohler · Michael Corsten (Hrsg.)

Begegnungen von Kulturen

Kultur und gesellschaftliche Praxis

Herausgeber:
Michael Corsten
Karl Friedrich Bohler
Hartmut Rosa

In den letzten Jahrzehnten hat es in der deutschsprachigen wie internationalen Soziologie nicht nur einen massiven Anstieg von Studien zu mannigfaltigen Kulturerscheinungen und verschiedenartigen Formen gesellschaftlicher Praxis gegeben. Es ist sowohl von einem practical turn als auch von einem cultural turn in den Sozial-, Kultur- und Geisteswissenschaften die Rede.

Die Reihe „Kultur und gesellschaftliche Praxis" hat sich den Anspruch gesetzt, die Vielfalt theoretischer und empirischer Untersuchungen im Feld der Kultur- und Gesellschaftsforschung miteinander zu verbinden. Die Reihe nimmt deshalb solche Arbeiten auf, die kultur- und praxisanalytische Zugänge systematisch verknüpfen, um darüber die symbolisch-praktische Erzeugung sozialer Welten in ihren konstitutiven Mechanismen zu rekonstruieren.

Die in dieser Reihe versammelten Studien widmen sich der Rekonstruktion von historischen, kulturellen und praktischen Bedingungen der Entstehung einzelner gesellschaftlicher Symptome und der Analyse der Gegenwartsgesellschaft als Ganzer.

Karl Friedrich Bohler
Michael Corsten (Hrsg.)

Begegnungen
von Kulturen

VS VERLAG

Bibliografische Information der Deutschen Nationalbibliothek
Die Deutsche Nationalbibliothek verzeichnet diese Publikation in der
Deutschen Nationalbibliografie; detaillierte bibliografische Daten sind im Internet über
<http://dnb.d-nb.de> abrufbar.

1. Auflage 2011

Lektorat: Frank Engelhardt

VS Verlag für Sozialwissenschaften ist eine Marke von Springer Fachmedien.
Springer Fachmedien ist Teil der Fachverlagsgruppe Springer Science+Business Media.
www.vs-verlag.de

Umschlaggestaltung: KünkelLopka Medienentwicklung, Heidelberg
Gedruckt auf säurefreiem und chlorfrei gebleichtem Papier
Printed in Germany

ISBN 978-3-531-17716-8

Inhaltsverzeichnis

Begegnungen von Kulturen?

Michael Corsten/Karl Friedrich Bohler

In den gegenwärtigen gesellschaftlichen Debatten finden sich mehrere Themen, die von Denkmustern beherrscht werden, die allesamt ihren Ausgangspunkt im Verhältnis von Raum und Kultur nehmen. Eine Kultur ist traditionell durch sozialräumliche Begrenzung charakterisiert. Sie stellt in Anlehnung an Max Weber ein „kollektives Individuum" dar, an dem die Mitglieder einer Gemeinschaft teilhaben. Doch die Beziehung von Raum und Kultur wandelt sich. Es wird in Folge dessen versucht, diese neu zu bestimmen. Dabei werden bezogen auf den Raum zwei Diagnosen als gegeben unterstellt.

Erstens die Ausweitung des gesellschaftlichen Raums, auf den sich Akteure beziehen können. Dies wird der Möglichkeit nach der gesamte Globus. Globalisierung ist das Stichwort, das wir damit verbinden. Und wenn von Akteuren die Rede ist, die den globalen Raum als Bezugsfeld ihres sozialen Handelns wahrnehmen, dann sind in der Regel nicht nur individuelle Akteure wie Arbeitsmigranten gemeint, sondern auch kollektive Akteure wie Organisationen oder Verbände und auch institutionelle Akteure wie Staaten oder supranationale Einheiten. Bereits von der „68er–Bewegung" wird schon als erster globaler Generation gesprochen (Fietze 2009).

Zweitens wird die zunehmende Bedeutung der Bewegung im Raum als selbstverständliches Faktum zugrunde gelegt, die mit der Erfahrung einhergeht, dass sich vieles nicht mehr an dem Ort befindet, an dem man es im Rahmen des überkommenen Weltbilds vermutet hätte.

Vor allem Arjun Appadurai (1998) hat diese Prozesse mit seiner These von der Enträumlichung der Kultur pointiert zum Ausdruck gebracht. Er fasst darunter mehrere Erscheinungen. Zunächst Räume, die durch Wanderungsbewegungen individueller Akteure - etwa durch Verlassenwerden oder durch Ankunft neuer Gruppen - verändert werden. Aber nicht nur Absenz oder Präsenz von Gruppen (wie Arbeitsmigranten, Touristen, Flüchtlinge) verändern die mit einem

Raum verbundenen Bedeutungen, auch wandelt sich die Identität der wandern-
den und verbleibenden Gruppen mit diesen Bewegungen. Selbst ethnische Räume können daher weder auf Territorien fixiert noch müssen sie notwendigerweise kulturell homogen sein.

Hinzu tritt allerdings auch eine Dynamik der Homogenisierung, die von der
Entwicklung der Transnationalisierung von Firmen und der Globalisierung der
Geld– und Finanzmärkte ihren Ausgangspunkt nimmt. Trotz zunehmender interner Heterogenität ähneln sich Globale Stadtzentren – so Saskia Sassen (1994) –
immer mehr. Vieles von dem in New York, London oder Tokio finden wir mittlerweile auch in der Einkaufszone von Gelsenkirchen. Global ist eben auch die
McDonaldisierung (Ritzer 1998) der Räume der Gesellschaft, das allerorts ver-
fügbare und sichtbare Einerlei der Markenprodukte des Massenkonsums: Sport-
artikel von Nike, „schwarze Brühe" von Coca–Cola, Elektronisches von Sony,
Ipods und andere Ithings von Apple, Jeans von Levi–Strauss[1].

Die globalen Massenprodukte sind Teil einer globalen Kommunikation und
globalen Kultur. Appadurai spricht von einer Enträumlichung der Ideen. Die
allerorts den Raum vereinnahmenden Bilder der massenmedial verbreiteten
Spots in Musik– und Werbebranche bestimmen die Phantasie und die Imaginati-
onskraft der Akteure. Populäre Marken und Musik verbreiten die Botschaften
eines globalen Lebensgefühls: „Just do it" – „Nothing is impossible"– „don't go
for second best" – „the winner takes it all" – „You can't beat the feeling".

Allerdings hat Roland Robertson in der Diskussion mit seinem hybriden
Schlagwort der Glokalisierung bereits auf das Fortwirken sozial- und kultur-
räumlicher Differenzen hingewiesen. Er bevorzugt den Begriff der selektiven
Einverleibung, um die aus seiner Sicht „weit verbreitete Neigung von National-
staaten zu beschreiben, Vorstellungen und Praktiken anderer Gesellschaften zu
‚kopieren' - auf unterschiedlich systematische Weise Projekte des Imports und
der Hybridbildung zu betreiben" (Robertson 1998: 217). Jeder Nationalstaat und
jede eigenkulturell geprägte Region verkörpere deshalb als Folge dieses Prozesses selektiven Lernens eine je unterschiedliche Mischung „fremder" und eigener
Ideen.

Globalisierung bezeichnet verschiedene Prozesse, „in deren Folge die Nati-
onalstaaten und ihre Souveränität durch transnationale Akteure, ihre Marktchan-

---

[1] Was soll auf Büchern eigentlich der Vorname Claude dazu? Vielleicht weil Claude Levi-Strauss in
den „Traurigen Tropen" bereits den Verlust an kultureller Vielfalt und die zunehmende Homogenisierung ansprach.

cen, Orientierungen, Identitäten und Netzwerke unterlaufen und querverbunden werden" (Beck 1997: 28f). Die Enträumlichung der Kultur, die transnationale Mobilität von Akteuren und Unternehmen (Pries 2008), die globale Popularisierung der Images der Massenkultur sind Prozesse von unterschiedlicher Dynamik. Globale Kultur gibt es nicht mehr im Singular – Globalisierung meint enträumlichte Kulturen im Plural. Und die mit ihnen entstandene Globalität sei „unrevidierbar", behauptet Ulrich Beck (1997: 29).

Aber so sehr vertraut uns diese Schlagworte und Denkmuster inzwischen erscheinen, so viel auch darüber berichtet und in der Öffentlichkeit reflektiert wird – ein klares Bild der Bedeutung der globalen Dynamiken und des Charakters einer globalisierten und pluralisierten Kultur ist nicht abzusehen. Die Gründe hierfür sind vielfältig, nicht nur weil die Epigonen der soziologischen Großtheorien – seien sie marxistischer oder systemfunktionalistischer Couleur – das ganze Gerede über Globalisierung für banal und längst bekannt erklären.

Sicherlich hat Marx auch schon im dritten Band des Kapitals von der globalen Beschleunigung der Finanzmärkte gesprochen und ebenso waren die ausdifferenzierten Teilsysteme der Gesellschaft für Niklas Luhmann transnationale gesellschaftliche Strukturprozesse: Die Funktionsdifferenzierungen fordern „zum ständigen Kreuzen von territorialen Grenzen auf" und wenn es um Nachrichten, Kredite, politisch–militärische Vorkehrungen oder Bildung geht, dann bauen diese subsystemischen Leitthemen „zusammen mit der Telekommunikation Raumschranken ab, so dass keine andere Wahl [bleibt], als von der Vollrealisation einer Weltgesellschaft auszugehen." (Luhmann 1997: 809).

Doch was folgt daraus? Dass wir – in der Perspektive der neomarxistischen Rhetoriken – überall und immer mehr in die Fänge des „Finanzmarktkapitalismus" (Windolf 2005) geraten? Oder – in der Perspektive der neosystemfunktionalistischen Position –, dass kulturelle, ethnische, geschlechtliche, sexuelle, regionale, stilistische Identitätsmerkmale als eben partikulare Aspekte der Gesellschaft kommunikativ beobachtet werden und daher die Gesellschaft immer stärker dazu tendiere, Personen in ihrer „Exklusionsindividualität" anzusprechen, wie Armin Nassehi (2003: 106) behauptet? Wobei „Exklusionsindividualität" dann nichts wäre, „was irgendwie aus der Gesellschaft exkludiert wäre" (ebd.).

Derartige Globaldiagnosen zur Globalisierung kranken insgesamt an der Verwendung einer allzu vagen und zu leicht dehnbaren Grundbegrifflichkeit. In einem klarsichtigen Essay zur Frage, ob „Marx und Engels doch nicht Recht hatten" vergleicht Hans Joas (1998) die Globalisierungsdiagnosen mit der neomarxistischen Haltung, in geschichtsphilosophischen Debatten gerne „das letzte

Wort" behalten zu wollen. Ihn stören daran weniger die Selbstimmunisierungs-
tendenzen, die makrosoziologisch und historisch–evolutionär angelegte Theorien
leicht annehmen, sondern die Ignoranz gegenüber der kulturellen Dimension der
Wertbestimmtheit der Globalisierungsprozesse. Seiner Auffassung nach unter-
liegen ihnen komplexe normative und institutionelle Voraussetzungen. Vor allem
aber ermöglichten Globalisierung, Transnationalisierung und kulturelle Enträumlichung auch die Entstehung neuer Werte.

Dies jedoch werden wohl auch kaum marxistische Autorinnen und Autoren
bestreiten. Und es bleibt eine Reihe von Fragen offen, selbst wenn man Joas
folgt, dass es mit der Globalisierung zu einer kulturellen Transformation der
Wirtschaftsgesellschaft kommt, die deren normative und institutionelle Voraussetzungen erneuert. So lässt sich bei den meisten der genannten Autoren nicht
klären, wie weit gefasst ihr Kulturbegriff ist, welches spezifische Konzept von
Identität sie verfolgen, was bei ihnen mit Raum oder Mobilität genau gemeint ist.
Aber ohne klare Begriffe von Kultur und Raum bleiben Diagnosen – wie die von
„enträumlichten Kulturen" – ähnlich unverständlich wie die Behauptung von
hybriden Identitäten als Folge von transkulturellen oder transnationalen Mobili-
tätserfahrungen.

Daher wollen wir im vorliegenden Band einfacher und zugleich präziser an-
setzen. Und darüber hinaus die Mahnung von Robertson (1998: 217) beherzigen,
wonach man in der Globalisierungsdiskussion nicht die empirischen Fragen mit
interpretativ-analytischen gleichsetzen sollte. Auch wir gehen in diesem Zusammenhang von einer Steigerung der Begegnungen zwischen und von Kulturen
aus. Dazu ist allerdings der Begriff der kulturellen Differenz genauer zu klären.
Beruht kulturelle Differenz zum Beispiel letztlich immer auf kultureller Fremdheit? Oder liegt kulturelle Differenz auch dann schon vor, wenn sich Kultur
allmählich und unmerklich wandelt? Unter welchen Bedingungen führt das Aufeinandertreffen kultureller Differenz zu sozialen Konflikten oder zur Hybridisierung der Identität? Wann treten Spannungen zwischen „starken Wertungen"
(Taylor 1985) oder Grundwerten auf, die sich kaum vermitteln lassen und zu
Schwierigkeiten der kulturellen Integration führen? Und sind zur Untersuchung
dieser Bedingungen nicht auch „akteursnähere" Ebenen der sozialen Praxis in
den Blick zu nehmen?

Die konkreten Fragen, die die Beiträge dieses Bandes vereinen, richten sich
auf die Zurechnung von Zugehörigkeiten und Autoritätsgeltungen in den Begegnungen von Kulturen. Die Erfahrung kultureller Differenz kann allerdings auch
in sich selbst spannungsgeladen sein. Und so ließe sich dafür argumentieren,

dass kulturelle und politische Fragen voneinander abgrenzen zu können selbst Resultat einer gesellschaftskulturellen Entwicklung ist, und zwar einer makrostrukturell recht bedeutsamen. Trotzdem oder gerade deshalb bleibt die Frage, was Begegnungen von Kulturen zu schwerwiegenden Ereignissen und Erfahrungen machen kann, offen.

So erscheint die globale Erweiterung der abendländisch–westlichen Kultur (die wir im Okzident gerne als „die" Moderne auffassen) auf der einen Seite fast trivial – einfach und selbstverständlich. Schließlich ist die Geschichte des Okzidents seit der Neuzeit durch territoriale Ausdehnung (nicht nur) ihres kulturellen Einflusses und Welthorizontes geprägt. Auf der anderen Seite bleibt diese zu einer universalistischen Identität tendierende Zugehörigkeit zur Menschheit oftmals abgelöst von dem, was Alois Hahn als partizipative Identität bezeichnet. Zur Menschheit gehören wir qua Grundrechte–Charta immer schon. Dazu müssen wir uns nicht aktiv an irgendwelchen Gemeinschaften oder sozialen Zusammenhängen beteiligen.

Menschsein ist demgemäß kein Teilhabekonzept. In gewisser Weise wird die Erfahrung des kulturellen Universalisten auch so lange unberührt und ungerührt von kultureller Differenz bleiben, wie sie seine partizipative Identität nicht tangiert. An solchen Beispielen zeigt sich wiederum die Notwendigkeit, die Vermittlung makrostruktureller Phänomene der Globalisierung und Interkulturalität auf der Meso- und Mikroebene zu analysieren. Denn die partizipative Identität macht nicht nur Ansprüche auf Zugehörigkeit geltend, sondern „schließt gleichzeitig andere von dieser Zugehörigkeit aus" (Hahn 2000: 13). Dabei–Sein und Mitmachen können gleichsam nicht alle.

Umgekehrt ließe sich jedoch auch argumentieren, dass nicht immer alle mitmachen müssen. Die moderne Gesellschaft, die ja bereits eine Multiplikation von partizipativen Identitäten aufweist, kennt doch auch diesen Fall des belanglosen Ausschlusses, der auf dem schlichten Desinteresse am Dabei–Sein oder Mitmachen beruht. Freiheit der Moderne ist somit nicht zuletzt „negative Freiheit" (Taylor 1985) als die Freiheit nicht bei allem dabei sein und mitmachen zu müssen. Moderne Gesellschaften oder Modernisierung gerät gegenwärtig – oder besser: schon seit einigen Jahrzehnten – jedoch darüber in Schwierigkeiten, dass Begegnungen von Kulturen auch das Aufeinandertreffen von kulturell routinisierten Haltungen beinhaltet, die in Bezug auf bestimmte rituelle Schemata und normierten Handlungsweisen am Dabei–Sein und Mitmachen–Müssen hartnäckig festhalten. Womöglich sind es doch die von Taylor postulierten „starken

Wertungen" nicht–moderner Kulturgemeinschaften, die sich der „Negativen Freiheit" der kulturliberalen Moderne gegenüber als schwierig erweisen.

Die Beiträge des vorliegenden Bandes wenden sich bei der Beschäftigung mit solchen Fragen drei Feldern zu: der Versuch kirchlicher Organisationen, sich an der Problematik kultureller Globalisierung in Form von Veranstaltungsreihen abzuarbeiten (Beitrag: Karl Friedrich Bohler, Universität Jena). Seine Studie zeigt zum einen, dass so etwas wie kulturelle Reflexivität eine notwendige Bedingung für kulturelle Globalisierungsdiskurse darstellt. Sie weist jedoch zum anderen darauf hin, dass die Resonanzfähigkeit für globale Themen und für Fragen kultureller Divergenz in hohem Maße von den lokalen lebensweltlichen Relevanzen und den lebenspraktischen Bezügen der Akteure abhängt. Eine größere Resonanzfähigkeit für kulturelle Divergenz entsteht somit nicht in Feldern, in denen man sich lediglich aus weltanschaulichen oder moralischen Erwägungen heraus sich dieser Thematik stellt.

Solche lebensweltlichen Relevanzen und Bezüge sind im Beitrag von Johanna Hess (WZB Berlin) die lebenspraktischen Abstimmungsprobleme in bikulturellen Paarbeziehungen. Sie kann zeigen, wie schon in die Konstitution der Paare Asymmetrien im Austausch zwischen den aus verschiedenen Kulturen stammenden Partnern etabliert werden, die nicht allein aus sozialen Differenzen oder aus der Geschlechterasymmetrie erklärt werden können. Über die Platzierung des Paares in einem kulturell tendenziell heterotopen Raum werden für den jeweiligen Partner unterschiedliche Grade der Fremdheit/Vertrautheit hergestellt, an denen sie sich abarbeiten müssen.

Zum Schluss zeigt Stefan Weyers (Universität Frankfurt a.M.) anhand einer Studie zu religiös orientierten Jugendlichen, welche handlungspraktischen Konsequenzen weltanschauliche Reflexionen (unter anderem auch wiederum bezogen auf die Geschlechterdifferenz) besitzen können. Die von ihm aufgezeigten kulturellen Divergenzen, die sich für Jugendliche muslimischer Religionszugehörigkeit gerade zwischen ihren säkularen und religiösen Weltanschauungen aufspannen, deuten die Problematik unvereinbarer Perspektiven an, die sich bei der Begegnung von Kulturen – letztlich sogar in der individuellen Weltanschauung ein und der selben Person – entfalten kann.

Vor allem die Beiträge von Johanna Hess zu interkulturellen Paarbeziehungen und Stefan Weyers zu kontrastierenden Jugendkulturen und Identitätsformen verdeutlichen den Aspekt der „starken Wertungen" in den Gemeinschaftsformen Familie und Milieu, wogegen sich aus dem Aufsatz von Karl Friedrich Bohler eher die Beobachtung gewinnen lässt, dass modern–liberalen, spezifisch vergesellschafteten Kulturen diese Motivationsbasis eher fehlt und dort Akteure lokal verankerte und pragmatisch–funktional bestimmte Anreize benötigen, um über mögliche Dissonanzen, Probleme, Reglementierungsbedarfe oder Lösungsschemata zu reflektieren. Das wesentliche Ziel dieser Beiträge ist es dann, nach den Spezifika der Begegnungen von Kulturen zu fragen und zum einen den Aspekt zu vertiefen, ob und gegebenenfalls worin mögliche grundlegende Differenzen, Unverträglichkeiten und Spannungen zwischen Kulturen bestehen, die sich in Partnerschaften und subkulturellen Milieus manifestieren. Sowie zum anderen die Frage aufzuwerfen, inwieweit diese Differenzen durch wen und für wen diskursiv-reflexiv bearbeitet werden können.

Literatur

Appadurai, Arjun (1998): Globale ethnische Räume. In: Beck, Ulrich (Hrsg.) Perspektiven der Weltgesellschaft. Frankfurt/M.: Suhrkamp, 11–40

Beck, Ulrich (1997): Was ist Globalisierung. Frankfurt/M.: Suhrkamp

Fietze, Beate (2009): Historische Generationen. Bielefeld: transcript

Hahn, Alois (2000): Konstruktionen des Selbst, der Welt und der Geschichte. Frankfurt/M.: Suhrkamp

Joas, Hans (1998): Hans Joas: Globalisierung und Wertentstehung – Oder: Warum Marx und Engels doch nicht recht hatten. In: Berliner Journal für Soziologie 8, 329–332

Luhmann, Niklas (1997): Die Gesellschaft der Gesellschaft. 2 Bände. Frankfurt/M.: Suhrkamp

Nassehi, Armin (2003): Geschlossenheit und Offenheit. Frankfurt/M.: Suhrkamp

Pries, Ludger (2008): Die Transnationalisierung der sozialen Welt. Frankfurt/M.: Suhrkamp

Ritzer, George (1998): The McDonaldization Thesis. Explorations and Extensions. London: Sage

Robertson, Roland (1998): Glokalisierung: Homogenität und Heterogenität in Raum und Zeit. In: Beck, Ulrich (Hrsg.), Perspektiven der Weltgesellschaft, Frankfurt/M.: Suhrkamp, 192-220

Sassen, Saskia (1991): The global city. New York, London, Tokio. Princeton University Press

Taylor, Charles (1985): Negative Freiheit. Frankfurt/M.: Suhrkamp

Windolf, Paul (Hrsg/2005): Finanzmarkt–Kapitalismus. Analysen zum Wandel von Produktionsregimen. Kölner Zeitschrift für Soziologie und Sozialpsychologie. Sonderheft 45. Wiesbaden: VS Verlag

Zivilgesellschaftliche Diskurse und kulturelle Globalisierung

Karl Friedrich Bohler

Das thematische Feld dieser Arbeit verweist auf einen mehrfach gebrochenen, fast elitären Praxisbereich, der so gut wie alle wichtigen Dimensionen im Aufbau moderner Gesellschaften tangiert. Die Zivilgesellschaft als eine Selbstorganisation des politischen Bürgerengagements steht erstens mit ihren Strebungen in einem Kontrast zu den institutionalisierten Agenten politischer Macht. Ein wichtiger Kristallisationskern bei der Konstitution der Zivilgesellschaft – der freie, gemeinschaftliche Diskurs – reibt sich zweitens mit der Entscheidung als einem notwendigen Schritt, ja einem der wichtigsten Desiderate bei sozialen Problemlösungen. Der günstigste Boden für die Entfaltung der Zivilgesellschaft scheint drittens nach allen historischen Erfahrungen die Polis zu sein bzw. heutzutage die Kommune vielleicht bis zur Größe eines innerschweizer Kantons. Ein Globalisierungsprozess auf der politischen Ebene dagegen – auch das zeigt bereits die Antike – geht mit der Ausbildung imperialer Strukturen als Ordnungsrahmen insbesondere für transnationale Vergesellschaftungsformen einher, die auf Grund ihres abstrakten Machtcharakters zur bürgergesellschaftlichen Polis maximal kontrastiert.

Letzteres gilt schließlich auch für die ökonomischen und technischen Rationalisierungsprozesse als dem wichtigsten „Motor" der sozialen Universalisierungs- und Globalisierungstendenzen. Diese Entwicklungen wiederum stehen zur Grundform kultureller Identität mit ihren je besonderen normativen Mustern und sozialmoralischen Standards in Spannung. Daraus resultiert auch die widersprüchliche Bedeutung eines Prozesses der kulturellen Globalisierung. Denn man kann sich fragen: Handelt es sich hier um eine Kultur, die als Teil eines Imperiums für ihre Standards globale Geltung beanspruchen und erwarten kann, oder um einen globalen kulturellen Wandel, der überall auf der Welt die mentale Öffnung und Aufgeschlossenheit für Neues und Fremdes herbeiführt oder geht es um eine kulturelle Institutionenbildung zur Bearbeitung von globalen Konflikten und Dissens jenseits der Entscheidungen im Kontext der Machtfrage? Von daher radikalisiert sich die innere Widersprüchlichkeit der Globalisierung vom ökonomisch-technischen Bereich ausgehend, in dem sich aufgrund der Logik formaler Rationalisierungsprozesse weniger eine innere strukturelle Paradoxie zeigt als eine Steigerung der kompetetiven Spannung, die aus dem zunehmenden globalen Wettbewerb resultiert, über den politischen Bereich mit seiner Spannung aus Imperium und Polis, Machtstaat und Zivilgesellschaft bis hin zum Bereich kultureller Globalisierung mit seinem ganzen Bündel an immanenten Widersprüchen und innerer Vieldeutigkeit.

1. Einleitung

Zwei Begriffe spielen in den folgenden Ausführungen eine zentrale Rolle: die Zivilgesellschaft und die kulturelle Globalisierung. Der Begriff der „Zivilgesellschaft" scheint, wenigstens in den gängigen Spielarten, primär ein Import aus amerikanischen Theoriezusammenhängen zu sein. Zwar hat die Vokabel – und was sie meint – einen enormen Aufschwung durch die in den 1980er Jahren bereits gärenden, friedlich-revolutionären Prozesse in einigen Ostblockländern erfahren, aber der umfassende Sinn, den die societas civilis bei Hegel und auch noch Marx hatte, als „bürgerliche Gesellschaft", ist ihr im 20. Jahrhundert abhanden gekommen. Zivilgesellschaft ist im 21. Jahrhundert zunächst nur eine Residualkategorie für alle möglichen Spielarten bürgerschaftlichen Engagements. Eine erste, locker zusammengestellte deskriptive Annäherung zeigt folgendes Bild: Die Zivilgesellschaft und deren Akteure siedeln im vorpolitischen Raum und somit außerhalb dessen, was Staat und staatliche Institutionen sind; die Zivilgesellschaft fällt keineswegs mit *der*, durch das Staatsbürgerschaftsrecht usw. zusammengefassten, Gesellschaft bzw. dem Staatsvolk zusammen. Die Zivilgesellschaft scheint, rein empirisch gesehen, sich einzig aus je konkreten Trägern – Organisationen und Bewegungen –, die miteinander kooperieren können, aber nicht müssen, zusammenzusetzen. Als den zivilgesellschaftlichen Akteuren gemeinsam kann, jedenfalls grosso modo, das Bestreben gelten, mit einem je ausgezeichneten Interesse auf die Politik einzuwirken. Nach außen gesehen können zivilgesellschaftliche Akteure für sich eine Perspektive reklamieren, die jenseits einer letztlich in berechenbaren Kosten-Nutzen-Kalkülen verankerten Interessenpartikularität liegt; im Inneren wird dies gespiegelt durch die nicht nur formale Freiwilligkeit des Beitritts bzw. Engagements.

Spätestens seit dem 11. September 2001 hat der zweite Begriff bzw. das Thema kulturelle Globalisierung an manifester Bedeutsamkeit gewonnen. Seine Reduktion auf multikulturelle Folklore ist nicht mehr plausibel. Auf der Ebene der internationalen Politik droht ein „Kampf der Kulturen" (Huntington). In der allgemeinen Diskussion zu dieser Frage wird immer dringlicher die Frage nach vorne geschoben: Wie können in dieser Situation Regeln für ein Zusammenleben entwickelt werden, dessen Formen ethnische, religiöse, kulturelle und nationale Grenzen überschreiten? Mit der Herausbildung demokratisch verfasster Gesellschaften, so eine weit verbreitete soziologische und sozialphilosophische These, würde der Suchprozess und das Finden von solchen Regeln Aufgabe entsprechender diskursiver Anstrengungen in den intermediären Institutionen und Foren der sich selbst organisierenden politischen Öffentlichkeit (Heidbrink/Hirsch 2006) sein. Diese Institutionen hatten, so zeigt der historische Blick, als eine ihrer frühesten Funktionen – worauf die ältere sozialphilosophische Tradition etwa bei Montesquieu oder Tocqueville hinweist –, dem staatsbürgerlichen Räsonement und seinen Teilnehmern Schutz gegen die „absolutistische Despotie" zu gewähren. Mit der demokratischen Verfassung, garantierter Rechtsstaatlichkeit und wohlfahrtsstaatlichen Einrichtungen hat sich ihr gesellschaftlicher Funktionssinn gewandelt. Seit Emile Durkheim verbindet die Gesellschaftstheorie mit intermediären gesellschaftlichen Organisationen die Hoffnung, diese würden der zunehmenden sozialen Desintegration und moralischen Desorientierung, also der drohenden Anomie, moderner Gesellschaften entgegenwirken. Intermediäre Institutionen gelten in dieser Sichtweise als *die* Instanzen, die zwischen den Wertvorstellungen der einzelnen Akteure und den gesellschaftlich gültigen bzw. tradierten Maßstäben vermitteln. Auf ihnen lastet darüber hinaus die Aufgabe, mit dieser Vermittlungsleistung den sozialen Zusammenhalt zu bewahren und gleichzeitig Katalysatoren für notwendige Veränderungen zu sein (Luckmann 1998: 7ff.).

Diesen Fragen geht die vorliegende Studie[1] am Beispiel der Evangelischen Akademien – dem historischen Vorbild für alle wichtigen intermediären, zivilgesellschaftlichen Institutionen in Deutschland seit dem letzten Weltkrieg – nach, die
sich im Schnittpunkt von Sinn- und Wissensvermittlung, von Kirche und säkularer Welt, von Diskursforum und gesellschaftspolitischem Impulsgeber bewegen.
Roman Herzog hat 1997 beispielsweise als Bundespräsident diesen Akademien
eine wichtige Rolle im Bereich der gesellschaftlichen Bildung zugesprochen und
hier insbesondere die historische, kulturell-musische und ethische Dimension
hervorgehoben. Darüber hinaus forderte er aber auch in diesen Einrichtungen
den sogenannten Dialog der Kulturen zu führen, den wir dringend bräuchten und
der nicht die Sache weniger Experten bleiben dürfte.

Die hier vorgelegte Fallstudie stellt deshalb die Untersuchung eines spezifischen Felds der zivilgesellschaftlichen Diskurswelt dar. Es handelt sich jedoch
um einen Themenbereich, in dem die Strukturprobleme zivilgesellschaftlicher
Diskurse – so unsere These – in einem ausgeprägten Maße manifest werden. Zu
denken ist hier, um nur einige Punkte anzudeuten, an die Spannung zwischen der
Abstraktheit der Themen in zivilgesellschaftlichen Diskursen und den konkret-
partikularen Interessenprofilen von Alltagsmenschen in ihrer Lebenswelt, die
Differenz von direkt Betroffenen und von Akteuren, die „Betroffenheit" zu ihrem

---

[1] Das dieser Studie zugrunde liegende Forschungsprojekt mit dem Titel „Zivilgesellschaftliche Dis-
kurse, kulturelle Globalisierung und kirchliche Akademien" wurde unter der Leitung von Prof. Dr.
Hansfried Kellner von 2001 bis 2003 an der Johann Wolfgang Goethe-Universität in Frankfurt a.M
durchgeführt und von der Deutschen Forschungsgemeinschaft gefördert. Weitere Mitarbeiter im
Projekt waren neben dem Autor Sebastian Kasny, Dr. Christof-M. Neubrand und Engelbert Peters.
Die Untersuchung war zudem an einem von Peter L. Berger (Boston University) und Samuel P.
Huntington (Harvard University) geleiteten internationalen Forschungsverbund zu Cultural Globali-
zation mit Kollegen aus acht Ländern beteiligt. Die Projektarbeiten wurden in der letzten Phase durch
diesen Verbund zusätzlich unterstützt. Ziel dieser internationalen Forschung war es, durch die Analyse von Vorgängen in einzelnen Kulturfeldern die Entwicklung globaler Deutungssysteme und Le-
bensstilformen kontrastiv abzugleichen und festzustellen, inwieweit und in welchen Formen globale
Kulturprägungsmuster vorfindbar sind. Überlegungen aus den Problemzusammenhängen dieses
Forschungsverbunds, aber auch Forschungsfragen, die Ende der 1990er Jahre virulent waren, ergänz-
ten die eigenen Ansätze. Neben anderen mahnten R. Robertson (1998) und A. Kirby (1998) eine
fundierte Analyse der Institutionen an, die dazu dienen könnte, das Verständnis über den Zusammenhang der modernen, globalen Welt zu fördern. Entsprechend haben wir nicht alle Evangelischen
Akademien in Deutschland aufgesucht und dort Befragungen durchgeführt oder auch nicht versucht,
einen „repräsentativen Durchschnitt" zu erreichen, sondern haben uns auf die Untersuchung der
Einrichtungen beschränkt, die im weiteren Sinne den Dialog der Kulturen und Religionen mit zu
führen versuchen. Herrn Engelbert Peters danke ich für seine kommentierte Aufstellung der Globalisierungsveranstaltungen in den Evangelischen Akademien und Herrn Christof-M. Neubrand für seine
Vorarbeit zum Begriff der Zivilgesellschaft.

Beruf gemacht haben, oder den Unterschied von praktischer Problemlösung im Einzelfall und Problemschematisierung durch spezifisch interessierte Funktionäre im globalen Dialog.

2. Zur Notwendigkeit der Zivilgesellschaft und zur Problematik interkultureller Dialoge

Der Aufbau einer friedfertigen internationalen Ordnung ohne einen kulturellen Unterbau ist prekär – darauf macht nicht zuletzt Huntington (1996) aufmerksam. Auf der einen Seite führt zum Beispiel der Appell an die Universalität der Menschenrechte zur politischen Forderung der internationalen Zivilgesellschaft, dass bei dramatischen Verletzungen der Menschenwürde in sogenannten humanitären Katastrophen die internationale Gemeinschaft nicht tatenlos zusehen dürfe. In dem Maße, wie politische Akteure auf diese Forderungen eingehen, steigt jedoch auf der anderen Seite die Bedeutung internationaler Institutionen. Daraus resultiert eine Sensibilisierung von national verfassten Gesellschaften für Macht- und Legitimationsfragen globalen Regierens. „Außenpolitik kann daher heute nur erfolgreich sein, wenn sie im eigenen Land ausreichende Unterstützung für internationale Kompromisse schafft. Ohne eine entsprechende Überzeugungsarbeit und Einbindung der nationalen Öffentlichkeit lassen sich langfristig die Vorgaben internationaler Institutionen nicht durchsetzen." (Zürn 2006: 10).

2.1 Die Rolle zivilgesellschaftlicher Organisationen

Eine globale Politik kann sich im Lichte dieser Analysen ihrer normativen und gesellschaftlichen Akzeptanz nicht sicher sein. Das verweist bereits auf die grundsätzliche Bedeutung von Prozessen kultureller Globalisierung, für die nach Peter Berger (1997) eine Spannung von kultureller Offenheit und sozialer Kohäsion charakteristisch sei. Als wenig sinnvoll erscheint ihm deshalb sowohl eine Strategie der Schließung wie eine des Laisser-faire. Sinnvoller ist in seinen Augen eine Strategie der Eindämmung, die davon ausgeht, dass die Verschiedenartigkeit normativer Positionen in der Gesellschaft akzeptiert wird, und die gleichzeitig auch auf die Mechanismen gerichtet ist, welche die Existenz dieser Positionen absichern. Dabei geht es ihm – was vor allem nach dem 11. September

2001 weiter an Bedeutung gewonnen hat – um vermittelnde Institutionen, die verhindern können, dass normative Zusammenstöße gewalttätig werden. In einer Welt, die durch globalisierte Kommunikation gekennzeichnet ist, so vermutet Huntington weiter, spielten normative Konflikte der einen oder anderen Art bei der Interaktion zwischen den Nationen unvermeidlich eine Rolle – unabhängig davon, ob die normativen Unterschiede wirkliche Überzeugungen reflektierten oder nur benutzt würden, um die konkurrierenden etablierten Interessen zu rechtfertigen.

In diesem Zusammenhang wirft Peter Berger die Folgefrage nach dem Ort auf, wo in pluralistischen Gesellschaften normative und weltanschauliche Konflikte diskursiv bearbeitet werden können. Das sind in seinen Augen vermittelnde Organisationen der Zivilgesellschaft, die durch ihre soziale Rahmung in der Kommunikation zwischen Vertretern unterschiedlicher sozialkultureller Wertemuster vermittelnd wirken können. Die Notwendigkeit hierfür zeige sich besonders, wenn man Folgendes – etwa im Anschluss an die holländische Diskussion nach dem Mord an Theo van Gogh – in Erwägung zieht: Im Kontext eines fortschreitenden Globalisierungsprozesses können die normativen Grundlagen von Gesellschaft und Kultur selbst strittig werden, weil sich Auffassungsunterschiede über die nationale Identität und die Zielsetzung nationaler Politik ergeben; ebenso können die Einstellungsunterschiede hinsichtlich der Beziehung von Staat und Religion wegen der „Ungleichzeitigkeit" von modernen okzidentalen und traditionalen Migrantenmilieus zunehmen; Auseinandersetzungen über Multikulturalismus und die Integrationsfähigkeit einer Gesellschaft für fremde Kulturen tendieren dann dazu, häufiger und schärfer zu werden; unterschiedliche Vorstellungen über das reale und sozialmoralisch geforderte Ausmaß des Wohlfahrtsstaats kommen bei der derzeitigen Entwicklung deutlicher zur Geltung; Fragen der öffentlichen und privaten Moral sowie ihrer jeweiligen Abgrenzung können in diesem Kontext strittig werden; Ansprüche von partikularen Gruppenrechten (z.B. auf positive Diskriminierung) und von universellen Gleichheitsrechten konkurrieren dann stärker; entsprechend differieren die Auffassungen über die Rolle der Zivilgesellschaft und des Staates zwischen unterschiedlichen Bevölkerungsgruppen; und schließlich wird die Frage virulent, ob sich auf lokaler, regionaler und nationaler Ebene überhaupt – und wenn, dann welche – Institutionen bilden können, die in der Lage wären, in normativen, auch interkulturellen Konflikten zu vermitteln.

Der Grund für die potentielle Globalisierung normativer Konflikte wird bei diesem Problemaufriss in den steigenden normativen Belastungen gesehen, die in modernen Gesellschaften aus der Unterminierung traditioneller Werte und der Pluralisierung normativer Überzeugungen, der Verbreitung eines Ethos der Rationalität, einer starken Tendenz sowohl zur Individualisierung als auch zur „Ökumene der Menschenrechtsfragen", den massenpsychologischen Folgen moderner Bildung und dem Einfluss der Massenmedien sowie der Übertragung normativer Konflikte in andere soziale Kontexte resultierten. Berger (1997: 582ff.) sieht in diesem Kontext den Pluralismus nicht mehr nur als objektive soziale Tatsache an, sondern auf der Ebene eines Bewusstseins des Pluralismus immer mehr auch als eine anzuerziehende subjektive Tugend, die sich an der Idealvorstellung von Menschen mit unterschiedlichen Überzeugungen und Werten, die im Zustand des inneren Friedens miteinander leben, orientiert. Dazu in Spannung steht jedoch die folgende Überlegung: Normative Konflikte verweisen auf die Vorstellung einer „normativen Ordnung" und eines kollektiven Wertemusters, die Antworten auf zwei grundlegende Fragen zur Konstitution von Gesellschaft suchen: Wer sind wir? Und: Wie sollen wir zusammenleben?

Das erste umschreibt die Identitätsfrage, die problematisch wird, wenn gegensätzliche normative Überzeugungen herrschen, die gesellschaftliche Grundordnung kontrovers diskutiert wird, widersprüchliche Vorstellungen darüber, „wer wir sind" anzutreffen sind, unklar ist, wie wir leben wollen, unterschiedliche soziale Verortungen in differierenden normativen Systemen mit eigenen etablierten Interessenorganisationen gegeben sind, Einstellungen zur Religion und zur Bedeutung der Religion in der Gesellschaft zum Bezugspunkt der sozialen Standortbestimmung werden und die gegensätzliche Normen – sowohl die privatesten als auch die öffentlichsten Sphären, von der individuellen Moral bis zur Legitimität des Staates – umfassen.

Die zweite Frage („Wie sollen wir zusammenleben?") bezieht sich auf die Konstitutionsweise eines Kollektivs: Soll dieses von einem Modell der Vergemeinschaftung oder von einem der Vergesellschaftung geprägt sein? Oder weniger in dichotomen Kategorien gefragt: Welchen Anteil sollen Formen der Vergemeinschaftung und Vergesellschaftung im Aufbau des sozialen Systems haben? Denn jede wohlgeordnete Gesellschaft braucht auf der einen Seite im Kern so etwas wie Durkheims „kollektives Gewissen". Das heißt, einen gemeinsamen, in modernen Gesellschaften universalistisch orientierten Normenkatalog, der von der Mehrheit akzeptiert wird. Die Lebens- und Funktionsfähigkeit moderner Gesellschaften hängt zweitens aber auch an der Übereinstimmung hinsichtlich der Verfahrensweise, wie zwischen konfligierenden Interessen und Weltanschauungen vermittelt werden kann, ohne den sozialen und Rechtsfrieden zu gefährden. Institutionen, die Vermittlungsaufgaben zwischen je unterschiedlichen gemeinschaftlichen Werten und den legitimatorischen Grundlagen einer modernen Gesellschaftsordnung übernehmen, stehen deshalb sowohl am Schnittpunkt von Gemeinschaft und Gesellschaft als auch von Staat und Zivilgesellschaft.

2.2 Die Problematik zivilgesellschaftlicher und interkultureller Dialoge

Eine besondere Brisanz vor allem an der Schnittstelle von Tradition und Moderne, von Gemeinschaft und Gesellschaft haben in diesem Kontext interkulturelle Dialoge und Versuche, weltanschauliche Konflikte diskursiv zu bearbeiten. Diese Brisanz beginnt schon damit, dass es für Außenstehende hier deutlich schwieriger ist, sich ein klares Bild von der Konfliktlage, von den normativen Positionen der Konfliktparteien und der Berechtigung ihrer Stellungnahme zur Problemlösung zu machen. Wer ist in der Lage, so könnte an dieser Stelle eine wichtige Frage lauten, sich über die Art der Einbindung eines Streites in religiöse Weltbilder sowie sozialkulturelle Deutungs- und Wertemuster genügend zu informieren und die Voraussetzungen für eine sachlich nüchterne Konfliktwahrnehmung zu schaffen? Und wer ist angesichts dieser Konstellation bereit und fähig, eine differenzierte Sicht auf die institutionellen Interessen, die mit normativen Positionen zusammenhängen, zu werfen?

Daran schließen sich auf der praktischen Organisationsebene von Bemühungen zu einer sachlichen Aufklärung zwei Folgefragen an: Welche Vermittlungsformen sind bei interkulturellen Konflikten sinnvoll? Welche Form der Vermittlung bietet die besten Aussichten auf Erfolg? Schließt man bei der Antwort auf diese Fragen an Bergers (1997: 610ff.) Differenzierung von pragmatischer, dialogischer und imperativer Vermittlung an, dann liegt es nahe, die *imperative Form der Vermittlung* außer Betracht zu lassen, da sich interkulturelle Dialoge nicht innerhalb eines hierarchisch strukturierten sozialen Systems unter einheitlicher Führung – also eines staatlichen Imperiums – abspielen und letzteres im Konfliktfall als „neutraler Dritter" oder Schlichter von beiden Seiten gerade in besonders strittigen Fällen schwer zu akzeptieren ist. Wie sieht es bei den anderen Dialogformen aus? Eine *pragmatische Vermittlung*, so Berger, ermögliche einen Prozess der Vertrauensbildung für alle, die gewillt sind, sich daran zu beteiligen. Diese Vermittlungsart könnte sich als der Kurs erweisen, der am ehesten zu einem praktischen Erfolg führt. Wie bei den Prozessen innerhalb der Gesellschaft, werde es in erster Linie noch nicht darum gehen können, die normativen Differenzen als solche zu bearbeiten, sondern sich zunächst mit zuvor ausgehandelten Problemen zu befassen, die, obgleich sie eine Folge der normativen Konflikte sein mögen, als Teil einer Agenda toleriert werden können. *Dialogische Vermittlung* dagegen werde voraussichtlich am schwierigsten zu erreichen sein, wie sich auch in den zwischengesellschaftlichen Prozessen zeige. Der Grund hierfür liege darin, dass diese Vermittlungsform eine echte Auseinandersetzung mit der „Andersartigkeit" der verschiedenen Konfliktparteien voraussetzt, anstatt einfach nach dem kleinsten gemeinsamen Nenner zu suchen. Die große Entdeckung werde nicht darin bestehen, dass bei den betreffenden Kulturen irgendwelche gemeinsamen normativen Elemente gefunden werden. Vielmehr werde es darum gehen, jede dieser Kulturen auf legitime Weise zu der Erkenntnis zu bewegen, dass es auch noch andere Kulturen mit eigenen legitimen Identitäts- und Existenzansprüchen gibt. Die Definition der eigenen Identität und die Festlegung der Markierungslinien, welche die eigene Identität von der anderer unterscheidet, seien notwendigerweise interdependente Prozesse.

Welche Argumente lassen sich schließlich finden, die dafür sprechen, dass generell zivilgesellschaftliche und nicht nur interkulturelle Diskurse neben den Entscheidungen der politischen Amtsinhaber einen wichtigen und systematisch zu begründenden Ort in der modernen Gesellschaft haben bzw. haben könnten? Aus der Sicht einer kommunikationslogischen Gesellschaftstheorie finden zivilgesellschaftliche Diskurse im Rahmen von deliberativen Prozessen statt, um Präferenzen des sozialen Handelns durch öffentliche Diskussion zu verändern. Sie kontrastieren mit ihrem kommunikativen Prozessmodus des *Arguing* (i.S. von Elster 1991) mit Verhandlungsprozessen politisch Verantwortlicher, die bei Organisationsproblemen des sozialen Systems zu Lösungen kommen müssen und sich deshalb an der strategischen Kommunikationsform des *Bargaining* orientieren. Deutlich sind die Parallelen des Arguing zur dialogischen Vermittlung und des Bargaining zur imperativen (bei asymmetrischen Beziehungen) und zur pragmatischen Vermittlung (im Falle symmetrischer Positionen).

Die Konzepte des Arguing und der dialogischen Vermittlung (in einem symmetrischen Kommunikationsprozess unter prinzipiell Gleichen) verweisen des Weiteren auf legitimationsstiftende Praxisformen politischer Entscheidungsfindung: Eine vernünftige politische Willensbildung in modernen, demokratisch verfassten Gesellschaften ist in dieser Sichtweise die Voraussetzung für intelligente mehrheitsfähige Entscheidungen strittiger Fragen. Sie wird typischerweise in institutionalisierten Beratungsprozessen vorbereitet, die als Arrangements betrachtet werden können, die sich auf die Präferenzen der Beteiligten auswirken. Im günstigen Fall sortieren solche Beratungsprozesse die Themen und Beiträge, Informationen und Gründe so, dass idealerweise nur die „gültigen Eingaben" den Filter „fairer Diskurse" passieren.

Solche Beratungsprozesse im Sinne des Arguing setzen eine aktive, lebensweltlich fundierte Öffentlichkeit voraus. Lebenswelt wird hier als ein Netzwerk aus kommunikativen Handlungen verstanden, das auch Kollektive, Assoziationen und Organisationen umfasst, die auf die Lösung typischer alltagsweltlicher Problemlagen spezialisiert sind. Eine Antwort auf eine dieser Problemlagen besteht darin, Institutionen des praktischen Diskurses – gleichsam „Inseln des Arguing" – auszubilden, welche die Lebenswelt mit der politischen Öffentlichkeit verknüpft. Letztere kann in diesem Kontext als Resonanzboden für Probleme beschrieben werden, die von den gesellschaftlichen Systemen – insbesondere vom Staat und seinem Verwaltungssystem – bearbeitet werden müssen. Die politische Öffentlichkeit ist in dieser Sichtweise ein Warnsystem mit unspezialisierten, aber gesellschaftsweit empfindlichen Sensoren und verstärkt darüber hinaus den Handlungsdruck auf die entsprechenden Institutionen, Probleme so zu thematisieren, dass sie für spezifische, systemadäquate Prozesse des Bargaining vorbereitet werden.[2]

Mit dem Modus des Bargaining ist in der hier wiedergegebenen Sichtweise die Ebene der Systemprozesse erreicht. Und das Globalisierungsthema bezieht sich auf das umfassendste soziale System, das in Ansätzen existiert: die Weltgesellschaft. In Ansätzen deshalb, weil ihr keine Öffentlichkeit entspricht, die sich

---

[2] Herfried Münkler (2006: 8) macht dies an der „Legitimitätsbeschaffung" für „Militärinterventionen in aller Welt" – also einem Thema der politischen Globalisierung – deutlich. Er hält den Rückgriff auf eine „bildgestützte, mitleidszentrierte Unterstützung humanitärer militärischer Interventionen" für gescheitert. Sie könnten die Ebene oder Phase des Arguing nicht ersetzen, sondern höchstens als ein „Korrektiv gegen möglicherweise übereilte und leichtfertige Entscheidungen der Regierung wirken". An dieser Stelle beginnt Münklers für unser Thema hier interessante Argumentation. Er führt nämlich im Weiteren aus: „Auf lange Sicht kommt es aber auf die Bereitschaft an, humanitäre Interventionen zu unterstützen, auch wenn sie Opfer kosten und ihr Ende nicht absehbar ist. Diese Unterstützung lässt sich nur diskursiv gewinnen und nicht durch emotionalisierende Bilder. Dieser Weg ist länger und schwieriger als der erste, aber der einzige, der zum Ziel führt. Und nicht zuletzt ist es der Weg, auf dem Demokratien ihre Stärke entfalten können. Hilfsorganisationen können eine öffentliche Debatte über das Für und Wider einer Militärintervention anregen. Aber nicht sie, sondern die Bürger müssen klären, ob sie bereit und entschlossen sind, die Kosten und Lasten eines Militäreinsatzes über Jahre wenn nicht Jahrzehnte auf sich zu nehmen."

auf das Prinzip einer weltweiten Volkssouveränität stützen könnte und weil weltgesellschaftliche oder weltwirtschaftliche Probleme von durchschnittlichen, lebensweltlich orientierten Bürgern einer Gesellschaft nicht auf ihrer eigenlogischen Konstitutionsebene, sondern als Probleme ihrer Lebenspraxis und der sie ordnenden oder unterstützenden Organisationen gesehen werden. Die Präferenzen der Alltagsmenschen sind in typischer Weise lebensweltlich gebunden. Universalistische Werte können sich höchstens als Korrektiv bei besonderen Problemen als handlungsleitend erweisen. An dieser Stelle wird wieder manifest, dass Globalisierungsthemen dafür prädestiniert sind, sowohl die Spannung von Lebenswelt und abstraktem sozialen System als auch im Kontext praktischer Diskurse die zwischen Experten und Funktionären in der Arena und den bloß Zuhörenden auf der Galerie auf eine neue Stufe zu heben.

3. Christliche Kirchen und kulturelle Globalisierung

Die Kirchen haben zum einen in der zivilgesellschaftlichen Welt eine eigentümliche Zwischenstellung in der Konfiguration von Arena und Galerie und sie haben zum anderen aus mehreren naheliegenden Gründen eine besonders enge Beziehung zum Thema kulturelle Globalisierung. So können schon die Missionsbewegung des Christentums wie die ökumenische Bewegung innerhalb der christlichen Welt als Vorboten eines kulturellen Globalisierungsprozesses gesehen werden. Entsprechend verbindet die christliche Kirche nicht erst seit der Moderne mit ihrem Sinndeutungsangebot eine universalistische Orientierung. In dieser Form der Sinnorientierung kann ein tief liegender Impuls für die Transzendierung partikularer Verantwortungs- und Solidaritätsstrukturen in Richtung auf generalisierte moralische Ansprüche einer globalen Zivilgesellschaft hin gesehen werden. Deshalb ist zum Beispiel die Konstruktion von A. Giddens (1996) zu einfach, der religiöse Kosmologien, die für ihn soziales Leben transzendental einbetten und ein Gefühl „ontologischer Sicherheit" erzeugen, mit der wissenschaftlichen Reflexivität und ihren spezifischen Wahrheitsansprüchen nur kontrastiert, statt die tatsächlich vorhandenen Übergänge positiv zu bestimmen. Nicht zu vergessen sind in diesem Zusammenhang die Hinweise, dass die an universalistischen Standards ausgerichtete christliche Werthaltung im politischen Bereich die demokratische Legitimationsbasis der legalen, demokratischen Herrschaft mitbegründet und im Wirtschaftsleben die Entwicklung eines rationalen

Kapitalismus mit angeregt hat. Darüber hinaus bleiben die christlichen Kirchen nach ihrer konstitutionellen Trennung vom Staat (in Europa) Institutionen, die meinungsbildend wirken und gesellschaftliche Verantwortung tragen wollen. Damit sind sie nach M. Shaw (1998) nicht nur in den USA zu wichtigen Organisationen der Zivilgesellschaft geworden.

Der kulturelle Globalisierungsprozess hat des Weiteren neben einer internationalen Ausrichtung in modernen Gesellschaften auch ein innergesellschaftliches Komplement: Multikulturalität als Folge von Migration, Flucht und Vertreibung sowie das Entstehen eines „Markts der religiösen Weltbilder und Praktiken" – sowohl als Folge der Migration wie der Institutionalisierung eines gesellschaftlichen und religiösen Pluralismus. In den modernen europäischen Gesellschaften ist mit diesen Veränderungen eine Entmonopolisierung der Herstellung und Verbreitung von Weltsichten verbunden. Beide Veränderungen „wirken in der heutigen Welt auf den einzelnen nicht jede für sich, sondern zusammen. Die Wirkung ist nicht nur eine materielle, sondern auch eine geistige. Und diese ist nicht bloß eine moderne Version der allgegenwärtigen Ohnmachtserfahrung des Individuums gegenüber der Fügung des Schicksals oder der Verfügung jenseitiger oder diesseitiger, das Individuum transzendierender Mächte. Sie führt vielmehr zu einer Erschütterung der vertrauten Selbstverständlichkeiten, welche die Orientierung und das Handeln im täglichen Leben entlasten. Bei aller Schwierigkeit des Vergleichs scheint es doch, als ob diese Erschütterung weit heftiger wäre und vor allem weit größere Bevölkerungskreise beträfe, als es bei den früheren Angriffen auf die Vertrautheit der eigenen ‚kleinen Lebenswelten' (B. Luckmann), denen Menschen vermutlich seit der Entstehung der Hochkulturen ausgesetzt sind, der Fall war. Der Schutzwall, der die Selbstverständlichkeiten des Lebens umgab und in den gewiss auch früher immer wieder Breschen geschlagen wurden, ist geschliffen worden." (Luckmann 1998: 22f.)

Welche Folgen zeigen sich in diesem Zusammenhang in modernen Gesellschaften? Neben die alten christlichen Kirchen und Sekten treten neue Formen bis hin zu szientologisch-modernistischen, neben alten Weltanschauungsgemeinschaften (bezogen auf Rasse, Nation oder Klasse) entstehen neue Religionsgemeinschaften mit einem oft antimodernen Weltbild und manchmal fundamentalistisch-antiwestlicher Einstellung. „‚Sekundäre' Institutionen dieser Art werden häufig von religiösen Charismatikern oder moralischen Unternehmern in sozialen Bewegungen unterhalb der Ebene sozialer Institutionen begründet. Überdies gibt es noch ein Wiederaufleben kleinerer Gemeinschaften, die okkulte, spiritualistische und ähnliche Bewegungen des 19. Jahrhunderts beerben." (Luckmann

2002: 290) Die Chancen neuheidnischer Synkretismen auf eine stabile Institutionalisierung sind allerdings klein, sie erweisen sich als individuell zusammenge-
setzt und eher kurzlebig. Trotzdem ist die allgemeine Christlichkeit, die als religiöse Substanz alle Institutionen durchdringt, in dieser soziologischen Diagnose
für unsere derzeitige Gesellschaft nicht mehr gegeben.

Allerdings wird gegen diese soziologische Deutung von philosophischer (Habermas 2001) und theologischer Seite zu bedenken gegeben, ob nicht die symbo-
lischen Sprachen der Religion immer noch wichtige Sprachspiele sind, die letzte
Gewissheiten und einen stabilen geistigen Ordnungsrahmen trotz des schnellen
Wandels verbürgen können. Man kann darüber hinaus noch die gesellschaftspraktische Frage stellen, ob eine freiheitliche Gesellschaft des okzidentalen Typs
auch dann noch zukunftsfähig wäre, wenn in ihr keine religiösen Traditionen
mehr gepflegt würden, die politische Verantwortungsbereitschaft, Gemeinsinn
und Bereitschaft zu Rechtsgehorsam stärken. Denn der freiheitliche Staat darf –
konsequent zu Ende gedacht – um seiner Liberalität willen diese individuelle
Zustimmung seiner Bürger nicht selbst erzeugen und sichern wollen. Insofern ist
er elementar auf zivilgesellschaftliche Institutionen angewiesen, die eine aktive
Zustimmung zu den institutionellen Ordnungen tradieren, innerhalb derer die
Individuen ihre ganz unterschiedlichen Entwürfe von Freiheit und gelingendem
Leben verwirklichen können (Graf 2001: 43f.). Seit dem 11. September 2001
muss man noch weitergehend fragen, ob ein freiheitliches Gemeinwesen nicht
auch eine liberale Religion braucht, die bei den Bürgern eine offene und tolerante
Grundhaltung hervorzubringen und zu stärken vermag. In der damit zusammen-
hängenden Debatte über einen möglichen großen „clash of civilizations" gewinnen nicht zufällig sozialethische Differenzen an Aktualität und Bedeutsamkeit,
die durch sehr unterschiedliche religiöse, philosophische und kulturelle Profile in
den jeweiligen Gesellschaftsformationen und -systemen hervorgerufen werden.
Die Organisation und das Führen interkultureller und interreligiöser Dialoge
unter den Bedingungen von unterschiedlichen Konzepten von Rationalität werden deshalb zu einem wichtigen Desiderat zivilgesellschaftlicher Diskurse, bei
denen es – was eine nicht zu übersehende Problematik beinhaltet – gerade auch
um die Bewahrung der kulturellen Schöpfung auf christlichem Boden geht.

   Die praktische Reichweite solcher interkultureller Diskurse ist allerdings
von einer besonderen Schwierigkeit gekennzeichnet: Auf den Streit um die Bewahrung unterschiedlicher kultureller Schöpfungen kann man nicht nur durch
Aufforderung zu mehr Kommunikation und Dialogbereitschaft reagieren. Denn

durch Dialog wird in diesem Kontext nicht automatisch mehr Verständnis erzielt und das Ergebnis kann im Einzelfall die Einsicht sein, dass sich die Angehörigen zweier Kulturen und Religionen über substantielle Fragen des Weltbilds und der Lebensform nicht verständigen können. Im Hintergrund steht dann der „Kampf" um die Auslese und Geltung unterschiedlicher Kultursysteme, von gesellschaftlichen Ordnungen und gültigen Mustern sozialer Beziehungen (Max Weber 1976: 21). Moderne Kirchenvertreter und ihre Akademien gehen in Deutschland wie selbstverständlich von einer Position des prinzipiellen Pluralismus aus, die unterstellt, dass Akteure lernen, konstruktiv mit elementarem Dissens und bleibender Verschiedenheit umgehen zu können. Leitet man jedoch aus dem protestantischen Weltbild auch die Notwendigkeit einer Koexistenz zwischen allen Religionen und moralischen Grundhaltungen ab, dann muss man nicht nur individuelle Freiheit fördern und Verschiedenheit aushalten können, sondern auch eine Kultur des Streits entwickeln, die soziale Stabilität trotz eines dauerhaften Wertedissenses ermöglicht.

Angesichts solch komplizierter Bedingungsverhältnisse in den modernen Lebensordnungen besteht nach Weber stets die Gefahr, unkontrollierte Wertungen in die Betrachtungen sozialer Probleme und Auseinandersetzungen um Kulturbedeutsames zu tragen, sich auf eine Position der bloßen Apologie zurückzuziehen. Das liegt in der gegenwärtigen Situation besonders nahe, die weiterhin durch die Paradoxie geprägt ist, dass der ökonomische und technologische Rationalisierungsprozess zu einer globalen Homogenisierung bestimmter Sozialbereiche führt (weil der intendierte Erfolg zu entsprechend rationalisierten Handlungsmustern zwingt), dass aber gleichzeitig im Sinne einer Nebenfolge der Internationalisierung die Vielfalt der Kulturen und die konfliktträchtige Unterschiedlichkeit der religiösen und sozialmoralischen Überlieferungen immer größeren Bevölkerungskreisen bewusst gemacht wird. Es ist deshalb völlig offen, wie viel kulturelle Uniformität und wie viel Verschiedenheit die Zukunft des Globalisierungsprozesses überhaupt und dies erst recht in den unterschiedlichen Gesellschaftsbereichen bringen wird. Wer für mehr Verschiedenheit eintritt, muss jedoch auch als Nebenfolge die strukturbedingt größere Konfliktträchtigkeit gesellschaftlicher Beziehungen mit vermehrten Anlässen zu offenem Kampf wenigstens billigend in Kauf nehmen.

Problematisch wird es auf der strukturellen Ebene besonders dann, wenn vor einer Diskussion nicht geklärt ist, wo es überhaupt einen Konsensbedarf, eine Konsensmöglichkeit gibt und wo umgekehrt fundamentale Differenzen bestehen, weil es zum Beispiel um die Wahrung der kulturellen Schöpfung einer

Religionsgemeinschaft und damit den Kampf der Kulturen geht. Auf der Ak-
teursebene hat der Diskurs kulturelle und subjektive Bildungsvoraussetzungen.
Die Probleme hier lassen sich mit den folgenden Fragen umreißen: Inwieweit
erlauben religiöse Wahrnehmungsmuster die konstruktive Aufnahme oder Verar-
beitung von Erfahrungen, welche die tradierten Annahmen über die alltägliche
Wirklichkeit überschreiten? Eröffnen Religionssysteme einem Akteur die Chance, alte Einsichten preiszugeben oder Elemente seiner Alltagstheorien zu revidie-
ren, ohne gleich seine sozialkulturellen Deutungsmuster grundsätzlich in Frage
stellen zu müssen? Fördern religiöse Wertemuster die Bereitschaft, dem Be-
fremdlichen Sinn zuzuschreiben und sich diskursiv darüber zu verständigen? Die
Problematik verschärft sich weiter, wenn das jeweilige kulturelle und religiöse
Weltbild bestimmt, ob und wann Frieden wichtig oder ein Krieg gerecht und
heilig ist, die Inhalte von Gerechtigkeit kategorial festlegt und die Anstrengungen zur Bewahrung der natürlichen Schöpfung normativ kontextuiert. Nimmt
man jetzt noch die Aussage von Graf (2001: 51f.) hinzu, nach der es naiv sei, zu
meinen, „dass man diese elementaren Konflikte durch ein wenig dialogisches
Reden von irgendwelchen Funktionären aus der Welt schaffen könnte", dann ist
die Ausgangslage für Veranstaltungen an kirchlichen Akademien zur kulturellen
Globalisierung und überhaupt zu zivilgesellschaftlichen Diskursen im Groben
umrissen.

Diese Fragen könnten und müssten nach Peter Berger (1999) von den Evangelischen Akademien schon aus Gründen ihrer Geschichte und der immanenten
Entwicklung des christlichen Weltbildes aufgegriffen werden. Im Hinblick auf
das Thema Globalisierungsdiskurse werden die kirchlichen Akademien schließlich in dem Maße interessant, wie sich die Möglichkeit abzeichnet, dass in ihnen
Veranstaltungen zu Wissensformen von globaler Bedeutung vor dem Hintergrund
von Werten mit universellem Geltungsanspruch und einer auf eine potentielle
Weltöffentlichkeit hin orientierte Meinungsbildung stattfinden.

4. Die Frage der Globalisierung aus Sicht der Evangelischen Akademien

Nachdem wir die allgemeine Bedeutung der Zivilgesellschaft und die Problematik der interkulturellen Dialoge herausgearbeitet haben, wenden wir uns nun der Situierung der kirchlichen Akademien im Kontext des zivilgesellschaftlichen Engagements sowie einer ersten Bestandsaufnahme ihrer Stellung zur Globalisierungsfrage zu.

4.1 Die Institutionalisierung der Evangelischen Akademien

Die erste Evangelische Akademie nahm im September 1945 in Bad Boll/Württemberg ihren Betrieb auf (epd 1998). Ihr folgten zwischen 1945 und 1992 (in Mecklenburg-Vorpommern) 16 weitere, wie aus der unten stehenden Übersicht hervorgeht:

Tabelle 1:   Akademien nach Gründungsjahr

Akademie	Gründungsjahr
Evangelische Akademie Bad Boll	1945
Evangelische Akademie Arnoldshain	1946
Evangelische Akademie Loccum	1946
Evangelische Akademie Nordelbien	1946/47
Evangelische Akademie Baden	1947
Evangelische Akademie Kurhessen-Waldeck	1947
Evangelische Akademie Thüringen	1947 (1991)[*]
Evangelische Akademie Tutzing	1947
Evangelische Akademie Sachsen-Anhalt	1948 (1992)[*]
Evangelische Akademie Meißen	1949 (1991)[*]
Evangelische Akademie Iserlohn	1950
Evangelische Akademie zu Berlin	1951 (1993)[*]
Evangelische Akademie der Pfalz	1951

Fortsetzung Tabelle 1

Akademie	Gründungsjahr
Evangelische Akademie Mülheim an der Ruhr	1952
Akademie der Ev.-Luth. Kirche in Oldenburg	1954
Evangelische Akademie Görlitz	1991
Evangelische Akademie Mecklenburg-Vorpommern	1992

* in Klammern das Neu-Gründungsjahr der Akademien in den neuen Bundesländern
Quelle: eigene Erhebung

Die ersten Gründungen waren als bewusster Neuanfang in der kirchlichen Arbeit nach dem Ende des Zweiten Weltkrieges intendiert. Ihre Eröffnung stellt jedoch auf der Ebene gesellschaftlicher Strukturbildung die Institutionalisierung zivilgesellschaftlicher Organisationen dar – nicht zuletzt um einen weiteren Zivilisationsbruch, wie er im Dritten Reich stattgefunden hatte, zu verhindern. In der gesellschafts- und institutionentheoretischen Diskussion wurde in diesem Zusammenhang argumentiert, mit intermediären Organisationen und zivilgesellschaftlichen Akteuren besitze die Nachkriegsgesellschaft der alten Bundesrepublik so etwas wie ein Immunsystem, das der im Rahmen der Modernisierungs- und Individualisierungsprozesse drohenden subjektiven Desorientierung entgegenwirke. In diesem Spannungsfeld von kirchlicher Arbeit und zivilgesellschaftlicher Verantwortungsübernahme entwickelte sich die je spezifische Ausrichtung der Tätigkeit der einzelnen Akademien bzw. ergab sich ein institutionenspezifischer Entwicklungspfad. Etwas davon wird schon deutlich, wenn man nur die wichtigsten und größten Akademien betrachtet. Bad Boll betrieb von Anfang an eine ausgeprägt „gesellschaftsdiakonische Arbeit", die der drohenden gesellschaftlichen und individuellen Desorientierung mit dem „Geist des Evangeliums" entgegenzutreten sucht. Die Akademie in Loccum verstand sich schon früh als „neutrales Forum" für zivilgesellschaftliche Diskurse. Und die Einrichtung der bayrischen Landeskirche in Tutzing lenkte den Fokus ihrer Tätigkeit sehr schnell auf die Schnittstelle von Arguing und Bargaining, von bürgergesellschaftlicher Orientierung und politischer Entscheidung, von Diskurs und „Event".

Für Peter Berger (1999) und Jürgen Habermas (1990) gehören die Evangelischen Akademien zu jener Gruppe von Institutionen, die jenseits der systemisch, durch Macht und Geld strukturierten Bereiche vermittelnd zwischen den „großen" Institutionen von Staat und Wirtschaft und den privaten Lebenswelten der Akteure stehen. Sie sind in dieser Sichtweise Bestandteil jener „politisch fungierenden Öffentlichkeit", die Habermas (1990: 44) – in rechtsphilosophischer und demokratietheoretischer Perspektive – als gleichsam „kommunikativ verflüssigte Souveränität" beschreibt. Diese bringe

> „sich in der Macht öffentlicher Diskurse zur Geltung, die Themen von gesamtgesellschaftlicher Relevanz entdecken, Werte interpretieren, Beiträge zu Problemlösungen liefern, gute Gründe produzieren und schlechte entwerten. Diese Meinungen müssen freilich in Beschlüssen demokratisch verfasster Körperschaften Gestalt annehmen, weil die Verantwortung für praktisch folgenreiche Beschlüsse eine institutionelle Zurechnung verlangt."

Auch den Evangelischen Akademien selbst ist diese Verortung – oder Affinität – nicht entgangen. Schließlich bieten sie immer wieder verschiedensten zivilgesellschaftlichen Akteuren ein Forum – und damit die Möglichkeit, mit den Adressaten ihres Wollens in direkten Kontakt zu treten.[3] Mit ihrer hier skizzierten Geschichte waren die Evangelischen Akademien auf ihre Weise bereits zivilgesellschaftliche Akteure, bevor es das Konzept der Zivilgesellschaft in der politischen Diskussion gab.

---

[3] Darüber hinaus hat es aber bereits auch den Versuch gegeben, sich dieses Zusammenhangs im Rahmen eines dreijährigen, von der Akademie Bad Boll initiierten Projektes sowohl reflexiv wie praktisch zu vergewissern (vgl. dazu den 2003 auf den Internetseiten der Evangelischen Akademie Bad Boll erschienen Projektbericht: „Courage für Morgen – Perspektive Zivilgesellschaft"). Einem Interview mit dem damaligen Projektleiter Andreas Schröer kann man auch die mit den eben gestreiften soziologischen und sozialphilosophischen Ortsbestimmungen geteilten Grundverständnisse entnehmen: „Zivilgesellschaft ist zunächst ein beschreibender Begriff für Formen politischer und sozialer Selbstorganisation. Sie besteht aus sehr vielfältigen Netzwerken von Leuten, die sich freiwillig und auf begrenzte Zeit zusammenschließen. Im Amerikanischen gibt es den Slogan ‚only connect' – also schließt euch einfach zusammen und beteiligt euch direkt an Entscheidungen und Gestaltungsprozessen in eurem Gemeinwesen. Wichtig dabei ist, dass dies in einer Sphäre geschieht, die abgegrenzt ist gegenüber der verfassten Politik, gegenüber dem Staat und auch gegenüber dem Wirtschaftssystem." Schröer bringt das politische, das liberal-demokratische Anliegen des zivilgesellschaftlichen Engagements im Laufe des Interviews noch einmal direkt auf den Punkt: „Wenn es (...) nun darum geht, welche Ziele oder Werte eine zivilgesellschaftliche Initiative verfolgt, dann kann man nur sagen: Zivilgesellschaft meint eine Kultur der aktiven Auseinandersetzung und des aktiven Ringens um die Werte, die im politischen Handeln eine Rolle spielen sollen." Diesem diskursiven, meinungsbildenden Projekt haben sich die Evangelischen Akademien von Anfang an verschrieben.

4.2 Das Globalisierungsthema in den Veranstaltungsprogrammen der 1990er Jahre

Wie hat sich angesichts der beschriebenen Randbedingungen für zivilgesell-schaftliche Entwicklungen und interkulturelle Dialoge der Themenbereich der Globalisierung explizit im Veranstaltungskalender der Evangelischen Akademien niedergeschlagen? Zum ersten Mal taucht der Begriff der Globalisierung im Umfeld der Evangelischen Akademien nach unseren Recherchen explizit im Januar 1990 an der Akademie Tutzing auf. Die damalige Veranstaltung (Globali-sierung der Finanzmärkte – Macht und Ohnmacht der Politik?) wurde allerdings nicht in der EAD-Publikation, auf die wir uns bei der weiteren Analyse stützen, angekündigt, sondern nur im Halbjahresprogramm der Tutzinger Akademie. Sie war als Fachtagung eine „interne" Diskussion von Experten in einer vergleichs-weise geschlossenen Arena, die ohne eine „Galerie" zivilgesellschaftlich Interes-sierter und Engagierter auskam. Diese Veranstaltung bleibt auch für längere Zeit ohne Nachfolger, und erst 1994 wird das Thema explizit in Arnoldshain wieder aufgegriffen. Zwei weitere Veranstaltungen folgen 1995 wieder in Tutzing und 1996 in Bad Boll.

Tabelle 2: Veranstaltungskalender der Evangelischen Akademien 1990 – 1996 (eigene Erhebung)

Jahr/Ort	Veranstaltung
1990	
Tutzing	Globalisierung der Finanzmärkte – Macht und Ohnmacht der Politik? Fachtagung für Wirtschaftsjournalisten, Wissenschaftler und Finanzfachleute in Zusammenarbeit mit der Akademie für Politische Bildung, Tutzing
1994	
Arnoldshain	Zentralität und Regionalisierung: Capitale Mythen – 1200 Jahre Frankfurt a. M. Das Symposion geht den Schwierigkeiten nach, im Rahmen kommunaler und landesbezogener Planungen die Zukunft des Standortes zu sichern, spezifische lokale Interessen zu wahren und gleichzeitig die Globalisierung von Akteuren zu integrieren.

Fortsetzung Tabelle 2

Jahr/Ort	Veranstaltung
1995	
Tutzing	Auftrag: Menschenrechte Globalisierung der deutschen Sicherheitspolitik. Tagung für Offiziere.
1996	
Bad Boll	Bestand hat, was im lebendigen Menschen weiterwirkt Symposium zum 90. Geburtstag von Dr. Eberhard Müller. Welche Aktualität hat sein Konzept gesellschaftlicher Verständigung nach dem Ende des Ost-West-Konflikts angesichts der Globalisierung der Märkte und der wachsenden Relevanz elektronischer Medien?

In diesen vier Veranstaltungen ist das Thema Globalisierung noch Gegenstand interner Diskurse vor allem im Rahmen von „Festveranstaltungen" und überwiegend dem Bereich Wirtschaft zugeordnet. Allerdings deutet sich die Ausdehnung auf den politischen und letztlich die Diskussion der Konsequenzen für den gesamtgesellschaftlichen Bereich schon an. Diese Tagungen rekrutieren allerdings ihre Teilnehmerschaft noch nicht darüber, dass die Bearbeitung eines konkreten Problems in Aussicht gestellt wird, sondern sie stellen eher ein Nachdenken von Experten und Prominenten über „die großen Fragen der Menschheit" und Anregungen zur (persönlichen) Standortbestimmung und Sinnfindung in Aussicht.

Den eigentlichen Durchbruch für die zivilgesellschaftliche Diskussion erlebt das Thema Globalisierung erst 1997, wo es sich an sieben Akademien erstmalig explizit in einer Tagungsankündigung niederschlägt. Dieses doch sehr plötzliche und massive Auftreten spricht dafür, dass das Thema nicht über einen längeren Zeitraum in den Akademien „gewachsen" ist, sondern als von außen initiiertes jetzt vor allem deswegen bearbeitet wird, weil es „einfach dran ist". Diese beiden Dimensionen des Themas – Sinnfrage und externe Initiierung – tragen u.E. dazu bei, dass es sich in den Interviews der Akademie- und Studienleiter als ein mehr oder weniger diffuses Diskurssegment darstellt. Sobald die akademiegängigen Deutungsmuster durch die in der Globalisierungsdiskussion neu aufgeworfene Problematik in Frage gestellt werden, ergibt sich beim Eintauchen in das Thema

zwangsläufig ein Deutungskonflikt, der erst einmal adäquat bearbeitet sein will.
Einen Eindruck davon, wie das Thema Globalisierung von den Akademien im
Einzelnen aufgenommen wird, gewinnt man durch einen Blick auf die expliziten
Globalisierungsveranstaltungen, die 1997 angeboten wurden.

*Tabelle 3: Veranstaltungskalender der Evangelischen Akademien 1997
(eigene Erhebung)*

Arnoldshain	Globalisierung
	Was kommt auf uns zu? Was macht eigentlich den neuen Charakter der Globalisierung aus, da doch das "global play" der Konzerne so neu nicht ist?
Berlin	Globalisierung – Wettbewerb gegen menschliche Entwicklung?
	Arbeitnehmerrechte und soziale Standards zwei Jahre nach Kopenhagen
Iserlohn	Herausgefordert durch die Globalisierung
	Chancen und Risiken der Flexibilisierung und Deregulierung des Faktors Arbeit. Begegnungstagung zwischen Unternehmen und Betriebsräten
Iserlohn	Marktwirtschaft – ein weltweites Erfolgsmodell?
	Nachhaltige Entwicklung und regionale Ökonomien im Zeichen der Globalisierung von Wirtschaft und Gesellschaft
Kurhessen-Waldeck	Kommunen und Landwirtschaft im Dialog
	Politik zwischen Globalisierung und Regionalisierung. Gelungene Beispiele zeigen Chancen für künftiges Handeln auf.
Loccum	Globalisierung im Horizont politischen Lernens
	Die Diskussion um internationale Wettbewerbsfähigkeit und die politische Bildung in der Schule
Meißen	Die Grenzen des Rechtsstaates angesichts des sozialen Wandels
	Minderheitenschutz, Globalisierung, neue ökologische Fragen, Bürgerbeteiligung und Interessengruppen, Justizreform
Nordelbien	Morgens Weltmarkt, abends Wohnlandschaft
	Lebensstile in der globalisierten Wirtschaft (Wirtschaftsethisches Symposion)
Thüringen	Markt der Möglichkeiten – Möglichkeiten des Marktes
	Die Globalisierung scheint unaufhaltsam und zu immer härterer Konkurrenz auf allen Märkten zu führen.
Tutzing	Globalisierung und informationelle Rechtskultur in Europa
Tutzing	Solidarität neu denken und gestalten
	Globalisierung als Herausforderung für die Bürgergesellschaft
Tutzing	Globalisierung und Kulturdialog
	Auswärtige Kulturpolitik – noch eine staatliche Kernaufgabe?

Obwohl es sich durchgängig um Erstveranstaltungen handelt, stellt nur die Arnoldshainer (und in Grenzen die Thüringer) Veranstaltung die Frage danach, worum es sich bei „Globalisierung" überhaupt handelt. Alle anderen Tagungen setzen die Globalisierung als definites, manifestes Phänomen voraus. Auch dieser Umstand spricht dafür, dass das Thema von außen an die Akademien herangetragen und einfach übernommen wurde. Außerdem fällt auf, dass alle anderen Veranstaltungen das Thema formal auf die gleiche Art und Weise einführen, die sich als „Globalisierung und ..." paraphrasieren lässt. Das heißt, schon bestehende Probleme, Bereiche und Diskussionszusammenhänge werden an das Thema Globalisierung „angehängt".

Als These kann man hieraus ableiten, dass der Einstieg der Evangelischen Akademien in die explizite Globalisierungsthematik sich relativ schwach an neuen Phänomenen oder Problemen ausrichtet, die in einer Tagung bearbeitet werden könnten. Vielmehr scheinen Globalisierungsveranstaltungen vor allen Dingen damit beschäftigt zu sein, schon bestehende Diskussionszusammenhänge im Licht einer neuen, konkurrierenden Deutungsformel – genannt „Globalisierung" – anders zu interpretieren und zu bewerten oder das bisherige Deutungsmuster dagegen zu verteidigen. Daraus folgt als weitere These, dass sie weniger an einer praktischen Problemlösung als vielmehr an der Entwicklung einer neuen bzw. an der Rechtfertigung der alten Sinndeutung orientiert sind. Inhaltlich finden sich neben der zu erwartenden wirtschaftlichen Zurichtung des Themas auch 1997 schon einige andere Perspektiven. Besonders auffällig: Die sehr praktisch orientierte Zuspitzung in der Loccumer Veranstaltung, die beiden Veranstaltungen in Meißen und Tutzing, die Folgen für das Rechtssystem (und nicht etwa das politische System) ansprechen, und die weiteren beiden Tutzinger Tagungen, die den Fokus auf die jeweilige Rolle des Staates und der Zivilgesellschaft lenken.

4.3 Das Verständnis der Globalisierungsfrage in den kirchlichen Akademien

Auch vor dem Hintergrund dieser ersten Befunde zur Tagungswirklichkeit erscheint es dann fraglich, inwieweit eine zivilgesellschaftlich verfasste Öffentlichkeit ihrer potentiellen Funktion, auch globale Probleme noch wahrzunehmen und zu thematisieren, nachkommen kann, wenn ihre Diskussionen kaum noch an Kommunikationszusammenhänge der Alltagswelt rückgebunden sind. Es ist dann nicht mehr oder nur noch verzerrt das Echo praktischer Erfahrungen aus

Beruf und Lebenswelt zu bemerken – auf das nicht nur Habermas in seiner Konzeption des zivilgesellschaftlichen Diskurses großen Wert legt. Oder der interkulturelle Diskurs bleibt zivilgesellschaftlich bedeutungslos, weil nur ein spezifisches Berufsfeld erreicht wird. Globalisierungsveranstaltungen drohen sich in diesen Fällen mehr und mehr entweder auf Expertenrunden oder gesinnungsethisch motivierte Treffen zur Bekräftigung der Ablehnung weiterlaufender Rationalisierungsprozesse zu reduzieren. Gemeinsames Expertentum und gemeinsame Gesinnung – als vereinseitigte formale und materiale Momente der Dialektik des Rationalisierungsprozesses – bieten sich jedenfalls geradezu als Verständigungsbasis für eine Kommunikation unter Fremden an, die in komplex verzweigten und unter Globalisierungsdruck stehenden Öffentlichkeiten über weite Distanzen geführt werden muss. (Was die problematische Stellung der Zivilgesellschaft in einer „abstrakten Gesellschaft" (Zjiderveld) weiter radikalisiert.)

Wollen Diskursveranstaltungen der Evangelischen Akademien ab 1997 zivilgesellschaftliche Foren und Impulsgeber sein, so sind sie in der Sichtweise von Habermas mangels institutioneller Macht auf die politische Mobilisierung und Nutzung der „Produktivkraft" Kommunikation angewiesen. Für unsere Fragestellung muss dann aber erklärt werden, auf welche Weise sich das Medium der öffentlichen, zivilgesellschaftlichen Argumentation in Akademieveranstaltungen und nicht nur der Modus der Bargaining-Prozesse politisch Mächtiger für eine vernünftige Willensbildung zu Streitpunkten in globalen Problemfeldern eignet. Hält man sich die notwendigen idealisierenden Voraussetzungen für einen gelingenden praktischen Diskurs mit gültigen Ergebnissen vor Augen: „die vollständige Inklusion aller möglicherweise Betroffenen, die Gleichberechtigung der Parteien, Zwanglosigkeit der Interaktion, Offenheit für Themen und Beiträge, Revidierbarkeit der Ergebnisse" (Habermas 1990: 41), so wird die Problematik einer Realisierung solcher (interkultureller) Diskurse zu globalen Themen augenscheinlich. Denn gemessen an der ideal zu unterstellenden Kommunikationsgemeinschaft, welche die sozialen und kommunikativen Voraussetzungen spezifiziert, die in den verschiedenen Formen der Argumentation und situativ in Verhandlungen erfüllt sein müssen, wenn die Ergebnisse solcher Diskurse die Vermutung der Vernünftigkeit für sich haben sollen, wirken sich hier die organisationsbedingten Selektionszwänge räumlicher, zeitlicher und sachlicher Art besonders gravierend aus.

Betrachtet man unter diesem Gesichtspunkt des Selektionszwangs die Publikationen aus dem Kreis der Evangelischen Akademien, die sich der Globalisierungsfrage annähern, so sind sie typischerweise mit einer ökumenischen Vision von einer (sozial) gerechten, (politisch) friedlichen und (im Wirtschaften) die Schöpfung bewahrenden „Einen Welt" unterlegt. Praktisch verknüpft ist diese Vision mit dem Ziel einer Vernetzung von Ökonomie, Ökologie, sozialer Sicherheit und kulturellen Identitäten für eine nachhaltige Entwicklung in einem umfassenden, universellen Ansprüchen genügenden Sinn. Dies ist ein großer „ganzheitlicher" Anspruch. Um ihn zu verstehen ist es angebracht, die einzelnen Dimensionen durch Leitfragen näher zu charakterisieren. Die im Diskussionszusammenhang von kultureller Globalisierung seit 1997 immer wieder herausgestellten Fragen in den Evangelischen Akademien sind dann: Gelingt es durch eine Dynamik der (interkulturellen) Kommunikation innerhalb einer sich bildenden globalen Zivilgesellschaft die Dynamik des Geldes im Rahmen der ökonomischen Globalisierung und die Dynamik der Macht im Spannungsfeld von politischer Internationalisierung und hegemonialem Unilateralismus in Schranken zu halten? Kann eine internationale Kultur des Dialogs begründet werden, die sich entsprechend auf die Zivilität globaler Umgangsformen auswirkt? Welche Rolle können Stiftungen und internationale Nichtregierungsorganisationen beim Entstehen einer globalen Zivilgesellschaft spielen? Wie können sie Entwicklungsprozesse mitgestalten, solange es wenig institutionalisierte und viele unter formalen Politikgesichtspunkten prekäre Interaktionen zwischen Wirtschaft und Politik auf der einen Seite und zivilgesellschaftlichen Akteuren auf der anderen gibt? Taugen kirchliche Akademien mit einer Mischung aus interreligiösem Dialog, ökumenischer Orientierung und wertgebundener Kritik an der Globalisierung tatsächlich als Orte der „Gegenkultur zur Globalisierungsideologie"?

Schließt man z.B. gleich an die letzte Frage an und betrachtet das Selbstverständnis einzelner Akademien und ihrer Mitarbeiter, so spielen nach unseren Erfahrungen im Forschungsprojekt zwei Dinge eine Rolle: Die Art und Weise, wie die Verantwortlichen und Mitarbeiter dieser Einrichtungen zu einem solchen Selbstverständnis kommen, und welche praktischen Schlüsse sie daraus ziehen. Für das zuletzt Genannte ist wichtig, ob Akademie- und Studienleiter jeweils – gleichsam in letzter Instanz – Anhänger des zivilgesellschaftlichen Diskurses sind oder die Rolle eines zivilgesellschaftlichen Akteurs vorziehen. Befragte, die in den gesellschaftlichen Diskurs wieder verstärkt eine inhaltliche Position „*einbringen*" und „*nicht nur Gesprächsforum*" sein wollen, beziehen dies gerade auch auf Fragen der Globalisierung und des zivilgesellschaftlichen Einflusses auf die Organisation der Welt. Der Weg zu einem solchen Selbstverständnis kann typologisch betrachtet über eine gesinnungsethische Ableitung bzw. Vorurteilsbildung gehen oder er kann über eine sachliche Auseinandersetzung mit einer konkreten Problematik führen. Was unter einem gesinnungsethisch motivierten Modus an sich zu verstehen ist, muss hier nicht näher ausgeführt werden. Eine Analyse von „Attac" und der Handlungsmotivierung ihrer Unterstützer würde z.b. genügend Anschauungsmaterial ergeben. Wobei vom Modus der Auseinandersetzung allerdings wieder der Gesichtspunkt der Berechtigung zu einer kritischen Haltung gegenüber sozialen Prozessen als solcher zu trennen ist. Dass ein zu großer Anteil gesinnungsethisch Motivierter auf der Referenten- wie Teilnehmerseite sowohl den Interessentenkreis für Diskursveranstaltungen begrenzt wie die Diskussion in einer Tagung entsprechend steuert, muss vermutet werden und gilt nach den Erfahrungen der befragten Direktoren und Mitarbeiter auch für den Bereich der Globalisierungsdiskurse und interkulturellen Dialoge.

Für das Offenhalten des Teilnehmerkreises wie des Diskussionsverlaufs – die konstitutiven Bedingungen eines zivilgesellschaftlichen Diskurses – ist es jedoch notwendig, so äußert sich die Mehrzahl der Befragten, die Frage der materialen Problembearbeitung aufzugreifen. Für Akademieveranstaltungen von Bedeutung ist dann weiter, in welchem Umfang die Thematik sachlich erschlossen wird, damit sich Brückenfunktionen zwischen den Bereichen des Arguing und des Bargaining ergeben können. Ein von uns befragter Studienleiter versteht in dieser Hinsicht die Rolle der Akademien vor allem darin, die *„Engführung der Globalisierungsdiskussion auf die ökonomischen Prozesse aufzulösen und auch die viel breiteren Dimensionen bis hin zu Globalisierung von Lebensstilen"* in den Blick zu nehmen.

„Denn die größten Herausforderungen der Menschheit insgesamt sind heute nur noch global zu verstehen und zu bewältigen: Die Umweltherausforderung, der Klimaschutz, die Nord-Süd-Problematik, die Friedensproblematik usw. Die Trias des konziliaren Prozesses: Friede, Gerechtigkeit und die Bewahrung der Schöpfung, ist aktueller denn je. Und das sind globale Themen, die nur global auflösbar sind."

Auf diese Grundeinstellung der Akademie- und Studienleiter sind wir im Rahmen unserer Untersuchung bei allen Einrichtungen, die sich explizit mit der Globalisierungsthematik beschäftigt haben, gestoßen.

4.4 Interkulturelle Diskurse und die Gestaltung der Globalisierung

Nachdem mit der „Trias des konziliaren Prozesses" ein erster allgemeiner Fokus der Auseinandersetzung der kirchlichen Akademien mit dem Globalisierungsthema herausgearbeitet wurde, gehen wir nun zu der Frage über, wie dieses Thema konzeptionell bearbeitet wird, welche Einstellungen hierzu vorzufinden sind. Denkbar wäre zum Beispiel eine Sichtweise, welche die Globalisierung als ein übermächtiges Schicksal deutet, das mit christlicher Demut ertragen werden müsse – vergleichbar den frühen Verfolgungen durch bestimmte Herrscher des Imperium Romanum. Auf eine solch fatalistische Reaktion, die durch eine extrem quietistische theologische Position motiviert sein könnte, sind wir bei unseren Untersuchungen – fast erwartungsgemäß – nicht gestoßen.

(1) Dieser Einstellung einer „fatalistischen Anpassung" am nächsten kommt aber eine unter Akademiebesuchern nicht ganz seltene Sichtweise, die Globalisierungsprozesse als „Geschick" (Heidegger) oder als informationstechnisches „Gestell" der postmodernen Gesellschaft zu interpretieren, deren alltagspraktischen Vorteile man „unverkrampft" übernehmen könne, da die problematischen Seiten von anderen Bevölkerungsgruppen oder gar anderen Ländern getragen werden müssten. So berichtet ein Studienleiter von einer der großen Akademien folgendes aus seinen Erfahrungen:

> „Wenn man zum Beispiel mit der Bildungsbürgerschicht diskutiert, die sagen: Bei der Globalisierung, da muss man eben mitmachen. Das hat bestimmte technische Konsequenzen, das hat auch viele Chancen. Ich erlebe das also eher viel neutraler als kritisch."

Dies beschreibt eine dezidiert auf den Teilnehmerkreis bezogene Einstellung, die für die Referentenseite völlig untypisch ist.

(2) Nicht nur, aber gerade auch auf eine solche Haltung der unreflektierten Anpassung unter den Tagungsteilnehmern reagieren die Akademien mit einer Position der Aufklärung, die drei Faktoren herausstellt: eine der sachlichen Information und der Situationsklärung, eine zweite, innere Anpassung der Selbstaufklärung und des notwendigen Wissenserwerbs sowie eine dritte, äußere der Aufklärung der Öffentlichkeit über sie zentral betreffende soziale und kulturelle Sachverhalte. Ein Beispiel für eine sachliche Problemsicht sind die Ausführungen

eines Studienleiters, der bemerkt, das Problem bei der Globalisierung auf gesellschaftspolitischer Ebene sei,

> *„dass die nicht richtig verstanden wird. Betrachtet man zum Beispiel die Situation in Osteuropa, dann sind es ja eigentlich drei Prozesse, die ineinander greifen, nämlich die Transformation in diesen Ländern, die EU-Osterweiterung und die Globalisierung. Diese Sachen greifen hier ineinander, sind in einer besonderen Art gleichzeitig. Wenn man diese Prozesse näher betrachtet, dann findet man noch mehr Ebenen. Und in der veröffentlichten Meinung, aber auch in den politischen Diskursen, haben sie ja selten eine Trennung. Selbst die Leute, die es eigentlich wissen, trennen es nicht. Nur ab und zu bietet sich die Gelegenheit, dass man dann auch fachlich darüber reden kann, dass man die Ebenen auseinander hält, um besser zu verstehen, wie alles zusammenhängt. Insofern denke ich, ist das ein zentraler Themenbereich."*

Greift man die Kernaussage dieser Ausführungen auf, so müsste es die Aufgabe von Akademietagungen in diesem Bereich sein, mit Diskussionsveranstaltungen zur sachlichen Problemdifferenzierung und damit zur Klärung der Vorstellungen in der öffentlichen Meinung beizutragen.

Ein Beispiel aus unseren Interviews für Prozesse der akademischen Selbstaufklärung ist das folgende Zitat aus dem Gespräch mit einem Studienleiter von einer anderen Akademie:

> *„Die erste Globalisierungstagung war keine einmalige Veranstaltung. Da sind an sechs oder acht Nachmittagen einmal im Monat Leute zusammengekommen. Da wurde ein Dreivierteljahr am Thema Globalisierung gearbeitet. Ich hatte hier einen Reader gemacht, dann haben wir die einzelnen Texte durchgearbeitet, was nicht unbedingt akademietypisch ist. Aber mir war das wichtig, das so zu machen. Ursprünglich war das eine gemeinsame Idee der Studienleiter, dass wir gesagt haben, es gibt zum Thema Globalisierung so viel Literatur, das müsste man einmal aufarbeiten und schauen: Welche verschiedenen Positionen gibt es da eigentlich? Was steht da gegeneinander und was sind die Knackpunkte?"*

Doch dieser Prozess der Selbstaufklärung schlägt dann ziemlich schnell in den Versuch einer Aufklärung der Öffentlichkeit bzw. ausgewählter Vertreter der engagierten Zivilgesellschaft um, wie die unmittelbar anschließende Zitatstelle zeigt:

> *„Und dann haben wir überlegt, warum sollen wir eigentlich unter uns bleiben und haben dann interessierte Arbeitgeber, Gewerkschafter, Kirchenleiter usw. dazu eingeladen – mit voller Absicht sehr unterschiedliche Positionen. Wir haben uns jeder bestimmte Bücher und Positionen vorgenommen und haben geschaut, wo sind jetzt die wichtigsten Kapitel. Das war dann ein sehr informiertes Gespräch, weil man eine Textgrundlage hatte, und nicht bloß so ein allgemeines Gelaber. Weil da jeder selbst gefordert war. Jeder sollte ja bestimmte Abschnitte lesen, die Position vortragen und dann Stellung nehmen – auch in der allgemeinen Diskussion."*

Wirken könnten diese Veranstaltungen in den gesellschaftlichen Raum hinein jedoch nur, wenn entsprechende „Multiplikatoren" sich in größerer Zahl daran beteiligen und auch im Praktischwerden eines Aufklärungsprozesses die Verbindung von Arguing und Bargaining herstellen könnten. Solche sachlichen Anstrengungen legen des Weiteren auf die reflexive Dimension der Horizonterweiterung i.S. einer Reziprozität der Perspektiven auf globaler Ebene großen Wert. Beispielhaft hierfür steht ein Studienleiter, der sich fast schon beschwert, Globalisierungsprobleme nur unter „erschwerten Bedingungen" in seinen Veranstaltungen thematisieren zu können. In diesem Kontext folgt die hier am meisten interessierende Aussage:

> *„Das ist insofern interessant, weil wir in Deutschland diese Globalisierungsdiskussion sehr national führen. Globalisierung wird immer – das ist eigentlich der Widerspruch – diskutiert unter den Fragen: Was bedeutet das für Arbeitsplätze bei uns? Was bedeutet das für das System der Sozialen Marktwirtschaft bei uns? Das ist immer nur die Frage, inwieweit ist Deutschland selbst durch Globalisierung betroffen. Aber wir scheren uns einen Teufel darum, wie es Entwicklungsländern unter Globalisierungsanforderungen geht. "*

Ziel einer solchen Tagung ist dann, die Perspektive „des Anderen" zur Kenntnis zu nehmen, sich zum Beispiel zu fragen: „wie sieht das für ein Entwicklungsland aus, jetzt unter diesem Globalisierungsdruck zu stehen."

(3) Über die Position der Aufklärung hinaus geht eine weitere weit verbreitete Sichtweise der Globalisierungsprobleme durch die Leitung und Mitarbeiterschaft vieler Akademien, die mit der knappen Maxime auf den Punkt gebracht werden kann: „Globalisierung muss gestaltet werden". Vertreter dieser Position sind der Meinung, dass dabei die Opfer der Globalisierung nicht übersehen werden dürfen, dass jedoch „Globalisierung ein Faktum ist", wie sich ein Studienleiter ausdrückt,

> *„und dass man das nicht mehr aus der Welt schaffen kann, sondern dass wir nun versuchen müssen, dieses Phänomen zu gestalten. Dass wir das sozusagen nicht den Neoliberalen einfach überlassen dürfen, die das rein wirtschaftlich für sich ausbeuten, sondern herausstellt, dass man die menschlichen Dimensionen dabei beachten und ihnen Raum geben muss oder dass man die Situation der weniger entwickelten Länder auch im Auge behalten muss usw. "*

Dieses normative Deutungsmuster umschreibt damit das gesinnungsethische Fundament, das implizit oder explizit den Diskursen der Globalisierungsfragen in den kirchlichen Akademien zugrunde liegt.

Aber dem Wunsch nach Gestaltung komme derzeit auch die allgemeine öffentliche Diskussion entgegen, meint ein Studienleiter, „was jetzt wieder disku-

tiert wird, dass das nicht einfach nur eine Naturgewalt ist, sondern da etwas ist, wo es etwas zu gestalten gibt, wo man Regeln braucht usw." Hier zeichnet sich dann wieder ein konstruktiver Umgang im Sinne einer zivilgesellschaftlichen Verantwortungsethik mit dem Globalisierungsthema ab: In Akademietagungen sollen Wege aufgezeigt werden, wie im globalen Wirtschaftsgeflecht faire Beziehungen herzustellen und im internationalen politischen Konkurrenzsystem Kompromisse zu finden sind. Sie aber müssten wieder ein Stück weit gegen die mediale Öffentlichkeit organisiert werden, *„die eben nicht wirklich hinschaut"*, wie der zuletzt zitierte Studienleiter sagt, sondern mehr an „Skandalen" als an „vernünftigen Regeln" interessiert sei.

5. Zu Konzept und Organisation einer Globalisierungstagung

Hinsichtlich der sachlichen Thematisierung ist unter den Studienleitern wenig strittig, dass die Globalisierung nicht etwas völlig Neues darstellt. Eine der ersten Stellungnahmen eines Akademiemitarbeiters aus unseren Interviews hierzu lautet:

> *„Ich weiß nicht, wie sie Globalisierung fassen. Unter dem Stichwort Globalisierung fanden wahrscheinlich erst Mitte der neunziger Jahre die ersten Tagungen hier statt. Aber im Sinne von Internationalisierung oder Entwicklungshilfe oder sonst wie sind diese Tagungen an dieser Akademie schon viel älter. Die hat es sicher seit den sechziger Jahren gegeben."*

Solche Aussagen relativieren unsere erste Deutung, das Globalisierungsthema sei den Akademien „von außen" nahe gebracht worden. Für die explizite Übernahme des Begriffs in die Tagungsthemen spricht immer noch einiges, für die Diskussion in der Sache nun weniger. Es wird im Weiteren zu zeigen sein, worauf sich diese Sichtweise gründet und wo sie ihre Grenzen hat.

5.1 Die Thematisierungsweise von Globalisierung in den Evangelischen Akademien

Ein Studienleiter aus dem Bereich Wirtschaft führt in dem mit ihm geführten Interview aus:

„Insgesamt finde ich, dass Globalisierung zwar zu einem Schlagwort aufgestiegen ist. Aber ich glaube fast, es hat sich sehr viel weniger verändert, als wir denken. Vielleicht hat sich die Wahrnehmung sehr viel mehr verändert. Technisch, auch kommunikationsmäßig ist schon eine neue Qualität erreicht. Da eröffnen sich sicher neue Chancen für eine globale Kommunikation. Aber speziell im Ökonomischen weiß ich nicht, ob sich da so viel verändert hat. Ich habe eher den Eindruck, es hat sich über das Internet und andere Dinge unsere Wahrnehmung der Globalisierung verändert. Die Problematik der internationalen Finanzmärkte zum Beispiel hat schon ein Bundeskanzler Helmut Schmidt bitterst beklagt."

In solchen Aussagen kann man einen weiteren Beitrag zur Versachlichung der Globalisierungsdiskussion sehen: Globale Bezüge sind weder politik- oder wirtschaftshistorisch noch institutionengeschichtlich „wirklich" oder „ganz" neu.

Allerdings steht der Globalisierungsdiskurs nach Meinung eines anderen befragten Studienleiters mit seinen Begriffen und Deutungsschemata auf die Sicht der Welt und die Problematik ihrer Entwicklung bereits für einen manifesten Wandel.

„Als das Wort Globalisierung kam, brachte es andere Worte zum Verschwinden. Früher redete man zum Beispiel von Kolonialismus. Das Wort gibt es kaum mehr. Imperialismus gibt es auch kaum mehr oder Abhängigkeitsstrukturen. Ich weiß schon gar nicht mehr, wann es umgekippt ist. Als ich ankam, hatten wir alle – wenn man entwicklungspolitisch etwas machte – entwicklungspolitische Kategorien im Kopf: Dependenztheorie, Kolonialismustheorien usw. Früher hat man bei gesellschaftlichem Wandel über Verschiedenes geredet, während das Wort Globalisierung irgendwie viele Dinge auffrisst, ist mein Eindruck. Im Moment jedenfalls ist mir das Wort Globalisierung zu auffressend. Ich beobachte immer wieder, dass Leute sagen, die Globalisierung ist auch für dies oder jenes irgendwie verantwortlich."

Die Folgen, die sich aus einer derart schematischen Sichtweise ergeben, fasst er mit einem knappen Satz zusammen: *„Dann werden Probleme einfach undeutlich und diffus."*

Für einen größeren „Neuigkeitswert" der Globalisierung plädiert dagegen der Studienleiter einer anderen Akademie (ebenfalls mit einem entwicklungspolitischen Hintergrund). *„Also die Themen an sich sind ja nicht so neu"*, führt er zwar auch aus,

„was heute unter dem Thema Globalisierung diskutiert wird, das ist früher unter anderen Überschriften diskutiert worden. Das Neue an Globalisierung – jetzt in der aktuellen Diskussion – kommt meines Erachtens daher, dass neue eben die Dimensionen von Raum und Zeit verschwinden bzw. zusammengepresst werden. Den weltweiten Handel zum Beispiel hat es im Römischen Reich schon gegeben. Und es hat um 1900 auch schon einen Warenaustausch sehr großen Umfangs gegeben. Aber etwas Neues ist, dass man eben in New York sitzen und per Knopfdruck an der Börse von Tokio spekulieren kann. Diese Überwindung der Raum-Zeit-Dimension ist nach meinem Dafürhalten das Charakteristikum der aktuellen Entwicklung, das durch die elektronischen Medien, durch Datenverarbeitung, Computer usw. kommt.

Das war so nicht in früheren Jahren, dass zum Beispiel ein Großunternehmen seine ganze Datenverarbeitung nach Bangalore verlegen kann, während es gleichzeitig in Boston sitzt. Das ist die neue Dimension. Und dadurch wird die Welt zu einem ,Global Village', weil da die nationalen Grenzen keine Rolle spielen und durch die Gleichzeitigkeit räumliche Distanzen verschwinden. "

Mit dem letzten Argument erreicht die Globalisierungsdiskussion in den Evangelischen Akademien den Stand, dass nun von einem qualitativ Neuen ausgegangen wird. Mit Bezug auf die vorhergehenden Ausführungen wird hier etwas von der Ambivalenz des Neuen in der sozialen Welt manifest, wie sie in den Innovationstheorien von Hegel und Mead bis Oevermann immer wieder herausgearbeitet wird: Auf der einen Seite ist das Neue aufgrund seiner Einbettungsverhältnisse immer auch eine Fortsetzung des Alten, einer Übernahme basaler Funktionen des gesellschaftlichen Lebens zum Beispiel, auf der anderen Seite aber umschreibt es eine neue Formgebung der Welt, die sowohl neue Erkenntnisse als auch einen anderen Zugriff auf die gegebenen Bestände und Ressourcen ermöglicht. Es ist deshalb *auch*, aber nicht nur eine Frage des Blickwinkels, ob man das Moment der Kontinuität oder der Diskontinuität betont, ob man die Einzigartigkeit des Neuen herausstellt oder dieses in größere, kontinuierliche Bezüge einordnet.

Vor dem Hintergrund der letzten Überlegung stellt sich die Frage, ob und wie sich diese strukturelle Ambivalenz auf die Konzeption und Veranstaltungswirklichkeit von Globalisierungstagungen und interkulturellen Diskursen auswirkt. Betrachtet man unter diesem Blickwinkel noch einmal die bereits vorgestellten Aussagen aus dem Kreis der Akademiemitarbeiter, so deutet sich eine „innere" Spaltung im Vollzug der Globalisierungstagungen an: Die an Versachlichung orientierten Veranstaltungen legen den Schwerpunkt eher auf die Einordnung in größere Bezüge und die Entdramatisierung der Thematisierungsform, die an der zivilgesellschaftlichen Mitgestaltung ausgerichteten Tagungen stellen dagegen gerade das im Entstehen begriffene Neue heraus, auf dessen Formung noch Einfluss ausgeübt werden kann – bevor die formalen Rationalisierungsprozesse die Berücksichtigung materialer Gesichtspunkte in den Hintergrund drängen und das „Fenster des Gestalten-Könnens" schließen.

Einen anders gelagerten – vor dem Hintergrund der zuletzt wiedergegebenen Überlegungen eher überraschenden, im Hinblick auf unsere theoretischen Ausführungen zur Problematik interkultureller Dialoge aber nicht mehr erstaunlichen – Gesichtspunkt stellt ein sehr erfahrener Akademiedirektor heraus. Die angeführten Differenzierungen von Kontinuität und Diskontinuität seien für die Konzipierung einer Globalisierungstagung und auch für den speziellen Fall eines interkulturellen Dialogs zu abstrakt und deshalb nur bedingt relevant. Er weist im Gespräch darauf hin, dass sich gerade auch bei den Globalisierungstagungen die Schnittstellenproblematik von Arguing und Bargaining, von Orientierungs- und alltäglichem Handlungswissen bis in das Wecken eines genügend großen Interesses beim potentiellen Teilnehmerkreis hinein auswirke. So stellt er nicht die Frage der Einordnung in Bekanntes oder die der Dramatisierung des Neuen in den Mittelpunkt, wenn er uns die Probleme für die Durchführung von Globalisierungstagungen aus seiner veranstaltungskonzeptionellen Sicht heraus erläutert:

> *„Wenn Sie fragen: Warum kommt das Globalisierungsthema oder wie kommt es hier* (in unserer Akademie) *an? Dann merken sie, dass Globalisierung immer sehr spezifisch, ganz nahe bei den Leuten ankommt, die damit beschäftigt sind. Nicht als Überthema, wie sie es im ,Spiegel' erleben. Wenn wir ein Überthema machen, kommt kein Mensch hierher. Sondern wir müssen es auf eine Ebene bringen, wo es für Menschen erfahrbar ist, die damit arbeiten und die ihre berufliche Professionalität mit einbringen können. "*

Wenig später ergänzt er:

> *„Wir haben z.B. das Thema Arbeit und Soziales und das Thema Zivilgesellschaft als Oberthema formuliert. Weil wir hier im Haus das Konzept hatten, uns immer einmal wieder für zwei, drei Jahre ein Thema vorzunehmen, mit dem eine Reihe von Tagungsleitern beschäftigt ist. Aber das Thema Globalisierung haben wir nie als eigenständiges Oberthema organisiert. "*

Dies kontrastiert mit der oben angesprochenen Akademie, die dies explizit gemacht hatte. Auf unsere Nachfrage, man könne doch bei Globalisierung – mit der ganzen Diffusität, die in diesem Thema steckt – die biblischen Unheilsprophetien und die christlichen Heilsbotschaften zusammenbringen, wird vom befragten Akademieleiter noch einmal die von ihm zuletzt genannte Erfahrung bestätigt:

> *„Wir bekommen das nicht hin. Also ich glaube nicht, dass wir hier eine Tagung über Heil oder Unheil der Globalisierung hinbekommen. Ich kann auch keine Tagung erfolgreich organisieren, die heißt: ,Neoliberalismus. Zukunft oder Verderbnis?' Auch da kommt kein Mensch, obwohl alle irgendwo mit dem Thema befasst sind. Nur wenn ich eine ganz konkrete Geschichte nehme, bekomme ich die dortigen Fachleute zusammen und kann über die konkrete Problemdiskussion etwas bewirken. Das andere ist so Politiker- oder Stammtischgeschwätz. "*

An dieser Stelle wird dann die Relevanz des oben konstatierten Abstands zwischen den vergleichsweise abstrakten Bezügen globaler Vergesellschaftung und den konkreten Problemen der Alltagswelt für die Konzeption von Akademietagungen deutlich. Entsprechendes berichtet der Studienleiter einer anderen Akademie:

> *„Wir haben zwar aus eigenen politischen Erfahrungen heraus das Globalisierungsthema aufgegriffen – auch merkend, dass es bis dato noch keinen gegeben hat, der es so aufgegriffen hätte –, aber als explizites Thema funktioniert es nicht. Diese Erfahrung haben wir inzwischen gemacht, da kommen nur ganz, ganz Wenige. Aber sozusagen in Spuren die Globalisierung aufzunehmen und darüber die Problematik zu thematisieren, das funktioniert schon eher. Das Thema als solches ist vielleicht auch zu wenig gestaltbar oder es ist vielleicht schon zu lange in der politischen Diskussion, gerade auch in der Polemik, gedroschen worden. "*

Notwendig sei deshalb, ergänzt ein zweiter Studienleiter

> *„die Entmythologisierung von Globalisierung, also dieser Fratze von Globalisierung, die da immer ins Feld geführt wird. Wichtig ist aber auch zu schauen, wie Globalisierung bei uns ankommt, zielgruppenorientiert oder auf den verschiedenen politischen Ebenen. "*

Wir könnten noch weitere Aussagen aus unseren Interviews hinzufügen, die das bereits deutlich gewordene Bild bestätigten. Doch ist die Tendenz bereits aus den bisherigen Interviewsequenzen deutlich geworden: Das Globalisierungsthema kann in zivilgesellschaftlichen Diskursen nur am konkreten Material sozialer Handlungsprobleme entfaltet und nicht abstrakt behandelt werden, wenn es einen größeren Interessentenkreis und nicht bloß eine „gesinnungsethische Sekte" (Aussage eines Studienleiters) ansprechen will.

5.2 Wichtige Dimensionen der Globalisierungsthematik außerhalb des religiösen Feldes

Eine erste generelle Strategie der Reduktion des Abstraktionsniveaus besteht nach diesen konkreten Hinweisen in unseren Gesprächen in den Akademien darin, die Globalisierungsfrage nach thematischen Dimensionen zu gliedern und sich in der Tagung auf eine zu konzentrieren. Stellt man die soziale und kulturelle Dimension einmal zurück – die später noch ausführlicher analysiert wird –, so ist die ethische Fragestellung eine erste, in den Tagungsprogrammen der Akademien immer wieder anzutreffende Dimension des Globalisierungsthemas.

5.2.1 Sozialmoral im Kontext eines Weltethos

Gerade für kirchliche Akademien, so muss man vermuten, ist die ethische Fragestellung im Bereich der Globalisierung ein sich wie von selbst aufdrängendes Thema. So spricht ein Studienleiter in diesem Zusammenhang davon, dass es

> *„in allen seinen Themenveranstaltungen eine ethische Dimension gibt, die ich für wichtig halte. Das wäre also nichts Besonderes für mich, über Ethik der Globalisierung zu sprechen. Die wirtschaftsethische Diskussion in Deutschland zum Beispiel hat zu Anfang der achtziger Jahre begonnen, die Globalisierungsdiskussion, meine ich, erst Anfang bis Mitte der neunziger Jahre, als die Auswirkungen der neoliberalen Wirtschaftspolitik deutlich wurden. Deswegen – rein zeitlich – ist für mich das Thema Globalisierung erst später aufgekommen und hat auch für mich eine andere Qualität. Globalisierung ist leichter identifizierbar, ist wirkungsmächtiger und inzwischen sozusagen Rahmenbedingung der Wirtschafts-, Sozial- und vielleicht auch der Gesellschaftspolitik geworden – eine Art Faktum, kein Naturgesetz, aber trotzdem ein Faktum."*

Ein anderer Studienleiter aus derselben Akademie spricht explizit davon, dass das Stichwort „Gerechtigkeit" in der ethischen Globalisierungsdimension „immer ein wichtiges Thema" sei. Ein weiterer befragter Studienleiter aus einer anderen Akademie ergänzt in diesem Zusammenhang,

> *„dass Leute* (in den Veranstaltungen) *sagen: Ja gibt es überhaupt noch eine Ethik für globalisiertes Handeln? Wenn die Firmen immer größer international agieren und mit anderen Kulturen zu tun haben, haben wir da überhaupt noch Wertmaßstäbe? Und wer hat die?"*

Greift man solche Fragestellungen auf, zeigen sich typische Probleme der Diskursgestaltung. Eine erste Problematik von Veranstaltungen, die normative Fragen in den Vordergrund stellen, besteht darin, dass ein „Abgleiten" in den Austausch bereits gesinnungsethisch „zementierter" Positionen relativ nahe liegt – näher jedenfalls als bei solchen themenzentrierten Tagungen, die einen klaren Bezug zu sachlichen Problemen der sozialen Praxis haben. Diese erste Problematik wird jedoch durch eine zweite verschärft. Will eine Akademie, wie oben ausgeführt, zu einer Globalisierungsveranstaltung neben beruflich mit dem Thema befassten Experten auch ein allgemein interessiertes Publikum anziehen, dann ist sie insbesondere auf gesinnungsethisch Bewegte angewiesen. Diskurse mit einem solcherart gemischten Teilnehmerkreis stehen dann in der Spannung von konkreter beruflicher Verantwortungsethik und universalistisch orientierter Gesinnungsethik.

5.2.2 Globale ökologische Verantwortung

Eine zweite wichtige Dimension, die vielen Mitarbeitern am Herzen liegt, ist die ökologische. So berichtet ein Studienleiter, bei ihm seien Eine-Welt- und Globalisierungsthemen gemeinsam

> „mit Beginn der Nachhaltigkeitsdebatte – als sie 1994/95 so richtig virulent wurden – zum ersten Mal aufgetaucht; und zwar weniger unter dem Stichwort ‚ökonomische Globalisierung‘, sondern stärker unter dem Gesichtspunkt Klimaschutz. Wir operieren ja auch international mit Verbänden über ein globalisiertes Internet-Netzwerk und versuchen in diesem Austausch auch Duftmarken zu setzen, was damals mit dem Klimaschutz und der Energieproblematik begann."

Eine Interpretation dieser Stelle legt nahe, dass sich bei einer sachlich auf bestimmte Handlungsfelder bezogenen Akademiearbeit eine Bewegung weg von einer reinen Gesinnungsethik hin zu einer Verantwortungsethik andeutet. Das war zu erwarten. Ebenso ist jedoch zu sehen, dass die gesinnungsethische Orientierung auch bei einer themenzentrierten Fundierung der Globalisierungsfrage nicht völlig verschwindet. Denn an dieser Interviewsequenz wird auch deutlich, wie der Rahmen des „neutralen Forums" in Richtung einer Unterstützung zivilgesellschaftlicher Akteure und Akteursgruppen überschritten wird.

Für die Perspektive eines möglichen zivilgesellschaftlichen Impulsgebers bzw. einer organisatorischen Plattform dafür in der Ökologiefrage sieht der Studienleiter für Umweltfragen an einer der großen Akademien hinsichtlich der Nachhaltigkeitsthematik schon seit geraumer Zeit „eine kritische Masse" erreicht.

> „Und es war eine Aufgabe, die ich mir hier mit gesetzt habe, diese kritische Masse dann auch zu organisieren. Dass man hier – das ist eben der Forumscharakter, den die Akademiearbeit ja bietet – Konferenzen organisiert für diese Leute, bei denen sie sich kennen lernen können und – was eben auch recht gut funktioniert – wo sie in Netzwerke miteinander kommen."

Der (politische oder zivilgesellschaftlich praktische) Impuls bestünde in seiner Sichtweise dann

> „in der Entscheidung für diese Leute mit ihren Fragestellungen Forum sein zu wollen und diese Tagung zu machen. Man sucht natürlich nach den allerbesten Protagonisten in der jeweiligen Sache, versucht die in Konferenzen hierher zu bringen und stellt sie in den Mittelpunkt."

Der hier zitierte Studienleiter macht dies an einem Beispiel deutlich:

> *„Es gibt eine von einem Schweden gegründete, inzwischen weltweit tätige Initiative: ‚The Natural Step'. Fakt ist, dass die eine sehr hochwertige Arbeit in Sachen Qualifizierung in Umweltfragen macht, mit sehr einfachen, gut zu kommunizierenden, aber trotzdem wissenschaftlich einwandfrei fundierten Konzepten, die – sagen wir einmal so – sehr industrie- und wirtschaftsgängig sind. Sie ist sehr gut geeignet, den gesellschaftlichen Diskurs und wirtschaftliche Zielgruppen miteinander in produktive Dialoge zu bringen. Das ist aber eine Initiative, die überwiegend im englischen Sprachraum angesiedelt ist, im Deutschen gibt es da bis jetzt nicht sehr viel Resonanz.“*

Der Erfolg einer derart motivierten und organisierten Tagung schlägt sich dann gerade in den praktischen Folgen nieder, wie dieses Beispiel zeigt.

> *„Inzwischen gibt es zum Beispiel beim BDI in diesem Bereich erste Schritte, die nicht nur reaktiv sind, sondern die versuchen, da ein bisschen gestalterisch zu werden. Das ist mit Sicherheit mitbewirkt, bestimmt nicht allein, aber mitbewirkt durch das, was wir hier damals gemacht haben.“*

An solchen Stellen unserer Interviews mit Tagungsleitern der Evangelischen Akademien ist zu erahnen, weshalb Leggewie (2003) in seiner Analyse der Globalisierungskritiker von einer kosmopolitischen sozialen Aufbruchsbewegung spricht und die einschlägigen *Nicht*regierungsorganisationen als *Mit*regierungsorganisationen bezeichnet, die mittels Lobbyarbeit und auf internationalen Konferenzen ihren Teil zu einem vernünftigen Weltregime (Global Good Governance) beitrügen oder dies wenigstens versuchten. Darüber hinaus kann man sich in diesem Kontext auch klar machen, wie die Evangelischen Akademien als zivilgesellschaftliche Organisationen durch eine „intelligente" Veranstaltungspolitik und –konzeption an der Schnittstelle von Arguing und Bargaining eine für die Lösung globaler Probleme produktive Rolle spielen können.

5.2.3 Der wirtschaftliche Globalisierungsprozess

Immer wieder angesprochen wird drittens in den bisher vorgestellten Gesprächsausschnitten die – im gesellschaftlichen Bewusstsein: zentrale – ökonomische Dimension des Globalisierungsprozesses. Ein Studienleiter berichtet in diesem Zusammenhang:

> *„Wir hatten das Thema Globalisierung zunächst über die Gewerkschafter entdeckt. Dass die zum Beispiel über Betriebsverlagerungen berichteten. Das war eigentlich der erste Anlass, als vor Jahren das Stichwort aufkam: Arbeitsplätze wandern aus. Das kam neben den DGB-*

Freunden auch von Industriepfarrern und Betriebsräten, die sagten: Was sollen wir denn machen? Wir sind direkt betroffen durch solche Verlagerungen. Und dann kam irgendwann durch diese Firmenkäufe noch eine stärkere Dimension hinzu. "

Weil die Globalisierung in der gesellschaftlichen Diskussion primär oder weithin doch als Wirtschaftsprozess gesehen werde, präferiert ein Akademieleiter die Strategie, in Globalisierungstagungen wirtschaftliche mit anderen Themen zu kombinieren,

"etwa über unsere Wirtschaftsmenschen die Frage aufzureißen, wie weit majorisiert die Wirtschaft in den Globalisierungsprozessen die Politik" oder "Firmen, die erfolgreich in den Globalisierungsprozess einsteigen",

aufzuzeigen, dass sie sich strategisch nicht nur mit den harten ökonomischen Faktoren begnügen können, sondern die weichen Faktoren einbeziehen müssten.

Allerdings fällt auf, dass die Aussagen der Akademiemitarbeiter zur ökonomischen Dimension insgesamt deutlich distanzierter sind als im ethischen und ökologischen Bereich. Im Anschluss an Weber könnte man vermuten, dass in dem Maße, wie sich in der modernen Wirtschaftsentwicklung die Dominanz der formalen Rationalisierung über materiale Gesichtspunkte wie Gerechtigkeit und Bewahrung der Schöpfung dokumentiert, bei kirchlichen Mitarbeitern ein „inneres Befremden" entsteht und manifest wird. Eine zweite Deutung könnte sich auf die ethisch-argumentative Schwäche der bloßen Wahrung sozialer Besitzstände in den entwickelten Ländern wie Deutschland beziehen, die im Kontext einer Diskussion über faire Handels- und Wirtschaftsbeziehungen oft genug partikulare Privilegien der Wohlfahrt gegen universelle Ansprüche auf bessere Entwicklungschancen peripherer Regionen verteidigen will.

Modifiziert zeigt sich die „innere Distanz" gegenüber dem modernen ökonomischen Rationalisierungsprozess auch in einem anderen Fall. Ein Studienleiter meint im Interview, die Mehrzahl der Bevölkerung habe zwar eine Intuition, *„dass das, wie sie und wie wir leben, weltweit zusammen hängt. Nur nicht reflektiert, das wäre zuviel gesagt. "* Im Anschluss an diese Sequenz wendet er sich kritisch der eigenen Akademie zu und äußert den Verdacht, dass in ihrer Arbeit die ökonomische Dimension tendenziell vernachlässigt würde.

„Dass man das zwar im Hinterkopf hat, dass es die gibt, die Globalisierung, aber dass man sie als große ökonomische Frage außen vor lässt. Wir diskutieren sie hier eben dann auf kleinerer Flamme, ein bisschen interkulturell, ökumenisch, pop-ästhetisch in der Kunst usw. Aber die

harte Frage, da habe ich eher das Gefühl, dass das – wie sagt Walter Benjamin – wie eine Na-
turmacht zitiert wird. "

Das Benjaminsche Argument zielt auf die ideologische Ebene. Allerdings stört
diesen Studienleiter fast noch mehr, dass es bei einem sich selbst organisierenden
Wirtschaftsprozess keine verantwortlichen Subjekte mehr gibt, die ihn planvoll
steuern, *„sondern auch leitende Manager großer Unternehmen sagen, dass dies*
eine Dynamik ist, die sich ihrem Haus längst entzieht und auch sie nicht wissen,
wie die zu steuern ist. " Sein Eindruck ist deshalb, *„dass die Globalisierungs-*
thematik wie eine nachmetaphysische Hypostase zitiert und von vielen Menschen
auch als übermächtig empfunden wird. "

Bezeichnenderweise ist es auch seine Erfahrung, dass dieses Empfinden, einer
Übermacht gegenüber zu stehen, *„nicht für eine Tagung wirkt. Das Wort Globali-*
sierung wirkt noch nicht für eine Tagung. " Womit er sich an dieser Stelle wieder
in den allgemeinen Befund dieser Untersuchung einreiht.

Ein hierzu befragter Akademieleiter bemerkt ebenfalls selbstkritisch, dass
im Bereich der wirtschaftlichen Globalisierung früher die Frage,

„wie sich die Handelsbeziehungen und Handelsschranken auf die schwachen Länder auswir-
ken, sehr viel stärker diskutiert wurde. Aber Globalisierung heißt eigentlich, wie die starken
Länder sich die Erde im wirtschaftlichen Bereich zurechtpuzzeln. An der wirtschaftlichen Fra-
ge sind wir sozusagen schon lange dran, aber eben von einem anderen Ansatz her, dass man
etwa von den Ländern der Mission als Kirche fragt: Wie geht es denen? Wie werden sie ka-
puttgemacht – von amerikanischen und europäischen Wirtschaftsinteressen usw.? Heute
kommt die unterschiedliche Fragestellung hinzu: Wie stellt sich die Globalisierungsfrage für
unsere Wirtschaft? Und dazu haben wir eine ganze Reihe Veranstaltungen gemacht. "

Deutlich wird an dieser Aussage, dass die Offenheit für unterschiedliche Dimensionen und Thematisierungsrichtungen der Globalisierungsfrage sich mit der
gesellschaftlichen Situation signifikant wandelt. Man wird durch solche Aussagen angeregt, folgenden Kontrast zu skizzieren: Solange es der deutschen (und
europäischen) Wirtschaft „gut ging", ließen sich (gleichsam ethisch kompensie-
rende) Tagungen über das wirtschaftliche Elend der Dritten Welt organisieren.
Seit es in der „Einen Welt" Entwicklungs- und Schwellenländer gibt, die durch
Billigexporte und steigendes Humankapital Arbeitsplätze, Sozialstandards und
Wohlstand im eigenen Land bedrohen, hat sich die Perspektive und das Bedro-
hungsszenario verkehrt.

Allerdings gibt es auch hier Ausnahmen. Zwei befragte Studienleiter aus zwei verschiedenen Akademien versuchen mit ihrer Themenauswahl dezidiert Menschen aus Unternehmen anzusprechen. Deshalb sind sie bestrebt, die Globalisierungsfrage mit aktuellen Problemen der Wirtschaft zu verbinden. „Ein wunderbares Beispiel" sei eine Tagung gewesen, erzählt einer von ihnen im Interview,

> *„wo aufgezeigt wurde, wie sich letzten Endes die internationalen Verflechtungen oder die zunehmende internationale Integration der Wirtschaftsbeziehungen hier ganz konkret vor Ort auf mittelständische Unternehmen auswirken können. Wir wollen deutlich machen, dass das Thema Globalisierung, über das immer so schön geredet wird, nicht etwas ist, was nur auf der abgehobenen Ebene stattfindet, sondern dass das sozusagen jeden Handwerksmeister auch betrifft."*

Was hier bei der sozialmoralischen Rahmung der Akademiearbeit zum Ausdruck kommt, ist die Möglichkeit einer zivilgesellschaftlichen Verantwortungsethik als maximaler Kontrast zu einer reinen Gesinnungsethik.

5.3 Interreligiöse und interkulturelle Dialoge als Proprium der kirchlichen Akademien

Der interreligiöse und interkulturelle Dialog ist der Bereich des Globalisierungsdiskurses an den Evangelischen Akademien, in dem sowohl Akte der kulturellen Globalisierung ungeachtet aller Einschränkungen vollzogen als auch Prozesse der kulturellen Globalisierung reflektiert werden. Auch aus diesem Grunde rückt der interreligiöse Dialog in diesem Diskursforum für unsere Analyse in den zentralen Interessenfokus. Zu fragen ist darum an dieser Stelle: Wie viel von einer solch großen Bedeutung, die dieser Diskursbereich im Kontext der kulturellen Globalisierung einnimmt, wird explizit in den Akademien herausgestellt und aufgenommen? Unsere Untersuchungen ergeben bei einem ersten Blick auf diese Aufgabenstellung ein wenig konturiertes Bild. Auffallend ist, dass in allen Akademien der traditionelle Rahmen für interreligiöse Dialoge, die Ökumenetagungen, fast gänzlich verschwunden sind. Während sie in den 1970er Jahren ein *„dickes Thema"* waren, wie sich ein Studienleiter ausdrückt,

> *„wurden sie in den Achtzigern erheblich weniger und sind in den Neunzigern praktisch weggebrochen. Ökumenetagungen kann man – wie viele andere aus dem Bereich globaler Themen – nur noch als konkrete Arbeit mit einem Land machen, wo man die ökumenischen Vertreter dazu einlädt."*

Auf der anderen Seite war für viele Studienleiter *„Globalisierung zunächst ein wirtschaftlicher Begriff, wo leider die Kultur und das andere keine Rolle spielten"*. Inzwischen sei jedoch bis in die Wirtschaftsprozesse hinein deutlich geworden, so ein Akademieleiter,

> *„dass die weichen Faktoren Kultur und Religion zum Beispiel für das Begreifen von Schwierigkeiten bei sozial inhomogenen oder Auslandsbelegschaften von Wichtigkeit sind, ja dass die relevante kulturell-religiöse Dimension in großen Wirtschaftsunternehmen mehr denn je beachtet werden muss."*

Aber wie schon beim allgemeinen Globalisierungsthema zeigt sich im engeren Bereich der kulturellen Globalisierung ebenfalls der bereits bekannte Sachverhalt, den ein anderer Akademieleiter wie folgt beschreibt:

> *„Wenn Sie fragen, was an dieser Akademie zu kulturelle Globalisierung lief und läuft, dann ist klar, dass das kein Stichwort in unserem Katalog ist. Das heißt, ich muss nachdenken, wo kommt das überall vor. (Weil wir sonst) keine Leute für eine (solche) Tagung gewinnen."*

Der Gesichtspunkt einer kulturellen Globalisierung gehört für den zuletzt zitierten Akademieleiter auch in den Bereich der Entwicklung einer Zivilgesellschaft.

> *„Das gehört insofern dazu, als wir heute gesellschaftliches Handeln haben, das nicht Regierungshandeln ist und doch die Gesellschaft wesentlich mit bestimmt. Und dieses ist sehr stark internationalisiert und international. Ob es jedoch zentral ist, ist noch einmal eine andere Frage."*

Sein Versuch, der Konstitutionsproblematik der Zivilgesellschaft in einer Tagung mit einem besonderen Bezug auf die Globalisierungsdimension nachgehen zu wollen, endete *„mit einer Enttäuschung"*, so sein ernüchterndes Resümee im Rückblick. *„Ein zweiter Punkt"*, ergänzt er mit Blick auf seine Einrichtung,

> *„wo Globalisierung bei uns sehr stark durchschlägt, ist bei der Frage der multikulturellen Gesellschaft. Wir haben seit 1980 einen hauptamtlichen Mitarbeiter, der die Frage der ethnischen Minderheiten in unserem Lande bearbeitet. Da ist eine eigene Arbeit entstanden, die etwas zu tun hat mit der Frage des interkulturellen Zusammenlebens, wie man das organisiert, was man da in unserem Land machen muss."*

Näheres – z.B. wie das Forum organisiert ist oder welcher zivilgesellschaftliche Impuls sich aus diesen Veranstaltungen heraus ergibt – wird jedoch nicht ausgeführt.

Ein anderer Akademiedirektor nimmt für sich und sein Haus in Anspruch, „in der projektbezogenen Tagungsarbeit ein qualifiziertes Angebot bezüglich der Dimension des kulturellen und religiösen Kontextes eines entsprechenden Globalisierungsprozesses" vorweisen zu können.

> *„Wenn sie so wollen, ist die Transzendierung der eigenen Konfessionalität, der eigenen kulturellen Traditionen hier im Land ein Schwerpunkt unserer Arbeit. Dazu gehört der Versuch des in der Tat anstrengenden Dialoges und der Auseinandersetzung mit anderen Kulturen und Religionen, um daraus auch Folgerungen für die Politik, für die Wirtschaft und das kirchliche Handeln zu ziehen."*

Die Formulierung „*auch* Folgerungen für die Politik usw." ziehen zu wollen, verweist auf zwei Voraussetzungen für gesellschaftspraktische Schlüsse: Der interkulturelle Dialog muss sich diskursiv entfalten und die der eigenen Kultur fremden Positionen müssen in ihrer inneren Sinnlogik verstanden werden können.

Sind diese Voraussetzungen im Rahmen einschlägiger Diskursveranstaltungen regelmäßig gegeben? Auf diese Frage bezogen meint der Leiter einer anderen Einrichtung, die typische Herangehensweise in einer Akademie wäre es,

> *„Leute aus unterschiedlichen gesellschaftlichen Bereichen, die an einem Thema interessiert sind, oder damit zu tun haben, an einen Tisch zu bringen, um die unterschiedlichen Sichten zusammenzubringen, zu diskutieren oder auch nur einmal wahrzunehmen."*

Damit wäre noch nicht die „anstrengende Ebene" des religiösen und kulturellen Dialogs erreicht, da sich in diesen Tagungen die Teilnehmer aus verschiedenen Bereichen *einer* Gesellschaft über ihr Betroffensein durch Multikulturalität und religiöse Inhomogenität, wie sie Thomas Luckmann in der Einleitung skizziert hat, austauschen. Die Mehrzahl der Veranstaltungen in seiner Akademie, fährt der hier zitierte Leiter fort, konzentriere sich darüber hinaus wie bei allen Globalisierungsthemen auf den Rahmen „projektbezogener Tagungsarbeit". Ein Beispiel von vielen ist die folgende Interviewsequenz:

> *„Wir haben in den Kindergärten einen relativ hohen türkischen Anteil. Dann ist es sinnvoll, es fährt jemand mit den Erzieherinnen aus dem Landkreis in die Heimat, wo diese Leute herkommen. Das ist dann nicht eine Diskurstagung, sondern eine ganz spezielle Sache, dass man sagt, die Erzieherinnen, die diese Kinder zu betreuen haben, sollen den kulturellen Background der Eltern, ihres Erziehungsstils usw. kennen lernen, um diese besser zu verstehen. Das verbindet man mit einer schönen Urlaubsreise, bei der der Landkreis etwas mitbezahlt. Dann bekommt man etwas von der Kultur des anderen Landes mit und kann seine Hausaufgaben hier etwas besser machen."*

Der hier zitierte Akademiedirektor sieht, für uns nicht mehr überraschend, generell die Chancen für die Thematisierung von kultureller Globalisierung in den Feldern eher gegeben,

> *„wo wir regelmäßig mit bestimmten Berufsgruppen arbeiten – Juristen, Lehrer, Ärzte, Verwaltungsleute usw. Dass man mit ihnen, wenn ein Thema oder ein bestimmter Aspekt, wie der kulturelle, von Globalisierung akut wird, die damit anstehenden Fragen für ihren Bereich diskutiert. Denn das heißt natürlich auch, dass man dadurch das Thema Kultur und Globalisierung oder kulturelle Globalisierung in den jeweiligen Bereichen bewusst macht und reflektiert, was es bedeutet – und darüber hinaus ein bisschen, wie man sich entsprechend verhalten kann oder soll."*

An dieser Stelle beginnt allerdings der zivilgesellschaftliche Diskurs sich in eine berufliche Fortbildungsveranstaltung zu transformieren.

Dass bei derartig konzipierten Tagungen die Anteile beider Orientierungen konkurrieren, ist auch dem befragten Akademieleiter bewusst. Das sei aber oft schon deshalb veranstaltungspraktisch kaum zu vermeiden, „weil solche Themen (wie kulturelle Globalisierung) zunächst einmal nicht in der beruflichen Ausbildung vorhanden sind, auch häufig in der Fortbildung nicht." Aber deshalb, so schließt er weiter, kann „die Akademie auch da eine relativ wichtige Rolle spielen".

Greifen wir noch einmal das Stichwort bzw. die Frage auf: Weshalb ist der interreligiöse und interkulturelle Dialog so anstrengend? Das geht schon bei zuerst ganz nebensächlich erscheinenden Fragen los, erzählt ein Akademieleiter.

> *„Dürfen zum Beispiel die Muslime im Haus ihren eigenen Gottesdienst halten? Was sie dürfen. Aber wo die Kirchenleitung wieder sehr vorsichtig ist und Angst hat, vor was weiß ich nicht alles. Während wir sagen, wenn wir hier eine Plattform sind, dann brauchen die einen Raum, wo sie ihre Gebete machen können, auch wenn sie hundert Mal Muslime sind. Und wir machen parallel unseren kirchlichen Gottesdienst."*

Dass diese interreligiösen Dialoge in irgendeiner Weise größer „erfolgreich" wären, wurde uns in keinem Gespräch berichtet. Eher war das Gegenteil der Fall, wie ein Studienleiter beispielhaft ausführt. Auf unsere Frage nach seinen Erfahrungen mit dem interreligiösen Dialog, antwortet er unverblümt:

> *„Die laufen schwierig und ich muss sagen, dass ich zunehmend froh bin, wenn ich mich darum drücken kann. Denn wenn man sagt, die Religionen kommen sich näher und jeder gibt zu, dass er eben bestenfalls eine Ansicht des letztlich unbekannten Gottes hat – das sehe ich nicht optimistisch. Ich halte das eher für gelogen oder für eine politische Aussage."*

Greifen wir die zentrale Frage, die in dieser Interviewpassage aufgeworfen wurde, noch einmal auf: Weshalb kommen sich Religionen, die auf einem Offenbarungsglauben beruhen, nicht „wirklich" näher? Einen ersten Hinweis gibt die Hegelsche Religionsphilosophie. In ihrer Sichtweise stellt die Religion eine Beschäftigung mit dem letzten Endzweck menschlichen Seins dar. In seiner religiösen Praxis bezieht sich der menschliche Geist deshalb auf das Unbeschränkte und Unendliche. Damit gewinnt er insbesondere das Bewusstsein von einer absoluten Wahrheit (Hegel 1969: 12). Über die Folgen eines Anspruchs auf absolute Wahrheit macht sich ein zweiter Studienleiter seine Gedanken:

> *„In einer interreligiösen Toleranzveranstaltung kann man den Lessing rauf- und runterbeten, man kann von Toleranz sprechen wie man will, wir können ökumenische Gottesdienste machen, interreligiöse Gebete usw. Wenn sich aber dann wieder in der Synode der Heilsexklusivität des eigenen Glaubensbekenntnisses vergewissert werden muss, dann heißt das, dass alles, was man hier an Rhetorik produziert und was nicht im dogmatischen Bestand reformuliert werden kann, doch nur Tralala ist. Dann ist das im Grunde genommen Makulatur. Der ernsthafte religiöse Globalisierungsprozess müsste aber Aufklärung für alle bedeuten. Die Offenbarung ist ein gesellschaftliches Artefakt, Religionen sind unsere Erfindungen, um uns – hoffentlich – menschlicher auf den Weg zu bringen. Und da sind alle gleich weit weg von diesem eigentlichen göttlichen Ding an sich. Inklusive der Einbildung, dass man natürlich im eigenen Glauben meint, man ist ganz nahe dran. Ich glaube zwar auch, dass Jesus Christus mein Erlöser ist, aber ich kann gleichzeitig denken, dass es ganz anders ist. Das ist zwar anstrengend, also kognitiv ist der Spagat ja nicht versöhnbar, aber in meiner Herzenshaltung hat der mich geöffnet."*

Wer aber setzt sich der Zumutung aus, die eigene kulturelle Identität in Frage zu stellen? Wer ist bereit, die kognitive Dissonanz zu bearbeiten, die daraus resultiert? Wer sucht und findet Gelegenheiten, diese Problematik diskursiv anzugehen? Das alles sind Fragen, auf die wir bei unserer Untersuchung nur ansatzweise Antworten gefunden haben, und denen wir im Weiteren näher zu kommen versuchen.

Der Studienleiter einer anderen Akademie schließt an dieser Stelle eine weitere Frage an: *„Wie kann man eine Haltung der Toleranz und des Respekts vor Anderen entwickeln?"* Sie steht für ihn im Zentrum dessen, was er *„in allen Seminaren in diesem Bereich immer wieder vermitteln will"*. Aber auch er sieht ganz deutlich *„die Spannung zu dem Auftrag, den jemand hat, wenn er für die Kirche arbeitet"*. Eigentlich sollen an seiner Akademie alle Themen *„im Lichte des Evangeliums betrachtet werden"*, gibt er zu bedenken.

„Dann treffe ich bei diesen Veranstaltungen mit Muslimen, mit Agnostikern oder auch mit asiatischen Leuten zusammen – die stellen nichts ins Licht des Evangeliums. Das sagt ihnen gar nichts. Sie haben ganz andere Vorstellungen. Dann kann ich nur sagen: ‚Und was macht Ihr, was ist bei Euch wichtig? Das ist inzwischen für mich kein Problem mehr, mir das anzuhören. "

Es gibt gelegentlich aber auch Teilnehmer, „die dann doch einmal sagen: ‚Das geht so nicht. Ihr (Studienleiter) müsst doch deutlich machen, dass das eine christliche, protestantische Einrichtung ist.'" Der Studienleiter sieht diese Problematik als nicht so dringlich bzw. „eher als nicht so schwierig" an. Er vertraut auf den „Geist des Ortes", dass „man sieht, wer wir sind".

Diese letzte Aussage ist in den Gesprächen mit Studienleitern, die im interkulturellen Bereich tätig sind, mehrheitlich anzutreffen. Interkulturelle und interreligiöse Tagungen bilden dann, so könnte man die generelle Aussage der einschlägigen Interviewsequenzen zusammenfassen, wenn man sich der fremden Kultur gegenüber öffnet. Die Folgefrage, die uns in diesem Zusammenhang interessiert, ist: Wo und bei welchen Teilnehmergruppen findet man diese Offenheit ebenfalls häufig? Eine Sequenz aus dem Interview mit dem zuletzt zitierten Studienleiter ist hier aufschlussreich.

„Ich mache ja auch Seminare mit Studierenden aus Übersee, die hierher kommen, und wo wir dann auch die Religion behandeln und die Wertvorstellungen, die sie mit sich bringen. Wir machen dann sonntags auch eine religiöse Feier, wobei jeder das beiträgt, was er einbringen kann. Und das trägt zum Gelingen bei. "

Diese kurze Sequenz weist wieder darauf hin, dass die konstruktiv motivierte Teilnahme an interreligiösen Dialogen im Rahmen zivilgesellschaftlicher Diskurse von kognitiven Kompetenzen und einem bestimmten moralischen Bewusstsein sowie einer entsprechenden Lernbereitschaft abhängt. Je geschlossener das Weltbild, je rigider das partikulare Deutungs- und Wertemuster, so kann man schließen, desto geringer ist tendenziell die Bereitschaft zur Teilnahme an solchen Tagungen und zum sozialen Lernen in diesen Gesprächsveranstaltungen.

6. Zur Problematik der Organisation interkultureller Dialoge und ihrer Teilnahme

Offen bleibt an dieser Stelle, ob dieses Thema auch bei „durchschnittlichen" Akademiebesuchern auf dasselbe Interesse stößt wie bei entsprechenden Experten und Funktionären. Schon die unterschiedliche Sichtweise in verschiedenen

Milieus und Bevölkerungsgruppen – als weltgeschichtliches Skandalon oder als normale Entwicklung der Moderne, um die Extreme zu kontrastieren – wird sich auf das Teilnahmeinteresse entsprechend auswirken. Bemerkbar machen wird sich hier insbesondere, so ist zu vermuten, in welchem Maße die Thematisierungsweise für gesinnungsethische „Glaubenskämpfe" Anlass und Platz bietet. Und diese Form des Weckens eines genügend großen Interesses dürfte selbst dann von Bedeutung bleiben, wenn man davon ausgehen muss, dass die Mehrzahl der typischen „Globalisierungsverlierer" nicht durch den Besuch von Akademieveranstaltungen in Erscheinung tritt.

6.1 Die Ebene organisatorischer Probleme

Die Globalisierung betrifft – wie der Begriff sagt – potentiell alle Menschen dieser Erde. Trotzdem folgt nach unseren Erkenntnissen auch das Interesse an Themen aus diesem Bereich einer Logik der Arbeitsteilung und Spezialisierung. Dies zwinge, wie es in einem Leiterinterview heißt, auch hier nach einem unmittelbaren Interesse derer zu suchen, „die an dem jeweiligen Thema direkt dran sind." Während diese Aussage für einen planvollen, reflektierten Umgang in der praktischen Bewältigung dieser Problematik spricht, zeigen unsere Erfahrungen in vielen Einrichtungen, dass die Teilnehmerfindung (auch) im Bereich der Globalisierungsdiskussion durch die „Methode" des Trial and Error geprägt ist. Das zeigt die folgende Aussage eines Tagungsleiters:

„Ich habe vor etwa 20 Jahren angefangen, Sensibilisierungskurse zur Auslandsvorbereitung zu machen. Was damals neu war und ja jetzt wieder kommt unter Schlagworten wie: Interkulturelle Kompetenz in Zeiten der Globalisierung. Wir hatten da im Grunde drei Gruppen. Das eine waren Trainer, die selber Kurse anbieten und beruflich davon leben. Die kamen hierher und wollten ständig von mir irgendwelches Material, mit dem man das machen kann. Die andere Gruppe waren Sozialarbeiter, die in ihrer Arbeit mit Fremden zu tun haben. Leute, die vor allem in der Großstadt mit der internationalen Dimension zu tun hatten. Und das Dritte waren Tourismusstudenten von einer Fachhochschule, die also in ihrem Studium mit dem Thema zu tun hatten."

Die Veranstaltung war jedoch nicht so konzipiert, dass genau diese drei Gruppen miteinander ins Gespräch kommen sollten, um wechselseitige Erfahrungen und Positionen auszutauschen. Sondern der Studienleiter konnte erst nach Stunden „dann irgendwann identifizieren – weil das offen ausgeschrieben war –, dass es diese drei Gruppen waren, die sich damals für dieses Thema interessiert haben."

Dieser Tagungsleiter hatte an dieser Stelle das Glück, dass sich genügend Interessenten fanden. Der zivilgesellschaftliche Impuls einer solchen Veranstaltung dürfte allerdings recht beschränkt sein – obwohl inhaltlich für die beteiligten Gruppen wahrscheinlich nicht ohne Interesse.

Einen bezeichnenden Wandel hat die Teilnehmerschaft von entwicklungspolitischen Tagungen und Veranstaltungen zur Nord-Süd-Problematik – fast parallel zu den bereits erwähnten Ökumenetagungen – in den letzten 20 Jahren erfahren. Hier sei die Beteiligung von sogenannten zivilgesellschaftlich Engagierten auffallend zurückgegangen. „Übrig blieben die, die gut davon leben", schätzt ein Studienleiter aus diesem Bereich die Situation ein. „Die Öffentlichkeit weiß ja nicht, wie viele Leute gut von der Entwicklungspolitik leben. Das ist ja gar nicht so wenig, was es da noch an Geldern gibt."

Der Gesichtspunkt der konkreten Themenzentrierung spielt also auch in diesem Kontext eine Rolle. In den Akademien macht man sich Gedanken, wie es zu dieser Entwicklung kommt. Ein zweiter von uns zu diesem Thema befragter Studienleiter sieht zwei Sachverhalte im Vordergrund stehen:

„Der eine Grund ist natürlich der, dass in der Entwicklungspolitik viel Lehrgeld bezahlt werden musste. Insofern als man versuchte, Großprojekte im industriellen Maßstab von hier eins zu eins auf Entwicklungsländer zu übertragen. Dass das zum Scheitern verurteilt war, aus allen möglichen kulturellen und sozio-ökonomischen Gründen, ist hinlänglich bekannt. Das ist die eine Sache. Es gab aber in dieser Entwicklungspolitik von Anfang an auch Konzepte und Modelle, die von vornherein gesagt haben: Das ist nicht der Weg, den wir gehen können. Das waren also die Leute, die von der Kultur und der sozialen Situation Kenntnis hatten. Ich erinnere mich zum Beispiel an eine Diskussion, die um so eine Gruppe entstanden war, oder an die ‚Stiftung mittlere Technologie', in deren Dunstkreis habe ich ebenfalls solche Diskussionen wahrgenommen, in denen gesagt wurde: Wir müssen angepasste Technologien machen, da müssen die Maßstäbe stimmen, die Leute müssen damit umgehen können, die müssen sich selbst erhalten können usw. Es gibt inzwischen eine ganze Menge von solchen Konzepten, die auch funktionieren, mit denen die Menschen zurecht kommen. Was nun zu beobachten ist, ist folgendes: Die Wachstumsdynamik solcher Modelle ist eine andere als von industriell betriebenen Projekten."

Er führt im Weiteren das Beispiel der Landwirtschaft an.

„Da herrscht ein völlig ungleicher Wettbewerb. Und in dem Moment, wo die äußeren Rah-
menbedingungen auf eine starke Betonung insbesondere des internationalen Handels abstel-
len, werden die angepassten Entwicklungsmodelle einfach aufgrund der schnelleren Wachs-
tumsdynamik industrieller Projekte keine Chance haben, gegen diese anzukommen. Aber sie
(die Industrieprojekte) sind, wenn man so will, mit ihrem Erfolg trotzdem ein Baustein zum
Misserfolg dessen, was einmal in einer idealistischen Vorstellung von Entwicklung angedacht
war. Sie bedeuten auch die Übertragung der Wirtschaftsprinzipien des industrialisierten Wes-
tens und Nordens auf die Entwicklungsländer – mit soviel Anpassung wie nötig, aber auch
nicht mehr."

An dieser längeren Interviewsequenz ist eine wichtige Dimension der inneren
Spannung einer zivilgesellschaftlichen Verantwortungsethik zu erschließen. Im
diskursiven Prozess ist der Widerspruch zwischen dem Gesichtspunkt der materialen Entwicklungsrationalität und dem der formalen, industriellen Wirtschafts-
rationalität nicht aufzulösen. Die regelmäßige Deutung dieser Problematik in den
kirchlichen Akademien ist: Als Teil des zivilgesellschaftlichen Diskurses sind
solche Tagungen zu wenig Teil der maßgeblichen wirtschafts- und entwicklungspolitischen Weichenstellungen. Radikalisiert man diese Position weiter, so
ergibt sich unmittelbar die Folgefrage, ob ein solches Thema mit einer solchen
Intention in einer Akademieveranstaltung richtig situiert ist oder nicht doch von
vornherein in einen anderen, machtnäheren Diskussions- und Verhandlungszu-
sammenhang des Bargaining gehört. Ein Ausweg in der Spannung von Arguing
und Bargaining könnte sein – und wird auch immer wieder versucht –, so genannte Multiplikatoren, also in ihrem Bereich einflussreiche Akteure (Berater,
„Netzwerker" und ähnliches) für die Teilnahme an Tagungen zu gewinnen (das
gilt im Prinzip sowohl für den Bereich der Diskursarena wie für den der Galerie
zivilgesellschaftlicher Interessierter und Engagierter).

Dass aber die Strategie, durch ein entsprechend besetztes Podium auf der
Galerie möglichst viele und relevante „Multiplikatoren" anzuziehen, nicht immer
aufgeht, zeigt sich auch im Bereich der Globalisierungsdiskurse am folgenden
Beispiel. Der Studienleiter einer der großen Akademien sah die Ausgewogenheit
von

„finanzieller Zusammenarbeitsschiene und Handelsschiene im Moment gestört. Finde ich in
gewisser Hinsicht etwas erstaunlich, weil alle Welt schon immer und erst recht nach dem 11.
September von dem Thema ,Globalisierung gerecht gestalten' spricht. Und ich bin der Mei-
nung, dass es innerhalb der EU oder auch bei den außenwirtschaftspolitischen Beziehungen
der EU noch große Möglichkeiten gibt, Globalisierung gerechter zu gestalten – sprich: auf Be-
sonderheiten der Partnerländer eingehen – als das innerhalb des Rahmens der WTO möglich
ist. Das wäre eigentlich ein geeigneter Ansatzpunkt, tatsächlich Globalisierung gerecht zu ge-

stalten. Das war dann ein Hauptgrund und letzten Endes auch der Schwerpunkt einer Tagung, wo es um die Frage ging: Welche Position soll Deutschland innerhalb der EU zu dieser Sache einnehmen? In welche Richtung soll man dort überhaupt ziehen? Die Tagung war hochkarätig besetzt, die Leute, die dabei waren, waren sehr angetan, aber es kamen nur etwa 50 Teilnehmer."

Deshalb zeigte der Studienleiter auf Nachfrage ein ambivalentes Verhältnis zu dieser Veranstaltung: Was die Intensität der Diskussion und die Zufriedenheit der Beteiligten in der Arena des Forums anbelangt, war sie ein „Erfolg"; was ihre Breitenwirkung und Multiplikatorenfunktion betrifft, müsste man sie in dieser Akademie eindeutig als „unterdurchschnittlich" betrachten. Allerdings ist hier weiter zu fragen, ob die Tagung den Teilnehmern nicht auch deshalb gefiel, weil ihre Zahl nicht größer war. Und noch allgemeiner gefragt: Steht nicht der Wunsch nach dem Mitgestaltenwollen des Diskurses bei den Teilnehmern mit dem nach einer möglichst großen Teilnehmerzahl auf der Galerie in Spannung?

Die Problematik der Multiplikatoren zeigt sich aber auch noch in einer anderen Hinsicht. So führt eine Leitungskraft in diesem Zusammenhang aus, dass es bei einem Thema wie dem, „in einer Konferenz zu bearbeiten, was kulturelle Differenzen, bezogen auf die Frage von Integration und Zusammenhalt in Gesellschaften, sind", noch angehen möge, die fehlende Globalität der Teilnehmer bzw. Referenten durch ein Mehr an Tiefsinn und Expertise auszugleichen. „Bei einem Themenfeld jedoch, in dem vor allem die Binnensicht anderer Länder, Kulturen und Religionen für die Beteiligten von Interesse ist, sieht das anders aus." Die Schilderung eines Studienleiters im Interview mag dies weiter verdeutlichen. Er hat in verschiedenen Projekten und Veröffentlichungen „die schreienden Ungerechtigkeiten, die sich im Zusammenhang mit der Globalisierung und der Öffnung für den weltweiten Markt zeigt, untersucht und beschrieben." Aber erst der Kontakt zu Leuten aus Indien und Südamerika habe ihm vor Augen geführt,

„dass für die Entwicklungsländer die kulturelle Dimension der Globalisierung eine ungeheuer wichtige Bedeutung hat. Und dass es für sie auch sozusagen das Mittel für den Widerstand ist. Manche Aktivisten wehren sich gegen die so genannte Modernisierung und Technisierung ihrer Lebenswelt dadurch, dass sie bewusstseinsbildende Aktionen starten im Bereich von Kunst, Tanz, Musik – Entdeckung ihrer Volks- und Befreiungslieder usw. Das stellen sie ein Stück weit der westlichen Tradition entgegen, die sie sozusagen als Ursprung von Globalisierungsphänomenen sehen. Globalisierung wird zudem ein Stück weit als neokoloniales Projekt gesehen, mit dem der Westen ihre Länder beherrschen will. Das wird sehr oft so wahrgenommen und dagegen setzen sie ihre eigene Kultur und Tradition und sagen: ‚Wir lassen uns jetzt nicht verwestlichen'. Das Kulturthema ist da also viel wichtiger. Globalisierung und Kultur wird dort in viel engerem Zusammenhang gesehen als bei uns. Weil Globa-

lisierung eben doch aus westlichen Entwicklungsansätzen heraus entstanden und geboren ist und in anderen Kulturen als etwas – zumindest zum Teil – doch auch Fremdes, Aufgedrücktes empfunden wird, was wir hier unmittelbar nicht so begreifen. Und deswegen setzen die ihre Kultur dagegen. Im Extremfall sind es dann eben Fundamentalisten, die dann auch fragwürdige Wege gehen."

Zu dieser Fragwürdigkeit gehört, worauf der Studienleiter einer anderen Akademie hinweist, die Abkehr vom ethischen Universalismus, der ja ebenfalls ein Globalisierungsgedanke ist.

„Denn der Menschenrechtsdiskurs ist durch den Globalisierungsdiskurs ungemein beschleunigt worden. Es gibt ein wahnsinniges Bewusstsein von Menschenrechten weltweit, bis hin zum Internet – was es so vorher nie hätte geben können. Aber es gibt im Vergleich zu diesem mächtigen Bewusstsein keine institutionalisierten Formen. Und umgekehrt gibt es in den westlichen Zivilisationen sehr feste und mächtige Institutionen, bis hin zu politischen Parteien, die aber nicht mehr als vitale Potenzen im Öffentlichen verankert sind. Also da, wo gerade das Herz der Menschen schlägt, da ist nicht die Macht. Und da wo die Macht ist, sitzt nicht der politische Gestaltungswille für die Zukunft."

Die Aufgabe der Evangelischen Akademien sei es dann, die Globalisierungsprozesse als Chance zu begreifen und sie zu unterstützen,

„dass mittelfristig aus dem weltweit wachsenden Bewusstsein um Menschenrechte usw. sich sukzessive neue, auch mächtige Strukturen bilden. Sei es, dass sie in die etablierten einwandern oder sich Alternativen außerhalb der alten aufbauen."

6.2 Die Problematik der Teilnehmerschaft aus gesellschaftstheoretischer Sicht

Kommen wir noch einmal auf die Frage zurück, wer die Gelegenheit sucht, interkulturelle und Globalisierungsprobleme diskursiv zu behandeln. Eine wichtige Gruppe unter der typischen Teilnehmerschaft stellen die Vertreter von Organisationen dar, die aus beruflichen Gründen die Position oder die Interessen ihres Arbeitgebers zu vertreten haben. Sie nehmen oft auftragsgemäß aus strategischen Interessen des institutionellen Machterhalts an Verhandlungen teil und müssen deshalb in letzter Instanz Gruppeninteressen gegen das Gemeinwohl vertreten. Sie haben typischerweise auch eher die Neigung, Gruppenkonflikte hochzuspielen – schon um ihre Existenzberechtigung gemäß ihrer Organisationsbeauftragung nachzuweisen. Ein Beispiel von mehreren für die Rolle von Funktionären in Diskursveranstaltungen sei hier angeführt. Ein Akademiedirektor berichtet im Interview:

> *„Wir haben vor zehn Jahren mit Gewerkschaftsleuten aus Italien, Spanien, Frankreich, England und Deutschland hier zur Frage der wirtschaftlichen Globalisierung Tagungen gehabt – und wie man dort sozusagen wirtschaftlich gegenhalten kann. Aber das sind natürlich alles Bemühungen gewesen, deren Erfolgsaussichten deshalb sehr begrenzt waren, weil sie (die Teilnehmer aus den Gewerkschaften) meinem Gefühl nach noch am Gestern und Vorgestern anknüpften. Und noch nicht die Instrumente schaffen und entwickeln, die wir morgen brauchen. Wir haben hier mehrmals versucht, das mit Gewerkschaftsleuten hinzubekommen, was aber ein ganz schwieriges Problem war, weil die Gewerkschaften in ihrem Denken sehr national waren und sehr wenig in der Lage waren, internationale Herausforderungen überhaupt zu sehen und anzunehmen.“*

Helmut Schelsky (1982: 14) fasste die gesellschaftlichen Folgen des Funktionärswesens einmal so zusammen:

> „Wir alle sind inzwischen in der Vertretung unserer Lebens- und sozialen Sicherheitsinteressen auf ‚Funktionäre‘ angewiesen und vertrauen uns ihrer Interessenbestimmung und -führung an. Aber wir ‚bezahlen‘ diese Konfliktfreiheit von Mensch zu Mensch, die in den durchorganisierten Staaten (vor allem Europas) herrscht, mit dem Verlust an Einsicht, wo das Gemeinwohl, die gemeinsamen staatlichen Bindungen liegen, und mit einem Erstarren unserer sozialen Erneuerungsfähigkeit und Zukunftsgestaltung. Denn Funktionäre verteidigen erworbene Gruppeninteressen; sie haben keine Ideen oder Gestaltungskraft für die Zukunft.“

Jürgen Habermas (1998: 440) kontrastiert in diesem Zusammenhang Akteure, die an der Konstitution zivilgesellschaftlicher Öffentlichkeit selbst beteiligt sind, mit solchen, die eine bereits konstituierte Öffentlichkeit okkupieren, um sie für ihre Zwecke zu benutzen. Er gibt mit seiner Argumentation zum Vorhergehenden nur einschränkend zu bedenken, dass Funktionäre in Diskursveranstaltungen von ihren Sanktionsmöglichkeiten, auf die sie sich in öffentlich regulierten Verhandlungen oder bei nichtöffentlichen Pressionsversuchen stützen, keinen manifesten Gebrauch machen können. Allerdings weist auch er darauf hin, dass die politische Öffentlichkeit generell ihre Funktion, gesamtgesellschaftliche Probleme wahrzunehmen und zu thematisieren, nur in dem Maße erfüllen kann, wie sie sich aus den Kommunikationszusammenhängen der potentiell Betroffenen bildet. Weshalb dann der relativ hohe Anteil an Funktionären bei Diskussionsveranstaltungen zur Globalisierung? Weil, so könnte man im Bezugsrahmen von Habermas' revidierter Theorie der Öffentlichkeit sagen, die Kommunikationskanäle des Globalisierungsdiskurses nicht mehr unmittelbar an alltägliche Lebensbereiche angeschlossen sind und weil die Raumstrukturen einfacher sozialer Interaktion nicht nur modifiziert, sondern vielfach transzendiert sind.

Nicht zufällig sind die meisten Veranstaltungen zu globalen Themen keine globalen Diskurse, sondern Verhandlungen einer Interessengemeinschaft über ihr konkretes Betroffensein durch Globalisierungsprozesse. Bestenfalls sind es Tagungen, wo Vertreter zweier unterschiedlich oder gegensätzlich zu Globalisierungsfragen eingestellter Positionen sich außerhalb von Zwängen des Bargaining austauschen können. Nur ist dann die diskursive Geltungsprüfung der Angemessenheit und Richtigkeit der Umsetzung von Globalisierungsimpulsen eine sehr eingeschränkte. Denn die notwendige und wohlbegründete Zustimmung nach einem Prüfprozess von Seiten aller möglicherweise Betroffenen engt sich hier auf einen kleinen Kreis in der Regel spezifisch Interessierter ein. Eine fast schon aporetische Spannung zeigt sich an dieser Stelle jedoch, wenn diese Gruppe „spezifisch Interessierter" in einem hohen Maße mit der Gruppe der „erwünschten Multiplikatoren" zusammenfällt.

Zivilgesellschaftliche Diskurse stehen ihrer Idee nach jedoch sowohl in einem Bezug zum Gemeinwohl als auch zur Zukunftsfähigkeit eines Gemeinwesens. Das bedeutet, dieser Typus von Veranstaltungen hat eine innere Grenze für den Anteil der Funktionäre an der Teilnehmerschaft, die sich daraus ergibt, dass die kommunikative Kultur nicht auf einen strategischen Austausch von feststehenden Interessenpositionen reduziert werden darf. Gerade bei interkulturellen Tagungen ist nun die Wahrscheinlichkeit recht groß, dass Funktionäre – schon weil für sie eher Reisekosten bezahlt werden[4] oder sie für eine bedeutende Organisation sprechen – eine überdurchschnittliche Rolle spielen werden. Das ist eine

---

[4] Zur Frage der Reisekosten. schildert ein Akademieleiter ein Beispiel: „*Wir haben uns überlegt, die kulturelle Globalisierung im Tourismusbereich näher zu betrachten. Wir haben gedacht, wir können es uns leisten, zumindest an einer Stelle genauer hinzuschauen. Und wollten auch jemanden einladen, aus einem Flecken dieser Erde, der sich dem Tourismus stark ausgeliefert hat, dessen Infrastruktur und Leben sehr stark davon beeinflusst und geprägt ist. Wir wollten von einem Fachmann aus dieser Region referiert bekommen, welche sozialen Wirkungen das hat. Wir hatten ursprünglich im Sinn, wir können da drei, vier Fachleute einladen, aber da stößt man einfach an solche Grenzen wie: So viele Flugreisen können wir gar nicht bezahlen. An dieser Stelle stellt sich dann für uns immer die Aufgabe, Kooperationspartner zu finden, die eine solche Tagung mitfinanzieren. An dieser Stelle schaue ich dann natürlich auch manchmal ein bisschen mit Neid auf so finanzstarke Einrichtungen wie etwa Bankstiftungen und ähnliches. Die organisieren Kongresse von zwei Tagen und bringen da Menschen aus verschiedenen Kontinenten zusammen. Das finanziell zu bewältigen ist für solche Institutionen kein großes Problem.*" Man sieht an dieser Sequenz sehr deutlich, warum das sog. Global Village eine so schmale Schicht der Bevölkerung umfasst.

erste Gefahr für den interkulturellen Dialog, die in Akademietagungen vor allem auf der Referentenebene einschlägig sein dürfte. Die zweite Gefahr, die in unseren Interviews mehrfach angesprochen wird, bezieht sich ebenfalls auf die Referenten-, aber mehr noch auf die Teilnehmerseite. Denn die große Mehrzahl der Teilnehmer sind regelmäßig Inländer, die das Globalisierungsthema auf ihre eigenen Interessen beziehen. Und der hinter dieser Position stehende normative Partikularismus gerät mit dem ethischen Universalismus, der sowohl dem zivilgesellschaftlichen Diskurs wie dem kulturellen Globalisierungsprozess zugrunde liegt, in Widerspruch. Als entscheidender prinzipienethischer – in den Interviews zumeist nur vorsichtig angedeuteter – Gesichtspunkt tritt hier hervor: Der Gemeinwohlbezug in einem Globalisierungsdiskurs ist nicht mehr auf die eigene Gesellschaft fixiert, sondern muss dem eigenen Anspruch nach Dimensionen der globalen Gerechtigkeit berücksichtigen.

Die Praxis der Globalisierungsdiskurse zeigt nach unseren Erkenntnissen zum einen auf, eine wie schmale Schicht der Gesellschaft das viel beschworene Global Village umfasst. Aber zum anderen gilt auch: Je moderner und entwickelter eine Gesellschaft, desto mehr ihrer Mitglieder kommen mit Globalisierungsprozessen in Berührung und müssen sich zu ihnen verhalten. Mit dieser Beobachtung hängt eine weitere zusammen: Je mehr der globale Diskurs sich verbreitet, desto virtueller wird er. Das bedeutet in der Folge, dass er sich immer mehr von einer originären Kommunikationssituation mit ihren illokutionären Effekten und Perspektivenübernahmen entfernt. Das jedoch sind Fragen, denen hier nicht mehr nachgegangen werden kann, die allerdings in diesem Themenkreis weiteren Untersuchungs- und Diskussionsbedarf aufzeigen.

7. Schlussbemerkungen und Resümee

Wenn man abschließend die Ausführungen der bisherigen Untersuchung Revue passieren lässt, so stellt sich die Frage: Welche Einsichten in die strukturelle Problematik der kulturellen Globalisierung und der interkulturellen Dialoge lassen sich hier herausstellen? Als erstes fällt auf, dass die diskursive Reflexion der kulturellen Globalisierung in der Spannung steht von – notwendigerweise partikularer – kultureller Identität und – notwendigerweise universellen – globalen Ansprüchen auf interkulturelle Reziprozität und Gerechtigkeit. Deutlich wird das auf der theoretischen Ebene in den komplementären Rollen von Kommunitarismus und Globalisierungstheorie, die auf die Dialektik von konkreter Alltags-welt und abstrakten weltgesellschaftlichen Bezügen verweist. So stellt der Glo-balisierungstheoretiker S. Huntington (1996: 528) als zivilgesellschaftliches Prinzip für den Frieden in einer multikulturellen Welt das der Gemeinsamkeiten heraus. Das bedeutet für ihn: „Menschen in allen Kulturen sollten nach Werten, Institutionen und Praktiken suchen und jene auszuweiten trachten, die sie mit Menschen anderer Kulturen gemeinsam haben. Dieses Bemühen", so meint er weiter, „würde dazu beitragen, nicht nur den Kampf der Kulturen zu begrenzen, sondern auch Zivilisation im Singular, d.h. Zivilisiertheit zu stärken".

Um diese Maxime theoretisch weiter abzustützen, greift Huntington auf Vorstellungen des Kommunitaristen Michael Walzer (1992) zurück, der Kulturen für relativ, die Moral in ihren Ansprüchen für absolut hält. Kulturen sind in Wal-zers Vorstellung „dicht"; sie schreiben Institutionen und Verhaltensmuster vor, um die Menschen auf die Pfade zu lenken, die in einer bestimmten Gesellschaft die rechten sind. Neben dieser „dichten" partikularen Moral gebe es jedoch eine „dünne" universalistische Moral, in der zum Beispiel Vorstellungen von Wahr-heit und Gerechtigkeit zu finden sind. Darüber hinaus könnten auch minimale moralische „Negativ-Vorschriften", zumeist Regeln gegen Mord, Betrug, Folter, Unterdrückung und Tyrannei, angeführt werden. Huntington (1996: 525f.) zieht daraus den Schluss: Für die Initiierung interkultureller Diskurse komme es nicht darauf an, die vermeintlich universalen Aspekte einer Kultur zu propagieren, sondern im Interesse der kulturellen Koexistenz sei es wichtiger, nach dem zu suchen, was den meisten Hochkulturen gemeinsam ist. Der konstruktive Weg in einer multikulturellen Welt bestehe darin, auf Universalismus zu verzichten, Verschiedenheit zu akzeptieren und nach Gemeinsamkeiten zu suchen.

Mit diesen globalen Deutungen wird im Grunde genommen die gesellschaftsthe-oretische Bedeutsamkeit und die gesellschaftspraktische Relevanz interkulturel-ler Diskurse als movens einer kulturellen Globalisierung und gleichzeitig das Desiderat einer sozialmoralisch und kulturell anspruchsvollen Gestaltung der im Modus formaler Rationalisierungsprozesse ablaufenden wirtschaftlichen und politischen Globalisierung bereits vorausgesetzt, ihre innere Problematik damit aber übergangen. Festmachen können wir dieses Defizit an dem nicht unplausib-len Anspruch, Globalisierung als solche politisch mit gestalten zu wollen und zu können. Es ist dies ein aus einer universalistischen zivilgesellschaftlichen Ver-antwortungsethik heraus begründbare Maxime politischen bzw. politisch relevan-ten Handelns. Nicht zufällig wird dieser Anspruch von fast allen Akademie- und

Studienleitern, die zur Globalisierungsthematik eine explizite Meinung hatten, geteilt. Anders sieht es bei der Veranstaltungswirklichkeit interkultureller Diskurse oder generell von Tagungen, die sich im weitesten Sinne mit der Gestaltung von Globalisierungsprozessen befassen, aus. Sie konzentrierten sich aus den verschiedensten strukturellen Gründen zumeist auf Veranstaltungen, die sich um die Bewältigung der Folgen von Globalisierung für eine durch diesen Prozess spezifisch betroffene Gruppe Gedanken machen.

In solcherart gerahmten Tagungen und Diskussionen ist es fraglich, ob ihre Teilnehmer auf dem Weg in ein Zeitalter sind,

> „wo unterschiedliche Zivilisationen lernen müssen, nebeneinander in friedlichem Austausch zu leben, voneinander zu lernen, die Geschichte, die Ideale, die Kunst und Kultur des anderen zu studieren, einander gegenseitig das Leben zu bereichern" (Huntington 1996: 531).

Für Huntington reduziert sich die Notwendigkeit und Wirkmächtigkeit von Diskursen zur Globalisierungsthematik auf die kleine, ausdifferenzierte Arena der Mächtigen und Einflussreichen. So meint er an der angegebenen Stelle weiter, die Zukunft des Friedens und der Zivilisation hänge davon ab, „dass die führenden Politiker und Intellektuellen der großen Weltkulturen einander verstehen und miteinander kooperieren". Damit fordert er einen verstärkten Dialog zwischen den Eliten der jeweiligen Kulturen, um das Risiko eines gewaltsamen Zusammenstoßes zu verringern. Wie durch einen Elitendiskurs im Arkanum des Bargaining jedoch einerseits die soziale Kohäsion demokratisch verfasster Gesellschaften und der Aufbau einer friedfertigen internationalen Ordnung andererseits (angesichts von Terrornetzen als extrem radikalisierten Formen fundamentalistisch orientierter Teile der Zivilgesellschaft vor allem im islamischen Kulturkreis) unterstützt werden soll, bleibt offen (Berger 1997: 22f.). Aus unseren Gesprächen und Untersuchungen ging jedenfalls hervor, dass man einerseits soziale Kohäsion und globale Zivilisiertheit nicht unmittelbar durch rationale Verfahren „herstellen" oder „machen" kann. Andererseits aber sind beide Momente der sozialen Integration notwendige Voraussetzungen für den Bestand der modernen Gesellschaft in ihren globalen Bezügen, so dass sie Anstrengungen nahe legen, um die Bedingungen für die Bildung eines Habitus der gesellschaftlichen Verantwortung und der interkulturellen Zivilisiertheit zu schaffen und zu verbessern.

Die hier vorgestellte Untersuchung stellt den Versuch dar, die Bedingungen des Gelingens zivilgesellschaftlicher Diskurse aus ihrer Veranstaltungswirklichkeit zu erschließen. Je aussagekräftiger das empirische Material, desto weiter reichende Schlüsse können aus ihm gezogen und eine desto prägnantere Idealtypik möglichen Gelingens kann rekonstruiert werden. Wir denken, dass Letzteres aufgrund unserer Untersuchungen in den Evangelischen Akademien in einem ersten Entwurf möglich ist. So haben sich drei Elemente als wesentlich und notwendig für „erfolgreiche" interkulturelle Dialoge und andere Diskursveranstaltungen aus dem Bereich der kulturellen Globalisierung herausgestellt: Der soziale Rahmen und die Frage des Trägers bzw. der Organisation, dann das Interesse am Thema und die Orientierung der (potentiellen) Teilnehmer sowie schließlich die Ankündigung und Thematisierungsweise der Problematik.

Der soziale Rahmen bezieht sich auf die notwendige Voraussetzung eines „neutralen Forums" an der Schnittstelle von Arguing und Bargaining. Steht zum Beispiel der organisatorische Träger im Verdacht, mit dem zu verhandelnden Thema spezielle eigene Interessen zu verbinden, dann reduziert und konzentriert dies von vornherein den Kreis potentieller Teilnehmer auf die Vertreter einer bestimmten Position, was die Offenheit und Fruchtbarkeit von Prozessen des Arguing von Anfang an begrenzt und einschnürt. Verteilt man die Diskussion auf mehrere und verschiedene Foren, ist es möglich, die „Mischungsverhältnisse" des Arguing und des Bargaining zu variieren und die Schwerpunkte zu verschieben.

Das Interesse am Thema kultureller Globalisierung und an den entsprechenden Diskursveranstaltungen steht bei der Frage nach der notwendigen normativen Motivierung in der Spannung von Gesinnungs- und Verantwortungsethik, von abstrakter globaler Vergesellschaftung und konkreter lebensweltlicher Vergemeinschaftung. Auch hier gilt es in und durch die Gestaltung der Diskussion und ihrer Teilnehmerschaft eine Vermittlung zu leisten. In ihr kommt es darauf an, inhaltlich die wechselseitige Relevanz von abstrakten, globalen Regeln und Gerechtigkeitsvorstellungen im Rahmen kulturübergreifender sozialer und wirtschaftlicher Handlungsbezüge auf der einen Seite und den Konsequenzen, insbesondere den Gestaltungsmöglichkeiten des damit einhergehenden Wandels für die typischen Interessen der Alltagswelt auf der anderen begreifbar zu machen. Die zivilgesellschaftlichen Diskurse stehen strukturell, wie der politische Bereich insgesamt, vor dem Problem der angemessenen Repräsentanz der verschiedenen Meinungen. Dieses prägt sich nicht zuletzt in der Frage nach den notwendigen Positionen und Multiplikatoren, die auf einer Tagung vertreten sein sollen. Auf der Referentenseite müssen die wesentlichen Positionen zu dem Thema repräsentiert sein und auf der Referenten- wie vor allem auch auf der Teilnehmerseite sollten so genannte Multiplikatoren vertreten sein, welche die Ergebnisse des sozialen Lernens im Rahmen einer Diskursveranstaltung in der Subwelt ihres Engagements verbreiten.

Diese Spannung von Arguing und Bargaining, Gesinnungs- und Verantwortungsethik, globaler Vergesellschaftung und lebensweltlicher Vergemeinschaftung schlägt sich unmittelbar in den Problemen der Ankündigung und der Thematisierungsweise von Globalisierungstagungen nieder. Die Ankündigung darf nicht (zu) abstakt sein, da sie sonst die konkrete alltagsweltliche Relevanz- und Interessenstrukturen verfehlen. Sie darf auch nicht gesinnungsethisch zu „eindimensional" zugeschnitten sein, da dies den Interessentenkreis von Anfang an reduziert. In Spannung dazu darf sich die Thematisierung nicht auf die eigene Betroffenheit durch Globalisierungsprozesse beschränken, da sonst kein soziales und normatives Lernen stattfinden kann. Inhaltlich stehen Globalisierungstagungen zwischen den Positionen von Max Weber und Heidegger, die formale Rationalisierungsprozesse als „globales Geschick" begreifen, und Horkheimer und Habermas, die deren politische „Gestaltung" als Desiderat herausstellen. Das bedeutet konkret, dass zum einen diese Veranstaltungen dem gesellschaftlichen Realitätsprinzip widersprechen, wenn sie „das Faktum" der Globalisierung mit ihren strukturell bedingten Konsequenzen „leugnen", dass sie aber zum anderen dem zivilgesellschaftlichen Anspruch nicht gerecht werden, wenn sie die Möglichkeiten der Gestaltung nicht hinreichend „ausloten".

Vor dem Hintergrund dieser typologischen Betrachtungen und Strukturgeneralisierungen wird manifest, wie voraussetzungsvoll das Gelingen von Globalisierungstagungen ist – wie groß wir die Chance ihres Scheiterns auf der einen Seite, wie groß aber auch ihre Bedeutung für die globale Vergesellschaftung auf der anderen Seite einschätzen müssen.

Literatur

Berger, Peter L. (1999): Zur Rolle von Evangelischen Akademien als intermediären Institutionen. In: EAD (Hrsg.): Zur Rolle von Evangelischen Akademien als intermediären Institutionen, Bad Boll, S. 8-17
Berger, Peter L. (1997/Hrsg.): Die Grenzen der Gemeinschaft. Konflikt und Vermittlung in pluralistischen Gesellschaften, Gütersloh
Elster, Jon (1991): Arguing and Bargaining, Yale
epd (1998/Hrsg.): 50 Jahre Evangelische Akademien, epd-Dokumentation 9/1998, Frankfurt a.M.
Giddens, Anthony (1996): Konsequenzen der Moderne, Frankfurt a.M.

Graf, Friedrich Wilhelm (2001): Protestantische Lebenswelten. Vom Verhältnis von Protestantismus und Kultur. In: Fritz Erich Anhelm/Ralf Tyra (Hrsg.), Kirche im pluralen und globalen Dialog, Rehburg-Loccum, S. 37–53

Habermas, Jürgen (2001): Glauben und Wissen, Frankfurt a.M.

Habermas, Jürgen (1998): Faktizität und Geltung. Beiträge zur Diskurstheorie des Rechts und des demokratischen Rechtsstaats, Frankfurt a.M.

Habermas, Jürgen (1990): Strukturwandel der Öffentlichkeit, Untersuchungen zu einer Kategorie der bürgerlichen Gesellschaft, Frankfurt a.M.

Hegel, Georg Wilhelm Friedrich (1969): Vorlesungen über die Philosophie der Religion, Werke Band 16, Frankfurt a.M.

Heidbrink, Ludger/Hirsch, Alfred (2006/Hrsg.): Verantwortung in der Zivilgesellschaft, Frankfurt a.M.

Huntington, Samuel P. (1996): Der Kampf der Kulturen : die Neugestaltung der Weltpolitik im 21. Jahrhundert. München [u.a.] : Europa-Verlag

Kirby, Andrew (1998): Wider die Ortlosigkeit. In: Beck, Ulrich (Hrsg.): Perspektiven der Weltgesellschaft, Frankfurt a.M., S. 168–177

Leggewie, Claus (2003): Die Globalisierung und ihre Gegner, München

Luckmann, Thomas (2002): Veränderungen von Recht und Moral im modernen Europa. In: Berliner Journal für Soziologie 3/2002, S. 285-293

Luckmann, Thomas (1998/Hrsg.): Moral im Alltag. Sinnvermittlung und moralische Kommunikation in intermediären Institutionen, Gütersloh

Müller, Eberhard (1983): Anfänge in Bad Boll. Weltliches und Geistliches in den Gründerjahren der Akademiearbeit. In: Boventer, Hermann (Hrsg.), Evangelische und katholische Akademien: Gründerzeit und Auftreten heute, Paderborn u.a., S. 13-27

Münkler, Herfried (2006): Militärinterventionen in aller Welt. In: FAZ vom 9. Oktober 2006, Nr. 234, S. 8

Robertson, Roland (1998): Glokalisierung: Homogenität und Heterogenität in Raum und Zeit. In: Beck, Ulrich (Hrsg.): Perspektiven der Weltgesellschaft, Frankfurt a.M., S. 192–220

Schelsky, Helmut (1982): Funktionäre. Gefährden sie das Gemeinwohl? Stuttgart

Shaw, Martin (1998): Die Repräsentation ferner Konflikte und die globale Zivilgesellschaft. In: Beck, Ulrich (Hrsg.): Perspektiven der Weltgesellschaft, Frankfurt a.M., S. 221–255

Walzer, Michael (1992): Sphären der Gerechtigkeit. Ein Plädoyer für Pluralität und Gleichheit, Frankfurt a.M.

Weber, Max (1976): Wirtschaft und Gesellschaft, Tübingen

Zürn, Michael (2006): Edel, hilfreich – nicht gut. In: Die Zeit Nr. 42 vom 12 Oktober 2006, S. 10

„Also fremd kam uns vieles vor …" Fremdheits- und Differenzerfahrungen in interkulturellen Paarbeziehungen [1]

Johanna Hess

1. Der theoretische Hintergrund des Projekts

Der Begriff der Globalisierung hat sich seit Mitte der 80er Jahre zu einem Schlagwort entwickelt, das in wissenschaftlichen und politischen Diskursen viele unterschiedliche Prozesse und Dynamiken beschreibt. Eine häufige Verwendung findet der Begriff im Zusammenhang mit ökonomischen Fragestellungen, wo er unter anderem für die globale Öffnung der nationalen Wirtschaftsmärkte und die Transnationalisierung der Geld- und Warenströme steht. Mittlerweile wird der Begriff vermehrt mit den Stichworten Kultur bzw. Politik in Verbindung gebracht und es besteht ein Konsens, dass auch die politischen und kulturellen Systeme von Gesellschaften „globalisiert" werden. Der vorliegende Aufsatz behandelt vorwiegend die Bedeutung von kultureller Globalisierung auf der mikrostrukturellen Ebene, d.h. bezogen auf die Situation von Individuen.

Als Reisende oder auch als Konsumenten von Film, Fernsehen und Internet kommen immer mehr Menschen überall auf der Welt direkt oder indirekt mit den

---

[1] Den Hintergrund des Forschungsprojekts bildete das Seminar „Multikulturalität und Biografie", das unter der Anleitung von PD Dr. Michael Corsten im Sommersemester 2004 und Wintersemester 2004/2005 an der Freien Universität Berlin durchgeführt wurde. In diesem Rahmen wurden das Forschungsdesign und die forschungsleitende Fragestellung entwickelt. Der Aufbau des vorliegenden Artikels gleicht weitgehend der Struktur des damaligen Forschungsprojekts, an dessen Konzeption, Durchführung und Auswertung neben meiner Person auch Zülfukar Cetin und Oliver Bressler beteiligt waren. Kleinere Veränderungen in den Kapiteln zum theoretischen Teil sowie bei der Präsentation der Ergebnisse sind meiner fortlaufenden Auseinandersetzung mit zusätzlichen theoretischen und methodischen Modellen geschuldet, die zu einer kritischeren Haltung gegenüber den ursprünglich verwendeten Begriffen und Konzepten geführt hat.

Kulturen anderer Gesellschaften in Berührung (Larcher 2000: 32f.). Aber nicht allein als Konsument, auch als Produzent ist der Einzelne Teil des kulturellen Globalisierungsprozesses. Hervorgerufen durch die anhaltende soziale und wirtschaftliche Ungleichheit zwischen den Ländern des globalen Nordens und des globalen Südens sowie Bürgerkriege und Verfolgung, sehen sich viele Menschen veranlasst, ihre Herkunftsländer zu verlassen. Die zahlreichen Wanderungsbewegungen müssen in diesem Zusammenhang nicht nur als Produkt, sondern auch als Motor von Veränderungen verstanden werden. Kulturelle Globalisierung bezeichnet demnach die Durchmischung und Veränderung von Kulturen auf der Grundlage von der Entwicklung moderner Technologien einerseits und erhöhter Mobilität andererseits.

In der deutschsprachigen Migrationsforschung machen die Ansätze zum Transnationalen Sozialen Raum[2] sowie postkoloniale Theoriepositionen[3] deutlich, dass Migration nicht mehr in nationalstaatlichen Aufbruchs- und Ankunftsszenarien gedacht werden kann. Kulturen können in der globalisierten Welt nicht als statisch und auf nationalstaatliche Grenzen beschränkt verstanden werden, sondern als etwas Grenzüberschreitendes und Bewegliches, d.h. als etwas sich permanent Veränderndes. Armin Nassehi zufolge gelten Migranten als der bzw. die prototypische Bewohner einer Weltgesellschaft. Die transnationale Identität von Migranten, sowie deren soziale Lebens- und Handlungszusammenhänge, befinden sich demnach in einem globalen „Dazwischen", das auch als ein „Sowohl-als-Auch" oder ein „Hier-wie-Dort" (Nassehi 2003: 205) verstanden werden kann[4]. Die durch Migration entstehenden Hybridkulturen enthalten sowohl Elemente der Herkunfts- als auch der Ankunftskultur, wobei „auch Neuentwicklungen einer ganz speziellen Migrantenkultur eine große Rolle spielen" (Larcher 2000: 37). Dieses Verständnis von Migration und Kultur wird auch für die empirische Fragestellung unserer eigenen Forschung vorausgesetzt und entspricht Nassehis Rezeption der

> „postkolonialen Perspektive [...], die sich nicht auf diese oder jene Kultur, auf Erste oder Dritte Welt, auf aufklärerischen Universalismus oder postmodernen bzw. traditionell partikularen Perspektivismus festlegen lassen will." (Nassehi 2003: 204f.)[5]

---

[2] Vgl. z.B. Thomas Faist (2000), Ludger Pries (2001)
[3] Vgl. bspw. die Arbeiten von Stuart Hall, Homi K. Bhabha u.a.
[4] Nassehi verwendet an dieser Stelle die Begrifflichkeiten von Ulrich Beck.
[5] Nassehi bezieht sich an dieser Stelle auf den postkolonialen Theoretiker Homi K. Bhabha.

Vielmehr bestehe die Funktion des Migranten darin, „die epistemologischen Unsicherheit des Lokalen mit Blick auf das Globale zu bezeichnen" (Nassehi 2003: 205).

Ein anderer postmoderner Theoretiker, der den Blick gezielt auf die mikrostrukturelle Ebene von kulturellen Globalisierungsprozessen richtet und sich mit Fragen nach dem Zusammenhang von kultureller Globalisierung und Identität beschäftigt hat, ist Arjun Appadurai (1998). In einem Aufsatz über „Globale ethnische Räume" beschreibt er die Auswirkungen der globalisierten Welt in Bezug auf individuelle Biografien von Migranten. Appadurai beschreibt Globalisierungsprozesse mit dem Begriff der Enträumlichung, womit er allgemein die steigende Mobilität ethnischer Gruppen[6] und politischer Organisationen meint. Genauer bezeichnet der Begriff Enträumlichung die Erweiterung des Aktionsradius von (ethnischen) Gruppen, d.h. die Überwindung von Grenzen zwischen Territorien und Identitäten. Die sogenannte Entkopplung von Identität und Territorium führt folglich zu Veränderungen bezüglich der kulturellen Identität von ethnischen Gruppen. Gleichzeitig kommt es im Prozess der Enträumlichung auch zur Veränderung sogenannter traditioneller Loyalitäten innerhalb von ethnischen Gruppen, d.h. zur Veränderungen von Zugehörigkeitsgefühlen (Appadurai 1998: 13). Entscheidend für die Argumentation bei Appadurai ist, dass nicht nur ethnische oder ökonomische Räume, sondern ebenso Vorstellungen und Phantasien enträumlicht werden. Durch die Zunahme an Migrationsströmen und den gesteigerten Zugriff auf Massenmedien, bietet die Imagination den Menschen die Möglichkeit, Teil weitentfernter Welten zu werden, welches zum Beispiel zu einer Ausweitung des Repertoires an Bildern und Szenarien für eigene Lebensmöglichkeiten führt (Appadurai 1998: 20ff). Imagination gilt Appadurai zufolge als ein fester Bestandteil von Kultur, den es in Form von Mythen, Geschichten, Liedern und Phantasien schon immer gegeben hat. Im Kontext einer globalisierten Welt geht es demnach vor allem um jene zusätzliche Wirkung von Imagination, die sich auf das soziale Leben bezieht und die Begrenzungen der individuellen Lebensmöglichkeiten einwirkt.

Die Betrachtung des eigenen Lebens unter dem Blickwinkel möglicher Lebensweisen bleibt nicht ohne Auswirkungen auf die biografische Konstruktion von Individuen. Durch die Konfrontation mit einer anderen Kultur vermittelt durch die Massenmedien oder die reale Begegnung mit Migranten, kommt es zu

---

[6] Die Verwendung des Begriffs Ethnizität bzw. der ethnischen Gruppe impliziert, dass die Einteilung und Unterscheidung „ethnischer Gruppen" sozial konstruiert ist.

handlungsrelevanten Widersprüchen zwischen den verschiedenen, tatsächlichen und imaginierten, kulturellen Zugehörigkeiten. Besonders deutlich wird dies am Beispiel von Migranten, die aus einem anderen Kulturkreis kommend nach Deutschland einwandern und hier leben. Aber auch für Angehörige der deutschen „Mehrheitsgesellschaft"[7] kann die Konfrontation mit einer aus einem anderen Kulturkreis stammenden Person als einschneidende biografische Erfahrung betrachtet werden. In der Konsequenz ansteigender interkultureller Begegnungen, kommt es auch zu einer Zunahme an kulturübergreifender Paar- bzw. Liebesbeziehungen. Der vorliegende Text behandelt diese besonders intensive Form der interkulturellen Begegnungen und deren Auswirkungen auf die Biografie von Individuen. Einleitend werden dazu im nächsten Kapitel einige empirische Zahlen sowie Begriffsdefinitionen vorgestellt, die im Folgenden von Relevanz sind.

Exkurs: Begriffe und Fakten

Im Jahr 2006 lag der Anteil binationaler Ehen von allen 373.681 in Deutschland registrierten Eheschließungen bei 12,5 Prozent. Das bedeutet, dass jede achte Ehe in Deutschland zwischen einem Partner bzw. einer Partnerin mit deutscher und einem Partner bzw. einer Partnerin mit nicht-deutscher Herkunft geschlossenen wurde.[8] Dabei ergaben sich folgende geschlechtsspezifische Konstellationen: 19.748 deutsche Frauen heirateten Männer mit nicht-deutscher Staatsangehörigkeit (5,2 Prozent). Geehelicht werden dabei vorwiegend Männer mit türkischer Staatsangehörigkeit, gefolgt von Männern mit italienischer oder nordamerikanischer Staatsangehörigkeit.

26.971 deutsche Männer heirateten Frauen mit nicht-deutscher Staatsangehörigkeit (7,2 Prozent). Sie ehelichten hingegen vorwiegend Frauen aus Osteuropa (Polen, Russland, Rumänien, Ukraine) und Frauen aus der Türkei und dem asiatischen Raum (Thailand).

---

[7] Den Begriff deutsche Mehrheitsgesellschaft benutze ich in Anlehnung an den Begriff „mehrheitsdeutsch" von Gotlinde Magiriba Lwanga (1993), die diesen einführt, um ein hierarchisches politisches Machtverhältnis (zum Beispiel Abstimmungsverhältnis) zu beschreiben. Mit „mehrheitsdeutsch" liegt die Betonung auf der sozialen Position – hier der Zugehörigkeit zur Mehrheit.

[8] Ausschlaggebend ist in dieser Statistik die Staatsangehörigkeit der Partner. Eingetragene Lebensgemeinschaften wurden in der Statistik nicht mitgezählt. Quelle: IAF e.V. – Verband binationaler Familien und Partnerschaften:
http://www.verband-binationaler.de/seiten/file/zahlen_und_fakten.shtml

Tabelle 1: Frauen mit deutscher Staatsangehörigkeit heirateten Männer aus:

2005	Anzahl	2006	Anzahl
Türkei	4.108	Türkei	3.753
Italien	1.813	Italien	1.706
USA	1.347	USA	1.142
Serbien-Montenegro	1.140	Marokko	840
Österreich	850	Großbritannien	797
Großbritannien	801	Österreich	795
Marokko	775	Serbien-Montenegro	765
Niederlande	682	Niederlande	691
Polen	616	Polen	617
Griechenland	529	Griechenland	495

Quelle: Verband binationaler Familien und Partnerschaften, iaf e.V.

Tabelle 2: Männer mit deutscher Staatsangehörigkeit heirateten Frauen aus:

2005	Anzahl	2006	Anzahl
Polen	4.479	Polen	4.319
Thailand	2.054	Russland	1.753
Russland	2.021	Türkei	1.706
Rumänien	1.785	Thailand	1.702
Türkei	1.753	Rumänien	1.413
Ukraine	1.448	Ukraine	1.228
Italien	969	Italien	945
Österreich	847	Österreich	753
Kroatien	724	Kroatien	713
Brasilien	687	Brasilien	681

Quelle: Verband binationaler Familien und Partnerschaften, iaf e.V.

Der hohe Anteil an deutsch-türkischen Eheschließungen lässt sich möglicherweise mit der Einbürgerung vieler türkeistämmiger Frauen und Männer in Deutschland zurückzuführen, die einen Partner oder eine Partnerin mit türkischer Staatsangehörigkeit heiraten. Dies würde auch mit einem Befund aus Gaby Straßbur-
gers Untersuchung zum Heiratsverhalten türkeistämmiger Einwanderer übereinstimmen, der besagt, dass der Anteil sogenannter innerethnischer transnationaler
Eheschließungen unter türkeistämmigen MigrantInnen der zweiten Generation
hoch ist (Straßburger 2003: 122ff). Insgesamt ist davon auszugehen, dass der
Anteil binationaler Ehen und Partnerschaften weitaus höher liegt. Die oben angeführten Zahlen berücksichtigen jedoch nur die in Deutschland und nicht die im
Ausland geschlossenen Ehen zwischen deutschen und nicht-deutschen Staatsan-
gehörigen. Auch die nicht-ehelichen Lebensgemeinschaften zwischen Menschen
mit unterschiedlicher Staatsangehörigkeit werden in der obigen Statistik nicht
erfasst.

In der Forschungsliteratur steht der Begriff der interkulturellen Partnerschaft in Konkurrenz zu den Begriffen der binationalen und der bikulturellen
Paarbeziehung. Alle Bezeichnungen zielen auf Paarbeziehungen ab, deren Partner unterschiedlichen ethnisch bzw. kulturell konstruierten Gruppen zuzuordnen
sind. Allein der Begriff der binationalen Paarbeziehung beschreibt keine soziokulturelle Dimension von Partnerschaft, sondern bezieht sich auf die Staatsangehörigkeit von Personen, weshalb er häufig im Zusammenhang mit aufenthalts-
rechtlichen Fragestellung Verwendung findet (Larcher 2000: 9). Der Begriff der
bikulturellen Partnerschaft betont hingegen die Unterschiede der ethnischen bzw.
kulturellen Herkunft beider Partner (vgl. Dengler 1996). In Anlehnung an die
Popularität, die die Vorstellung des vermeintlichen „culture clash" in den 80er
und 90er Jahren des vorherigen Jahrhunderts erfuhr, fokussiert auch die Forschungsliteratur zu binationalen bzw. bikulturellen Paarbeziehungen vorwiegend
auf die Probleme, die sich aus dem Aufeinandertreffen zweier als unvereinbar
konstruierter Kultursysteme ergeben.[9] Dem gegenüber steht das Ergebnis neue-
rer Forschungen wie auch einer älteren Studie von Petra M. Scheibler. Als das
zentrale Ergebnis ihrer Untersuchung hält die Autorin fest, dass binationale Ehen
nicht in einem Spannungsfeld zweier Kulturen, „sondern vielmehr in einem
gesellschaftlichen Spannungsfeld" geführt werden (Scheibler 1992: 131). Fakto-

---

[9] Scheibler (1992: 22-31) zeigt im Vorfeld ihrer Untersuchung zur Lebenssituation binationaler Paare
in Deutschland jedoch, dass die historische Wurzeln dieser Vorstellung bereits sehr viel weiter zu-
rückliegen.

ren, die einen erheblichen Einfluss auf die Lebenssituation von binationalen Paaren haben, liegen demnach nicht in vermeintlichen kulturellen Gegensätzen, sondern im gesellschaftlichen Umgang mit Kultur begründet. Die mangelnde gesellschaftliche Akzeptanz binationaler Paarbeziehungen in Deutschland führe dazu, dass die in einer solchen Partnerschaft lebenden Menschen sich häufig Vorurteilen und Diskriminierungen ausgesetzt sehen, die ihre Lebenssituation beeinflussen und erschweren. Scheibler argumentiert, dass binationale bzw. bikulturelle Paare eine Mischung von Merkmalen beider Kulturen zu einem neuen Lebensstil verbinden. Ähnlich argumentiert auch Dietmar Larcher in seiner Abhandlung zur Konstruktion und Dekonstruktion von Fremdheit in interkulturellen Paarbeziehungen: Demnach sei Interkulturalität als das angestrebte Ziel in Partnerschaften von Personen unterschiedlicher Herkunft zu verstehen (Larcher 2000: 70).

In Anknüpfung an die oben genannten AutorInnen sowie die vorherig erwähnten postkolonialen Konzepte zur Globalisierung von Kultur, wird auch in der vorliegenden Arbeit ausschließlich der Begriff der interkulturellen Partnerschaft verwendet. Im Gegensatz zu den Begriffen der binationalen oder bikulturellen Partnerschaft, betont der Begriff der Interkulturalität die Beweglichkeit, die gegenseitige Durchdringung und dynamische Veränderbarkeit von Kultur in interkulturellen Paarbeziehungen.

2. Interkulturelle Partnerschaften im Kontext von kultureller Globalisierung und Biografie

Interkulturelle Partnerschaften wurden in den bisherigen Ausführungen als eine besondere Form der kulturellen Globalisierung auf mikrostruktureller Ebene verstanden. Menschen, die in einer interkulturellen Partnerschaft leben, erfahren Aspekte von kultureller Globalisierung auf eine besondere Art, indem sie sich in ihrem Alltag durch ihren Partner mit einer anderen Kultur konfrontiert sehen (Larcher 2000: 37). Die Intensität der interkulturellen Kommunikation in einer Partnerschaft übertrifft die meisten anderen Formen interkultureller Begegnungen, wie sie am Arbeitsplatz, in Geschäften oder auf der Straße stattfinden. Eine interkulturelle Partnerschaft erfordert eine besondere Form der Auseinandersetzung mit den zentralen (kulturell geprägten) Kategorien, die im Alltag von Bedeutung sind. Dazu gehört auch die Auseinandersetzung mit Konzepten wie zum

Beispiel Liebe, Loyalität oder Rollenbilder. Das Eingehen einer interkulturellen Paarbeziehung muss demnach als ein einschneidendes Erlebnis verstanden werden, das eine große Bedeutung für das Selbstbild und die Lebensführung eines Individuums hat. Die alltägliche Konfrontation mit einem anderen Wertesystem, anderen Regeln der Kommunikation, Tabuisierung, Gesetzen, Erfindungen und Geschlechterrollen führt in einer interkulturellen Paarbeziehung dazu, dass Lebens- und Handlungszusammenhänge beider Partner infrage gestellt werden und sich gegebenenfalls verändern. In der Forschungsliteratur ist in diesem Zusammenhang häufig die Rede von einem biografischen Bruch, den beide Partner in unterschiedlichem Maße erfahren[10]. Das Ausmaß der durch die interkulturelle Paarbeziehung hervorgerufenen Veränderungen ist für beide Partner von einer Vielzahl von Faktoren abhängig: wie lange sich die nicht-deutsche Partnerin bzw. der nicht-deutsche Partner bereits in Deutschland aufhält, aus welchem Herkunftsland eine Person kommt, wie gut beide Partner die Sprache der jeweils anderen Person sprechen, wie lange die Paarbeziehung bereits besteht und vieles mehr sind entscheidend für die Wahrnehmung von Fremdheit oder Differenz. In einer Definition von Alois Hahn gilt all das als fremd, „was uns unvertraut, unbekannt, neu und unerforscht vorkommt" (Hahn 2000: 33).

Entscheidend für die vorliegende Analyse ist, dass kulturelle Unterschiede, d.h. kulturell spezifisch geformte Vorstellungen, Wünsche, Konzepte und Handlungsmuster, von beiden Partnern wahrgenommen werden. Die Wahrnehmung dieser Differenzen korreliert mit der Dauer der Beziehung und kann sowohl positiv als auch negativ empfunden werden[11]. Innerhalb einer Partnerschaft sind beide Partner es gewohnt, ihren

> „Erlebnissen jene Bedeutungszuschreibungen zu geben, die [ihre] Kultur zur Verfügung hat. In der Konfrontation mit der Bedeutungszuschreibung des Partners / der Partnerin, die aus einem anderen „kulturellen" Interpretationsrahmen stammt, wird der eigenen Bedeutung der Schein des ‚Natürlichen' genommen" (Larcher 2000: 15).

---

[10] So ist für Migranten anzunehmen, dass der biografische Bruch nicht erst durch die Partnerschaft, sondern bereits mit der Ankunft im Einwanderungsland erlebt wird, die zwar im Zusammenhang mit einer Partnerschaft stehen kann, aber nicht muss. Dagegen ist der biografische Bruch für den Partner des Einwanderungslandes zumeist direkt an die interkulturelle Paarbeziehung geknüpft.

[11] Gomez-Tutor (1995: 41-43) spricht in diesem Zusammenhang von verschiedenen Phasen, wonach in der ersten Phase die Unterschiede zwischen den Partnenr allgemein zunächst als positiv und bereichernd wahrgenommen werden. In einer zweiten Phase wird die Wahrnehmung der kulturellen Unterschiede eher durch einen negativen Beigeschmack und eine scheinbare Unüberwindbarkeit bestimmt.

Somit kann am Beispiel der interkulturellen Paarbeziehung deutlich gemacht werden, dass alles, was kulturell geregelt ist, zur Disposition steht und somit erlern- und veränderbar ist. Dies bedeutet, dass Muster der Lebensgestaltung, Traditionen, Vorstellungen über Geschlechterrollen, Arbeitsteilung, Kunst, Hygiene, usw. kulturelle Konstrukte sind und auch die Liebe, was sie ist und „wie man sie lebt, [...] unterscheidet sich von Kultur zu Kultur, auch wenn das westliche, individualistische Ideal der romantischen Liebe immer weiter verbreitet wird" (Larcher 2000: 12). Vor diesem Hintergrund ist es für die vorliegende Untersuchung ebenso entscheidend, auch soziale Faktoren, wie z.b. der Grad der Bildung beider Partner, zu berücksichtigen. Auf diesem Weg können sowohl vermeintlich kulturelle Fremdheit als auch soziale Fremdheit dekonstruiert werden.

Wenn die kulturellen Unterschiede in einer interkulturellen Partnerschaft als konstruiert erkannt werden, können sie – so die Annahme von Larcher – in einem gemeinsamen Aushandlungsprozess überwunden werden. Für den Verlauf dieses Aushandlungsprozesses gibt es verschiedene Möglichkeiten, die davon abhängen, wie sehr beide Partnern die eigenen Denk- und Handlungsmuster in die Partnerschaft einbringen oder ob die Handlungsweisen eines Partners dominant sind. Verschiedene Möglichkeiten des einseitigen und/oder beidseitigen Anpassungsprozesses sind denkbar.

Zur Art und Weise, wie sich die Wahrnehmung von Fremdheit oder kultureller Differenz auf die eigene Biografie und die Selbstwahrnehmung von Personen auswirkt, entwirft Alois Hahn zwei mögliche Szenarien: (1) Erstens kann die intensive Auseinandersetzung beider Partner mit der Kultur der bzw. des jeweils anderen zu einem Überdenken und Infragestellen der eigenen kulturellen Identität kommen. Die verinnerlichte Normüberzeugung erscheint infolge der Konfrontation mit Fremdheit nun nicht mehr selbstverständlich. (2) Demgegenüber steht die Annahme, dass beide Partner an ihren unterschiedlichen Auffassungen festhalten und das Fremde fremd bleibt. Dieser These zufolge wirkt Fremdheit gleichzeitig faszinierend wie auch beängstigend (Larcher 2000: 12). Die Annahmen von Hahn sollen im empirischen Teil der Arbeit überprüft werden. Dabei soll das offen angelegte Forschungsdesign gewährleisten, dass auch weitere Möglichkeiten der Bewältigung von Fremdheitserfahrungen auftauchen können, die nicht den zwei Annahmen von Hahn entsprechen. Auch hier muss der Einfluss von herkunfts- und geschlechtsspezifischen Unterschieden auf die Wahrnehmung von Differenzen und auch auf den Umgang mit diesen mit berücksichtigt werden, wenngleich dies in dem vorliegenden Forschungsdesign nicht explizit formuliert ist.

Aus den hiesigen Ausführungen ergeben sich schließlich vier zentrale Annahmen, die für unsere Fragestellung nach den „Auswirkungen von Fremdheits- und Differenzerfahrungen in interkulturellen Paarbeziehungen auf individuelle Entscheidungsfragen" forschungsleitend sind und anhand von biografisch-narrativen Paarinterviews überprüft werden sollen:

In einer interkulturellen Paarbeziehung werden unterschiedliche Wahrnehmungs-, Denk- und Handlungsweisen beider Partner als kulturelle Unterschiede wahrgenommen und interpretiert (These 1).

Daraufhin kommt es früher oder später zu einem Aushandlungsprozess über die wahrgenommenen Unterschiede. Für den Verlauf des Aushandlungsprozesses sind mehrere Möglichkeiten denkbar, wenngleich anzunehmen ist, dass die kulturellen Muster des Einwanderungslandes dominieren (These 2).

Durch das Eingehen einer interkulturellen Paarbeziehung kommt es bei beiden Partnern infolgedessen zu einem biografischen Bruch, der in Abhängigkeit von bestimmten Faktoren unterschiedlich verläuft (These 3).

Die Konfrontation mit neuen kulturellen Wahrnehmungs-, Denk- und Handlungsmustern kommt es entweder zum Infragestellen der eigenen kulturellen Identität oder zu einem Festhalten an den jeweils eigenen, unterschiedlichen Auffassungen und Handlungsmustern oder zu weiteren Reaktionen (These 4).

3. Methodisches Vorgehen

3.1 Datenerhebung

Die Erhebung des empirischen Datenmaterials erfolgte anhand von biografisch-narrativen Interviews, die wir in Anlehnung an die methodischen Implikationen von Fischer-Rosenthal/Fischer durchführten. Das Vorgehen zielt darauf, „die Gesprächspartnerinnen und den Gesprächspartner zu einer längeren Erzählung von eigenerlebten Ereignissen" zu motivieren (Fischer-Rosenthal/Fischer 1997: 39). In einem ersten Schritt wird die interviewte Person durch einen Erzählimpuls aufgefordert, über eine Lebensphase oder auch die gesamte eigene Lebensgeschichte ausführlich zu erzählen. Dabei sollte sichergestellt werden, dass die Interviewpartner einerseits auf das vorgegebene Thema eingehen, ihnen andererseits aber genug Raum gegeben wird, weitere biografische Ereignisse in die

Erzählung einzubauen. „Wie der Autobiograph seine Präsentation gestaltet, worüber er erzählt, argumentiert, oder was er auslässt, gibt uns Aufschluss über die Struktur seiner biographischen Selbstwahrnehmung und die Bedeutung seiner Lebenserfahrung" (Fischer-Rosenthal/Fischer 1997: 143). Der Erzählimpuls der vorliegenden Untersuchung lautete folgendermaßen:

> „Wir interessieren uns für die Auswirkungen von Fremdheits- und Differenzerfahrungen in interkulturellen Paarbeziehungen auf individuelle biografische Entscheidungsfragen. Es wäre schön, wenn Sie sich an die Zeit zurück erinnern, als Sie sich kennen gelernt haben. Bitte erzählen Sie uns möglichst genau, wie Ihr gemeinsames Leben von diesem Zeitpunkt an bis heute verlaufen ist. Wir werden Sie nicht unterbrechen bis Sie alles Wichtige gesagt haben."

Die Erzählaufforderung weist in diesem Fall mehrere Besonderheiten auf. Erstens bezieht sie sich nicht auf die gesamte Lebensgeschichte einer Person, sondern lediglich auf die Geschichte der Paarbeziehung. Zweitens haben wir keine Einzelinterviews, sondern Interviews, bei denen beide Partnerinnen anwesend sind, geführt. Die Situation des Paarinterviews erfordert folglich die gemeinsame Rekonstruktion der Beziehungsgeschichte. Die Offenheit der Fragestellung bringt das befragte Paar gleich zu Beginn des Interviews dazu, entscheiden zu müssen, wer die Erzählung beginnt und an welcher Stelle angesetzt wird. Diesbezüglich sind unterschiedliche Arten des Aushandlungsprozesses denkbar: eine Möglichkeit ist die explizite Verständigung des Paares über die Situation, in der die Entscheidung offen verbalisiert wird („Wer fängt an?"). Eine andere Möglichkeit wäre der selbstverständliche Vortritt einer Person, welches Rückschlüsse auf eine implizite Rangordnung der Sprecher zulässt. Weitere Möglichkeiten sind, dass beide Partner gleichzeitig zu reden beginnen oder sich durch nonverbale Kommunikation verständigen. Der Umgang des Paares mit dieser durch den Interviewer künstlich erzeugten Krise lässt bestimmte Rückschlüsse auf beziehungsinterne Strukturen zu. Allgemein ist wichtig, dass der Forscher die Erzählung der befragten Person zu keiner Zeit unterbricht. Erst in einem zweiten und dritten Schritt, dem immanenten und exmanenten Nachfrageteil, werden weitere Fragen stellt[12]. Nach Abschluss aller drei Interviewphasen, der Eingangserzählung, dem immanenten wie auch exmanenten Nachfrageteil, werden

---

[12] Immanente Nachfragen beziehen sich dabei immer auf den in der Eingangserzählung entstandenen Erzähltext, wohingegen exmanente oder externe Nachfrage auch neue, noch nicht erwähnte Aspekte und Themen einbringen können. Insgesamt ist es von Vorteil, auch die Nachfragen möglichst offen zu halten, um auch hier ausführliche Erzählungen zu einzelnen Aspekten zu evozieren. Zur Offenheit von narrativen Interviews vgl. auch Brüsemeister, Thomas (2000: 127).

die Interviewpartner zudem gebeten, einen soziodemografischen Datenbogen auszufüllen, der als Teil der Erhebung mit in die Auswertung einfließen soll.

3.2 Zugang zum Feld

In Berlin leben sehr viele Menschen, deren ursprüngliche Herkunft nicht Berlin oder Deutschland ist, weil sie und/oder ihre Eltern aus einer Vielzahl anderer Länder nach Berlin eingewandert sind. Derzeit leben Menschen aus 185 verschiedenen Staaten in Berlin[13]. Die hohe kulturelle und ethnische Pluralität sowie die Vielzahl alternativer Lebensentwürfe und -möglichkeiten kennzeichnet Berlin im Vergleich mit anderen bundesdeutschen Städten. Vor diesem Hintergrund kann davon ausgegangen werden, dass auch binationale bzw. interkulturelle Partnerschaften in Berlin häufiger auftreten.

Aus diesen Gründen erschien es uns naheliegend, die Untersuchung zu interkulturellen Paarbeziehungen in Berlin durchzuführen. Für die Untersuchung wurden insgesamt drei Interviews geführt und ausgewertet. Alle Interviews wurden in den Wohnungen der Befragten durchgeführt, um die vertraute und gewohnte Atmosphäre ihres Umfeldes zu bewahren. Der Kontakt zu den Paaren wurde über Freunde und Bekannte hergestellt, die sich im Umfeld der Universität bewegen. Eine Person, ein Freund oder eine Freundin, die als Vermittlerin der Kontakte auftrat, war in der Kontaktaufnahme eindeutig von Vorteil und weckte bei den Interviewpartner Vertrauen. Der Versuch, einen Kontakt zu Paaren über Vereine und Organisationen herzustellen, die sich mit der Situation von binationalen Paare befassen, war nicht erfolgreich.

3.3 Auswahl der Untersuchungsgruppe

Entscheidend für die Auswahl der Paare waren vor allem zwei Kriterien: die Dauer der gemeinsamen Beziehung und die Zugehörigkeit eines Partners zur sogenannten deutschen Mehrheitsgesellschaft. In Bezug auf den ersten Punkt hielten wir es für entscheidend, dass die Partner sich bereits seit mindestens drei Jahren kannten und somit eine gemeinsame Beziehungsgeschichte hatten. Eine Heirat war nicht entscheidend für die Auswahl. Ebenso waren andere Faktoren,

---

[13] Vgl. http://www.berlin.de/berlin-im-ueberblick/leben/kreativ.de.html (25.07.2008)

wie beispielsweise die kulturelle oder soziale Herkunft der nicht-deutschen Partner, nicht ausschlaggebend für die Aufnahme in die Untersuchungsgruppe. Weitere Dimensionen, wie die Dauer des Aufenthaltes des nicht-deutschen Partners, das Alter der Partner, die Bildung bzw. Ausbildung beider Partner, die berufliche Situation, die Nationalität und die Anzahl der Kinder wurden bei der Auswertung der Interviews selbstverständlich berücksichtigt.

3.4 Datenauswertung

Im Anschluss an die Interviewdurchführung werden die Interviews in Anlehnung an die von Kowal und O'Connell formulierten grundlegenden Prinzipien transkribiert und in sogenannte Erzähltexte verwandelt (Kowal/O'Connell 1995)[14] Die gute Lesbarkeit der Transkripte steht dabei im Zentrum und wird über die Verwendung der Standardorthographie erreicht. Dennoch sind auch die Besonderheiten der gesprochenen Sprache für die Analyse von Belang, weshalb auch die Auslassung einzelner Laute (Elisionen) oder die Angleichung aufeinander folgender Laute (Assimilationen) verschriftet werden (Kowal/O'Connell 2000: 441). In Anlehnung an Kowal und O'Connells Leitlinie der 'sparsamen und zweckmäßigen Transkription' (Kowal/O'Connell 2003: 117) beschränkt sich die Transkription auf die verbale Komponente (geäußerte Worte), der prosodischen Komponente (Art und Weise der geäußerten Wörter) sowie der parasprachlichen Komponente (nicht-sprachliche Lautäußerungen wie Lachen, Seufzen, Räuspern, etc). Auch die Anordnung der Redebeiträge beim Sprecherwechsel soll in der Transkription berücksichtigt werden, da dies Aufschluss über die Kommunikationsstruktur der Paare geben kann. Außersprachliche Komponenten, wie zum Beispiel Mimik, Gestik, oder Blickkontakt werden nicht aufgezeichnet. Die Namen der Interviewpartner wurden während der Transkription verändert, um die Anonymität der befragten Personen zu gewährleisten. Das Kriterium der Anonymität ist besonders wichtig, da es sich bei den Erzähltexten um sehr intime Geschichten handelt. Häufig war die Anonymität die Voraussetzung für die Gesprächsbereitschaft der Interviewpartner.

Bei der Interpretation und Analyse der in den Interviews gewonnen Datentexte greifen wir auf die methodischen Leitlinien der Objektiven Hermeneutik

---

[14] Zur Problematik zur Verschriftlichung von mündlichen Aussagen vergleiche auch O'Connell/Kowal (2000: 440ff).

und der Fallrekonstruktion nach Ulrich Oevermann et al. zurück (Oevermann et al. 1979). Das Vorgehen kennzeichnet sich grundlegend dadurch, dass bei der Interpretation chronologisch und in sehr kleinen Schritten vorgegangen wird. Jeder Satz wird auf alle seine möglichen Aussagen hin interpretiert, so dass sich im Laufe des Erzähltextes die fundierte Interpretation herauskristallisiert. Bei der Interpretation werden drei verschiedene Analyseebenen berücksichtigt: 1. die Ebene der Selbstrepräsentation, 2. die inhaltliche Handlungsebene und 3. die Erlebnisebene. Alle drei Ebenen beziehen sich in der vorliegenden Untersuchung selbstverständlich auf die Paarbeziehung: Auf der ersten Ebene geht es darum, wie sich das Paar im Gespräch präsentiert: welcher der Partner spricht als erstes, wie hoch sind die jeweiligen Sprechanteile beider Partner und wie wird der Partner vom jeweils anderen im Interview präsentiert. Auf dieser Analyseebene können eventuelle, der Beziehung immanente Hierarchien und Machtverhältnisse aufgedeckt werden. Auf der zweiten Ebene geht es um die biografischen Ereignisse und Handlungen: alle Ereignisse auf dieser Ebene werden als faktische Ereignisse verstanden, womit neben dem Zeitpunkt der Migration, des Kennenlernens, der Heirat sowie der Geburt der Kinder auch die Möglichkeiten der Einzelpersonen und des Paares nach Integration gemeint sind, z.B. der Beginn eines Erwerbsverhältnisses o.ä. Wenngleich die Erzählungen von den Handlungssituationen immer in den Kontext der Paarbeziehung gestellt werden, gibt dieser Interpretationsschritt Aufschluss über mögliche biografische Brüche der befragten Personen. Im dritten Schritt der Interpretation steht schließlich das Erleben bestimmter Situationen und Ereignisse der InterviewpartnerInnen im Zentrum der Analyse. Wie hat eine Person ein bestimmtes Ereignis oder eine Situation erlebt? Gibt es Differenzen im Erleben und warum werden Situationen unterschiedlich erfahren? Je nach Verlauf der Interviews kann es passieren, dass die drei Analyseebenen nicht auf alle Interviews gleichermaßen anwendbar sind. Deshalb sind sie als Orientierungskategorien zu verstehen.

4. Präsentation der Ergebnisse

Fallbeispiel 1: Leila und Lukas

Zum Zeitpunkt des Interviews kennen sich Leila und Lukas seit fünf Jahren. Leila kommt ursprünglich aus der Türkei, und Lukas aus Deutschland. Das Paar lernt sich in den USA kennen, während Leila dort an der Kunsthochschule studiert. Zur gleichen Zeit besucht sie im selben Ort Freunde, über die sich beide schließlich auf einer Feier kennen lernen. Ungefähr ein Jahr später heiratet das Paar und zieht nach Berlin. Zum Interviewzeitpunkt arbeitet Leila in Berlin als Dekorateurin, Lukas als Journalist. Das Paar hat keine Kinder.

Fallbeispiel 2: Jule und Javier

Jule und Javier kennen sich zum Interviewzeitpunkt seit ungefähr fünf Jahren. Javier kommt aus Kolumbien, Jule ist Deutsche. Zum Zeitpunkt des Kennenlernens lebt Jule in Rostock und Javier in Berlin. Nach einer Reise nach Ecuador, zieht Jule dann nach Berlin. Javiers Aufenthalt ist zunächst als vorübergehender Aufenthalt geplant. Als Jule schwanger wird, beschließt das Paar zu heiraten. Dies geschieht ca. anderthalb Jahre, nachdem sie sich kennen gelernt haben. Jule arbeitet als Sozialarbeiterin mit Flüchtlingen. Javier ist in der Herstellung und dem Verkauf von kunsthandwerklichen Gegenständen beschäftigt.

Fallbeispiel 3: Hana und Harald

Hana und Harald sind zum Interviewzeitpunkt bereits seit 28 Jahren verheiratet und haben drei gemeinsame Kinder. Hana kommt 1977 aus Korea nach Deutschland und lernt Harald ein Jahr später in dem Krankenhaus, in dem sie als Krankenpflegerin arbeitet, kennen. Harald arbeitet im selben Krankenhaus als Assistenzarzt. Zum Zeitpunkt des Interviews studiert Hana Soziologie. Harald arbeitet als Lehrbeauftragter an der Universität.

4.1 Die Wahrnehmung von kulturellen Differenzen (These 1)

Laut Aussagen von Leila und Lukas spielt die Wahrnehmung kultureller Differenzen in der Anfangsphase der Beziehung kaum eine Rolle. Besonders in der Eingangserzählung präsentieren sich Leila und Lukas als egalitäre Partner. Auch im positiven Sinne, d.h. das „Fremdheit" als besonders faszinierend oder anziehend wahrgenommen wird, scheint die andere kulturelle Herkunft des Partners bzw. der Partnerin zu Beginn keine Rolle zu spielen. Dies mag damit zusammenhängen, dass sich Leila und Lukas sozusagen „auf neutralem Boden" kennen gelernt haben, in den USA, wo sich beide nur temporär aufhalten. Das Selbstdarstellung in der Eingangserzählung als gleichberechtigte Personen entspricht laut Gomez-Tutor der Anfangsphase einer Beziehung, in der überwiegend das harmonische Zusammensein sowie die Gemeinsamkeiten betont werden (Gomez-Tutor 1995: 41 ff.). Erst im Verlauf des Interviews und nach weiteren Nachfragen gehen Lukas und Leila auf Unterschiede ein, die sich primär auf die Alltagsorganisation beziehen. Insbesondere weist Lukas auf Differenzen hin, die von ihm in den meisten Fällen negativ bewertet werden. Ein Beispiel ist die Lautstärke, in der sich Leila mit ihren Freunde und ihrer Familie unterhält: „es geht so wahnsinnig laut dort zu, die kreischen alle sofort in der Gegend rum, wie verrückt. [...] Dieses Getobe und Gejauchze, ganz großes Theater .. das zerrt schon am Nervensystem." In dieser Aussage ist die Abwertung, mit der Lukas das Verhalten von Leila und ihrer türkeistämmigen Freunde bzw. Familie beschreibt, deutlich zu erkennen. Auch in der Wortwahl, d.h. auf der sprachlichen Ebene, zeigt sich die Distanz und Ablehnung, die Lukas gegenüber Leilas Verhalten empfindet, durch die Verwendung des Pronomens „die". Das Beklagen von Lukas über Leilas Verhalten taucht an mehreren Stellen im Interview auf und kann an die hohen Anpassungserwartungen von ihm an seine Frau gewertet werden. Im Gegensatz dazu erzählt Leila von nur einer Situation, in der sie eine Reaktion ihres Mannes nicht verstehen kann. Auch wertet sie die ihr unvertrauten Eigenschaften ihres Mannes nicht ab. Als sie an einem Morgen nach dem Frühstück mit Freundinnen den gedeckten Frühstückstisch nicht gleich aufräumt, ist sie von Lukas Reaktion überrascht: „Das hat ihn total geärgert, super geärgert. Ich hab das nicht so doll verstanden, weil ähm, bei uns ist das ein bisschen mehr so relaxter." Zwar findet sie Lukas Reaktion unverständlich, dennoch wertet sie das Verhalten ihres Mannes nicht ab. Mit der Aussage „bei uns" bezieht Leila sich verallgemeinernd auf die türkische Kultur und zieht somit eine Linie zwischen sich und ihrem Mann, die persönliche Eigenschaft ihres Mannes wird hier kulturalisiert. Im Vergleich scheinen kulturelle Differenzen für Lukas eine weitaus größere Rolle zu spielen als für Leila. Lukas nimmt bestimmte Verhaltensweise als befremdlich und mitunter als bedrohlich wahr. Da Lukas weder die türkische Sprache spricht, noch für längere Aufenthalte in der Türkei gelebt hat, bleibt ihm die Kultur des Herkunftskontextes seiner Frau verschlossen. Das mangelnde Wissen ist der Grund dafür, dass Lukas persönliche Eigenschaften erstens als kulturell konstruiert und diese zweitens abwertet. Im Gegensatz zu ihrem Mann beschreibt Leila den hybriden Charakter von „Kultur" innerhalb der Paarbeziehung: „wir feiern alles. Also er ist Jude, ich bin Muslima und wir haben so einen Adventskranz da stehen, wir feiern die muslimischen Feiertage zusammen und die jüdischen ... und Weihnachten auch." Diese unterschiedlichen Haltungen zwischen Leila und Lukas hängen einerseits damit zusammen, dass Leila die Beweglichere in der Beziehung ist. Dies befähigt sie dazu, Kultur als hybrides, sich stets wandelndes Gebilde zu erkennen.

Im Vergleich zum ersten Fallbeispiel spielen in der Beziehung von Jule und Javier kulturelle Differenzen bereits während des Kennenlernens eine große Rolle. „Also fremd kam uns vieles vor .." stellt Jule gleich zu Beginn des Interviews fest. Die kolumbianische Herkunft von Javier löst eine besondere Faszination auf Jule aus. Schon bevor sie Javier kennen lernt, hat Jule viele Freunde und Bekannte aus lateinamerikanischen Ländern und ist mehrfach selbst nach Ecuador und Kolumbien gereist. Die Differenz wird von Jule folglich vor allem in der Anfangsphase der Beziehung als etwas Positives wahrgenommen. Auch für Javier gilt die Aussage „fremd kam uns vieles vor", wenn auch die Aufgeschlossenheit gegenüber der „Herkunftskultur" der Partnerin nicht dieselbe ist wie bei Jule. Schon bevor Javier nach Deutschland geht, beschreibt er sein Interesse an dem Land als relativ gering, und auch zum Zeitpunkt des Interviews scheint Javier sich in Deutschland nicht besonders wohl zu fühlen. Im Gegensatz zu Jule bezieht sich Javier eher negativ auf die Konfrontation mit den Verhaltensweisen seiner deutschen Umgebung. Für Javier gleicht das Leben in Deutschland im Gegensatz zu Kolumbien dem Leben in einer „anderen Welt", was sprachlich eine scharfe Trennung zwischen seiner Situation in Deutschland und in Kolumbien nach sich zieht. Seine mangelnde Einbindung in das deutsche Umfeld begründet Javier primär mit von ihm als unangenehm empfundenen Eigenschaftszuschreibungen dieses Umfeldes. Im Verlauf der Beziehung verändert sich auch auf Seiten von Jule die Bewertung der wahrgenommenen Unterschiede zwischen ihr selbst und ihrem Partner. Jule bezieht sich vor allem auf Denk- oder Verhaltensweisen, die für die Organisation des Alltags relevant sind. Als Beispiele nennt Jule Essgewohnheiten, Pünktlichkeit, Fragen nach der richtigen Erziehung und Verbindlichkeit, wobei sie unsicher ist, ob dies wirklich kulturelle Eigenschaften sind.

Wiederum anders stellt sich die Situation im Fall von Hana und Harald dar. Die Einwanderung von Hana ist ökonomisch begründet. Wie viele andere Frauen aus Korea kommt Hana als Pflegekraft gegen Ende der siebziger Jahre nach Deutschland. Das Leben in Deutschland unterscheidet sich fast in jeder Hinsicht von dem, was Hana aus Korea kennt. Das perfekte Funktionieren der Transportmittel, die Organisation innerhalb des Krankenhauses in dem sie arbeitet: all dies löst eine große Faszination bei ihr aus, die sie auch mit Harald – nachdem sie ihn kennen lernt – assoziiert. Die Differenz wird von Hana somit als etwas Positives und Faszinierendes wahrgenommen. Dies führt dazu, dass Hana mit großem Interesse die deutsche Sprache lernt und sich den Gegebenheiten der neuen Umgebung öffnet. Bedenken, einen deutschen Mann zu heiraten, hat Hana nicht – im Gegensatz zu ihrer in Korea lebenden Mutter, die befürchtet, ihre Tochter würde in Deutschland an Männer verkauft. Ähnliche Befürchtungen hat die Mutter von Harald, die der interkulturellen Beziehung ihres Sohnes eher ablehnend gegenüber steht. Anders verhält sich der Vater von Harald, der mit dem Satz „viele Deutsche würde ihre eigene Kultur auch nicht richtig kennen" ausdrückt, dass nicht die Zugehörigkeit zu demselben Kulturkreis innerhalb einer Beziehung entscheidend ist, sondern andere Faktoren. Die Haltung des Vaters entspricht weitgehend der Haltung von Harald, der keine kulturellen Differenzen zwischen seiner Frau und ihm thematisiert. Dies lässt sich vor allem darauf zurückführen, dass Hana nach ihrer Ankunft sehr viel dafür tut, sich dem deutschen Umfeld anzupassen, worauf ich im nächsten Abschnitt noch genauer eingehen werde. Ein einschneidendes Erlebnis, das Harald die Unterschiedlichkeit der Herkunft seiner Frau deutlich macht, ist eine Reise, die er und Hana nach ihrer Hochzeit nach Korea unternehmen. Dies ist neben einem einmaligen Versuch, die koreanische Sprache zu lernen, das einzige Mal, dass Harald sich aktiv der Kultur seiner Partnerin öffnet. Dies weist darauf hin, dass die Faszination von kulturellen Eigenschaften allein für Hana gilt. Im Gegensatz zu den anderen Interviewpartnern sprechen Hana und Harald bestenfalls abstrakt über die kulturelle Differenz ihrer jeweiligen Herkunftsländer. Unterschiedliche Denk-, Wahrnehmungs- und Handlungsmuster bei der Organisation des Alltags keine Rolle zu spielen[15].

Aus der sehr unterschiedlichen Wahrnehmung und Bedeutung von kulturellen Differenzen bei allen drei dargestellten Fallbeispielen ergeben sich variable Bedingungen für den partnerschaftlichen Aushandlungsprozess (These 2), um den es im nächsten Abschnitt gehen soll.

---

[15] Dies liegt möglicherweise in der langen Dauer der Beziehung begründet.

4.2 Verlauf des Aushandlungsprozesses (These 2)

Bei allen Paaren der Untersuchungsgruppe ist ein Aushandlungsprozess erkennbar, der jedoch in seiner Form und Bedeutung erheblich zwischen den Paaren variiert.

Leila und Lukas befinden sich zum Interviewzeitpunkt mitten im Aushandlungsprozess darüber, wie viel Raum die Kultur beider Partner in der Beziehung jeweils einnehmen darf. Leila spricht darüber, dass sie gern türkische Musik hört und ab und zu türkische Fernsehsender sieht. Dem liegt das Bedürfnis zugrunde, die türkische Sprache in ihren Alltag zu integrieren, da Lukas und Leila überwiegend Deutsch miteinander sprechen[16]. Lukas kann dies nicht nachvollziehen und ist von den Gewohnheiten seiner Frau genervt. Dies ist nur vor dem Hintergrund zu verstehen, dass Lukas selbst die türkische Sprache nicht versteht und sich womöglich von den Aktivitäten seiner Frau ausgeschlossen fühlt. Dennoch negiert er mit seinem Verhalten letztlich einen Teil von Leilas Persönlichkeit, der sich über die türkische Sprache ausdrückt. Die Auseinandersetzung über die Bedeutung von Kultur innerhalb der Beziehung wird ebenfalls in einer weiteren Interviewpassage deutlich, als Leila erwähnt, dass sie ihre Kinder in Zukunft gerne zweisprachig erziehen möchte und sich wünscht, dass ihre Kinder türkische Vornamen haben. Lukas, der sich in Bezug auf die bilinguale Beziehung nicht äußert, ist sich im Gegenzug sicher, dass die Kinder seinen Nachnamen bekommen.

> *„Über Nachnamen sind wir uns schon einig, das wird meiner sein ((lacht)). .. ist halt so. Leila hat Wert auf einen Doppelnamen gelegt, was ich doof finde, aber naja, gut. Aber .. es ist halt gesetzlich so geregelt, dass der Nachwuchs dann .. es gibt einen Familiennamen und die Ehepartner .. ist ja egal, auf jeden Fall, nee, über die Vornamen haben wir uns noch nicht geeinigt."*

Lukas scheint sich in Bezug auf den Nachnamen durchgesetzt zu haben. Gleichzeitig deutet sich an, dass es bereits Streit über die Namensfrage gegeben hat, jedenfalls hat Lukas das Gefühl sich rechtfertigen zu müssen, woraufhin er ins Schleudern gerät[17]. Zu dem Wunsch von Leila, ihren Kindern türkische Vorna-

---

[16] Während der Anfangsphase der Beziehung ist Englisch die Sprache, in der sich Leila und Lukas verständigen, ab und zu sprechen sie auch heute noch in Englisch miteinander: *„Es ist halt die Sprache in der man sich kennen gelernt hat .. das verbindet so ein bisschen .. ist halt so ein bisschen privat, geheim."*

[17] Vgl. das vorangehende Zitat.

men zu geben, äußert er sich zurückhalten mit: „Schau'n wir mal", was in diesem Kontext so viel bedeutet, wie „leg dich lieber noch nicht fest, das müssen wir noch ausdiskutieren." An dieser Stelle deutet sich an, dass es für Lukas einfacher ist, sich in Auseinandersetzungen durchzusetzen. Im Gegensatz zu ihrem Ehemann muss Leila viel aktiver sein, um Elemente ihrer Kultur in die Beziehung einzubringen. Darüber hinaus wird Kultur vor allem in Leilas Fall als solche benannt und damit sichtbar gemacht: sie hört türkische Musik, schaut türkisches Fernsehen oder kocht türkisches Essen. Dass Lukas sich deutsche Fernsehsender anschaut oder deutsche Musik hört, wird nicht erwähnt und bleibt somit als dominante Kultur unsichtbar[18]. Am deutlichsten wird dies an dem Wunsch nach regelmäßigen Reisen in die Türkei und den damit verbundenen Besuchen bei ihrer Familie und ihren Freunden: Leila muss reisen, um in ihrem Herkunftsland zu sein, Lukas nicht. Der Wunsch, häufiger in die Türkei zu fahren, um ihre Familie zu besuchen, muss nicht als Ausdruck des Versuchs eine Verbindung zu ihrer Herkunftskultur beizubehalten, gedeutet werden, dies ist nicht das primäre Ziel von Leilas Reisen. Dennoch benennt Leila die Besuche bei ihrer Familie in der Türkei als einen wichtigen Bestandteil ihres Selbstverständnisses. Auf den Aspekt der Identität gehe ich weiter unten genauer ein (These 4).

Wie bereits im Abschnitt zur Wahrnehmung von Differenzen deutlich wurde, gibt es auf Seiten von Jule eine deutlich größere Aufgeschlossenheit gegenüber der Herkunftskultur von Javier als umgekehrt. Entsprechend dieser ungleichen Verteilung des gegenseitigen Interesses an der Kultur des Partners, gestaltet sich auch der Aushandlungsprozess über die wahrgenommenen relevanten Differenzen zwischen Jule und Javier ebenfalls ungleich. In Bezug auf die wahrgenommenen Unterschiede ist es hauptsächlich Jule, die ihr eigenes Verhalten überdenkt und auch verändert, um größere Konflikte in der Paarbeziehung zu vermeiden. Dies wird besonders bei den Essgewohnheiten und Fragen der Pünktlichkeit deutlich. Obwohl sie das einseitige Essverhalten von Javier kritisiert („immer Reis, jeden Tag"), passt sie sich dem weitgehend an. Zwar verzichtet sie nicht gänzlich auf ihre eigenen Präferenzen, ist aber gleichzeitig enttäuscht davon, dass Javier ihren eigenen Vorlieben nicht mit der gleichen Offenheit entgegenkommt. Auch beim Thema Pünktlichkeit erweist sich Jule als die flexiblere

---

[18] Lukas Verhalten haftet der Anschein des Natürlichen an, wodurch es zur Norm wird. Erst dadurch kann Leilas Verhalten als kulturell abweichend konstruiert werden. Eine interessantes Buch zum Verhältnis von Kultur und Macht ist die Studie von Birgit Rommelspacher (1995).

Person. Obwohl sie die strukturelle Unpünktlichkeit von Javier nicht positiv bewertet, passt sie sich seinem Verhalten an: „Ich komm jetzt auch zu spät .. weil er's auch macht. [...] Dann sag ich ihm halt, er soll um halb sechs da sein, obwohl ich ihn eigentlich erst um sechs brauch." Nicht zuletzt kommt Jule ihrem Mann auf der sprachlichen Ebene entgegen. Im Gegensatz zu den anderen Paaren kommunizieren Jule und Javier nicht überwiegend auf Deutsch, sondern auf Spanisch. Dies ist jedoch nicht allein als ein Entgegenkommen im Sinne eines Verzichts bzw. Aufopferung zu deuten, da Jule eine große Faszination für die spanische Sprache und die lateinamerikanische Kultur empfindet. „Nur manchmal rede ich dann auch auf Deutsch weiter, wenn ich's nicht äh hinkriege, weil er versteht ja auch Deutsch." Obwohl sich Jule weitgehend auf Javier einstellt, gibt es auch auf ihrer Seite Grenzen. Ein Beispiel, an dem sich dies deutlich zeigt, ist die Verbindlichkeit von Verabredungen. Jule weist hier auf eine „gewisse Unverbindlichkeit der Lateinamerikaner in dem was sie sagen und dann wirklich machen" hin. Dem stellt sie ihre „sehr deutsche Art, das, was ich sage, mach ich auch" gegenüber und erklärt die unterschiedlichen persönlichen Verhaltensmuster zu einem kulturellen Muster, zu dem die Verallgemeinerung auf „alle" Lateinamerikaner gehört. Zwar äußert sich Jule in diesem Zusammenhang nicht wertend zu der Gegenüberstellung der von ihr als unterschiedlich wahrgenommenen Eigenschaften, dennoch impliziert ihre Kontrastierung eine Abwertung des Verhaltens ihres Mannes. Im Gegensatz zu den sonstigen Bereichen hält Jule in diesem Zusammenhang weiterhin an ihren inneren Wertüberzeugungen fest. Dies mag auch damit zusammenhängen, dass Javier sehr viel weniger von seinen Überzeugungen abrückt als Jule und an seiner kritischen Beurteilung bezüglich deutscher Verhaltensmuster festhält: „Also die Leute sind immer so viel beschäftigt und haben keine Geduld, sich auf die Anderen einzustellen". Diese Kritik ist vor dem Hintergrund der oben benannten Anpassungsleistungen von Jule besonders erstaunlich. Die Skepsis mit der Javier der deutschen Mehrheitsgesellschaft vor allem zu Beginn der Beziehung begegnet, hat bis zum Zeitpunkt des Interviews abgenommen: „das Bild hat sich verbessert, hat er gesagt." Auch seine schlimmsten Befürchtungen, eine dauerhafte Beziehung mit einer deutschen Frau zu führen, sind ausgeblieben: „Ich habe Schlimmeres erwartet." Hier zeigt sich, dass auch Javier seine Erwartungen und Bilder, die er vor oder zu Beginn der Beziehung über das Leben in Deutschland mit einer deutschen Frau hatte, durch den Kontakt mit Jule zumindest teilweise überdenkt. Dass sich die beiden in ihrer Herangehensweise sehr voneinander unterscheiden, zeigt sich deutlich am Beispiel der zweisprachigen Erziehung der gemeinsamen Tochter.

Javier nimmt eine abwartende, passive Haltung ein („Also er meint, da muss man nichts dazu tun, das kommt von alleine"), wohingegen Jule aktiv und überlegt handelt: „Natürlich geht sie in einen zweisprachigen Kindergarten, und auch eine bilinguale Schule sollte es sein. .. Das ist doch ein Teil von ihr." Jule kümmert sich aktiv darum, dass ihre Tochter von der Herkunftskultur ihrer beiden Eltern gleichermaßen viel erfährt, während Javier dies aktiv nicht tut.

Ein richtiger Aushandlungsprozess ist im Fall der Beziehung von Hana und Harald nicht zu erkennen. Dies mag einerseits daran liegen, dass das Paar bereits seit fast dreißig Jahren verheiratet ist und somit in einer völlig anderen Situation befindet als die anderen InterviewpartnerInnen. Andererseits ist es generell fraglich, ob es jemals zu einem tatsächlichen Aushandlungsprozess zwischen Hana und Harald gekommen ist. Vielmehr scheint es von Anfang an einen unausgesprochenen Konsens zwischen den Partnern zu geben, dass Hana sich weitgehend an die gegebenen Umstände und die Gepflogenheiten von Harald anpasst. Die gemeinsame Sprache ist Deutsch. Der Versuch von Harald, die koreanische Sprache zu lernen, scheitert. Harald fühlt sich mit dem Erlernen der Schriftzeichen und der Aussprache überfordert und lehnt weitere Versuche, die Sprache zu lernen, strikt ab. Im Gegensatz zu sich selbst, betont Harald im Verlauf des Interviews mehrfach die besondere Anpassungsfähigkeit seiner Frau. Auffällig ist dabei, dass Harald diese Eigenschaft seiner Frau als Eigenschaft aller koreanischen Frauen verallgemeinert. „... aber weil die Koreanerinnen, also ich ja mehr als eine, dann doch sehr assimilationsbegierig eigentlich sind, ... an sich alles sozusagen machen wollen, wie es im Angebot ist." Er bewertet dies durchgehend als positiv und fühlt sich von dem „Talent" seiner Frau angezogen. Auch Hana scheint stolz darauf zu sein, sich erfolgreich an die Lebensumstände in Deutschland angepasst zu haben. Sie beschreibt sich selbst als „begierige Schülerin", die alles machen wollte, was von ihr erwartet wurde. Es scheint sie nicht zu stören, dass die Beziehung zumindest zu Beginn somit Elemente eines Schüler-Lehrer–Verhältnisses enthält, im Gegenteil erinnert sich Hana: „Ich bin ja eher mit ihm mitgegangen und ich bin auch sehr dankbar dafür, dass er mich in allem so eingeführt hat." Hier spiegelt sich die unausgesprochene Übereinkunft der Partner wieder, dass Hana diejenige ist, die sich anpasst. Die Dominanz deutscher Kulturmuster wirkt sich auch in dem Bereich der Ernährung aus, so dass vor allem in den ersten Jahren Hana hauptsächlich deutsche bzw. westliche Gerichte kocht[19]. Auch als die Kinder von Hana und Harald geboren werden und sich die Frage nach der sprachlichen Erziehung stellt, ist es Hana, die ihre Wünsche zurückstellt. Eigentlich möchte sie, dass die Kinder zweisprachig aufwachsen. Die Angst von Harald, von der Kommunikation seiner Frau mit den Kindern ausgeschlossen zu sein, steht dem Wunsch von Hana entgegen. Um größere Konflikte zu vermeiden, verzichtet Hana schließlich darauf, ihre Kinder zweisprachig zu erziehen, welches sie zum Interviewzeitpunkt schwer bedauert. Erneut zeigt sich die Dominanz des deutschen Kulturmusters. Mit dem Argument des Familienfriedens setzt Harald seine Meinung durch und sichert sich so auf dem Gebiet der Sprache seine Position und die daran gebundenen Privilegien, wie rhetorische Überlegenheit gegenüber seiner Frau. Eine andere denkbare Möglichkeit wäre gewesen, dass Harald an diesem Punkt einen erneuten Versuch startet, Koreanisch zu lernen. Dies hätte für ihn allerdings bedeuten können, seiner rhetorischen Überlegenheit nicht mehr sicher sein zu können. Erstaunlich ist in diesem Zusammenhang, dass Harald seine Vormachtstellung relativ unkritisch beurteilt: „Also ich, ich war ja auf der, auf der .. ähm, Heimspielseite, also ich hatte ein Heimspiel." Diese Aussage zeigt zwar, dass Harald zwar ein Bewusstsein über die unterschiedlichen Ausgangspositionen seiner Frau und von ihm selbst hat. Gleichzeitig scheint er nichts Negatives daran zu finden.

Bereits hier deutet sich an, dass das unterschiedliche Verhalten, der unterschiedliche Umgang mit Kultur bzw. der Wahrnehmung von kulturellen Besonderheiten oder Differenzen, durch verschiedene Faktoren beeinflusst werden, die Aushandlungsprozesse in (heterosexuellen) Beziehungen strukturieren. Besonders deutlich zeigt sich bei allen drei Paaren, dass Geschlecht eine entscheidende Kategorie im Umgang mit der Wahrnehmung kultureller Differenzen ist. In allen Paarbeziehungen sind es die Frauen, die sich mehr auf den Partner einstellen, egal welcher kulturellen Herkunft sie sind. Dies mag allgemein damit zusammenhängen, dass Frauen in Partnerschaften allgemein noch immer den Großteil der Beziehungsarbeit übernehmen. Daraus erklärt sich folglich auch das größere Engagement in Bezug auf den Umgang mit kulturellen Differenzen. Auf diesen Punkt komme ich in der abschließenden Diskussion noch einmal zurück.

---

[19] Einschränkend muss dazu gesagt werden, dass Hana und Harald während der ersten Beziehungsjahre in einer westdeutschen Kleinstadt leben. Es ist davon auszugehen, dass asiatische Lebensmittel, die sie für die Zubereitung koreanischer Speisen benötigt, in einer Kleinstadt schwieriger oder gar nicht zu bekommen sind. Im Gegensatz dazu gibt es in Berlin eine Vielzahl koreanischer und asiatischer Lebensmittelläden.

4.3 Der biografische Bruch (These 3)

In den Interviews bestätigt sich die Annahme, dass es bei allen befragten Personen durch die interkulturelle Beziehung zu einem biografischen Bruch kommt. Je nach Lebenssituation beider Partner sowie den Bedingungen, unter denen die Paare sich kennen lernen und leben, zeigt sich der Bruch mehr oder wenig heftig.

Im Fall von Leila und Lukas kommt es vor allem für Leila zu einigen einschneidenden Veränderungen der Lebenssituation, die an die Beziehung gebunden sind. Ein halbes Jahr nachdem sich Leila und Lukas in den USA kennen lernen, zieht Leila nach Deutschland. Der Umzug ist somit die erste große Veränderung, die sich aus der Beziehung ergibt.

> *„Ich habe eigentlich wirklich gar kein Interesse für Deutschland gehabt, ehrlich gesagt, in meinem Leben Ich war mehrere Male schon in Europa gewesen, aber nicht in Deutschland, hat mich gar nicht interessiert. "*

Als weiterer Einschnitt kann das Erlernen der deutschen Sprache verstanden werden, in der sich das Paar fortan hauptsächlich verständigt. Die dritte große Veränderung ist, dass Leila infolge der Migration nach Deutschland vorübergehend erwerbslos ist: „Ich hab mein ganzes Leben gearbeitet und plötzlich darf ich nicht arbeiten. Das war richtig, sehr, sehr hart für mich .. und auch für unsere Beziehung." Trotz des temporären Charakters des letzten Punktes, muss die Erwerbslosigkeit ebenfalls als einschneidendes biografisches Ereignis gedeutet werden. Demgegenüber zeigen sich die Veränderungen infolge der Partnerschaft zu Leila in Lukas Biografie eher subtil. Besonders in der Anfangszeit in Deutschland fühlt sich Lukas in sehr hohem Maße verantwortlich für seine Frau, was damit zusammen hängt, dass für sie zu Beginn in Deutschland alles neu ist. Dies wäre im Fall einer mehrheitsdeutschen Partnerin vermutlich anders. Darüber hinaus kann auf der Grundlage des Datenmaterials vermutet werden, dass Lukas innerhalb seines Bekanntenkreises mehrfach ablehnende Haltungen hinsichtlich der türkischen Herkunft seiner Frau zu spüren bekommen hat. Auch während des Gesprächs betont er mehrmals, dass Leila ganz modern sei und spielt damit auf die rassititschen Ressentiments seines Umfeldes an. Die Interkulturalität der Partnerschaft von Leila und Lukas wird als einschneidende Veränderung darüber hinaus nicht weiter thematisiert. Es ist anzunehmen, dass dies mit den Familien beider Partner zusammenhängt, in denen es bereits in der vorhergehenden Generation interkulturelle Eheschließungen gegeben hat.

Im Gegensatz dazu fällt ein durch die Paarbeziehung hervorgebrachter biografischer Bruch im Fall von Jule und Javier bei beiden Partner eher gering aus. Wie ich bereits erwähnt habe, interessiert sich Jule bereits für Lateinamerika und spricht Spanisch bevor sie Javier trifft. Sie sagt selbst, dass es für sie und ihren Freundeskreis „keine Überraschung" war, als sie einen spanischsprachigen Mann heiratete. Die einzige Veränderung in Jules Lebenssituation, die durch die Partnerschaft zu Javier hervorgerufen wird, ist der Umzug von Rostock nach Berlin. Im Vergleich dazu verändert sich Javiers Situation durch die Partnerschaft zu Jule etwas mehr. Die Eheschließung ermöglicht Javier einerseits, sich dauerhaft in Deutschland aufzuhalten. Andererseits rückt er dadurch ein Stück weit von seiner ursprünglichen Vorstellung, eines temporären Aufenthaltes in Deutschland, ab. Zwar ist bei Javier die Beziehung nicht die Ursache dafür, dass er sein Herkunftsland überhaupt verlässt. Aber sie ist der Auslöser dafür, dass er länger in Deutschland bleibt als geplant.

Hana und Harald sehen sich als Paar rassistischen Ressentiments innerhalb des sozialen Umfeldes ausgesetzt: „Es wurden Wetten darüber abgeschlossen, dass die Ehe wohl bald wieder geschieden sein würde." Erneut muss davon ausgegangen werden, dass sich die Skepsis des Umfeldes auf die kulturelle Herkunft der Partnerin bezieht und ähnliche Statements bei einer mehrheitsdeutschen Partnerin nicht gefallen wären. Alles in allem verändert sich die Situation von Harald durch das Kennenlernen von Hana nur marginal. Demgegenüber ist die Biografie von Hana durch vielfältige Einschnitte gekennzeichnet, die sich teilweise unabhängig, teilweise in Abhängigkeit von der Partnerschaft zu Harald vollziehen. Der augenscheinlichste Bruch vollzieht sich bei Hana nicht im Zusammenhang mit der Partnerschaft, sondern durch die Migration nach Deutschland. Überwiegend erlebt Hana die neue Situation als positiv, da sie ihr Möglichkeiten eröffnet, die ihr im Herkunftsland verwehrt blieben. Mit den Worten „Jungs werden bevorzugt, also vorgezogen, sie müssen studieren. Die Töchter müssen nicht unbedingt, Hauptsache die können sich gut verheiraten .." beschreibt Hana die Situation in ihrem Herkunftsland. Von der Familie ist sie ausgewählt worden, um nach Deutschland zu gehen und mit dem dort erwirtschafteten Geld das Studium ihrer Brüder zu unterstützen. Geplant ist, dass sie nach einigen Jahren nach Korea zurückkehrt. Entgegen der Pläne ihrer Familie entscheidet sich Hana dauerhaft in Deutschland zu bleiben. Hier kann sie unabhängig von ihrer Familie ihre eigenen Ziele verwirklichen. Wenngleich Hana die Entwicklung ihrer Lebenssituation weitgehend positiv einschätzt, sind die Veränderungen groß. Auch die Beziehung zu Harald trägt dazu bei, dass das Leben in Deutschland zu einer einschneidenden Erfahrung wird. Zwar erleichtert ihr die Beziehung zu einem deutschen Mann das Eingewöhnen in der fremden Gesellschaft. Andererseits führt ihre große Offenheit für die neuen Lebensumstände dazu, dass sie „alles anders macht" als sie es bisher gewohnt war. Haralds Zurückhaltung beim Erlernen der koreanischen Sprache unterstützt die einseitigen Anpassungsleistungen auf Seiten von Hana.

Wie bislang schon mehrfach gezeigt werden konnte, hat die Beziehung zu einer Person aus einer anderen Kultur, direkte und indirekte Auswirkungen auf die Organisation des Alltags und das Leben von Individuen. Die obigen Ergebnisdarstellungen haben gezeigt, dass die Konfrontation mit einer anderen Kultur für alle Beteiligten sehr unterschiedliche Bedeutungen und Konsequenzen hat. Im Gegensatz zu den bisher eher deskriptiv angelegten Darstellungen, sollen an dieser Stelle die Auswirkungen der Wahrnehmung und des Umgangs mit kultureller Differenz auf das Selbstkonzept der jeweiligen Partner einer interkulturellen Paarbeziehung analysiert werden.

4.4 Auswirkungen auf Biografie bzw. das Selbstkonzept (These 4)

Im Fall von Leila und Lukas zeichnen sich zwei Besonderheiten ab. Die Beziehung zu Lukas initiiert bei Leila einen Bewusstseinsprozess bezüglich ihrer eigenen kulturellen Herkunft und interkulturellen Identität, der sich im Erzähltext reproduziert und nachzuvollziehen ist. Das Leben in Deutschland führt bei Leila ungewollt zu einer Auseinandersetzung mit ihrer kulturellen Herkunft. Leila, die aus einer gebildeten, wohlhabenden Familie kommt und sich selbst als moderne und emanzipierte Frau fühlt, sieht sich in Deutschland mit dem vorherrschenden negativen Bild über türkeistämmige Einwanderer konfrontiert. Auch im Bekanntenkreis von Lukas wird Leila aufgrund ihres Auftretens häufig nicht für eine Türkin gehalten, sondern für eine Spanierin oder Italienerin.

> *„Spanien wollten sie hören, oder Italien oder so. Und dann irgendwie: Türkei. So einen Bruchteil von einer Sekunde hat es dann immer gedauert, bevor die sich wieder gefasst hatten. Weil das war irgendwie so, das hat nicht so in das Klischee reingepasst, was halt auch durch die Gastarbeiter kommt. "*

Obwohl sie sich von dem negativen Bild über türkeistämmige Migranten abgrenzt, möchte sie ihre kulturelle Herkunft dennoch nicht verleugnen. Der folgende Interviewausschnitt zeigt deutlich den zentralen Konflikt, den das Leben in Deutschland für Leila beinhaltet:

> *Leila:*   *Und dann, wir haben eine andere Freundin, die hat auch so Gastarbeitereltern, in Osnabrück ..*
>
> *Lukas:*   *In Neukölln[20], oder?*
>
> *Leila:*   *Nee, Osnabrück. Warte mal, was ich erzählen will. Und ähm, jetzt aber, wir waren einmal dort, sie ist mehr Deutsche als Türkin. So total .. was ganz schlimmes ist in Deutschland hat sie also, ähm, angenommen und hat gar nichts .. Sie kann auch gar nicht richtig türkisch sprechen. Ganze Schwierigkeiten einen Satz von ihr zu bekommen auf Türkisch, und ich finde das total schade, so seriös irgendwie. So bin ich überhaupt nicht.*

In weiteren Interviewauszügen zeigt sich, dass Lukas das negative Bild über türkeistämmige Einwanderer weitgehend verinnerlicht hat. Dies ist insofern erstaunlich, da er bereits seit fünf Jahren mit Leila zusammen lebt. Allenfalls räumt er seiner Frau eine Sonderstellung unter den türkischen Migranten insgesamt ein: sie ist die Ausnahme. Prinzipiell hält Lukas an seinen Vorstellungen über türkeistämmige Migranten fest. Im Sinne von Alois Hahn bliebt für Lukas somit auch in der Beziehung Fremdes fremd. Ob sich seine Haltung im Verlauf der Beziehung noch ändert und eine gemeinsame Realität konstruiert werden kann, in der kulturelle Elemente beider Partner Raum haben, kann im Fall von Leila und Lukas zum Interviewzeitpunkt noch nicht gesagt werden. Auf der anderen Seite hat die Beziehung für Leila zu einer starken Auseinandersetzung mit der eigenen Identität geführt. Sie wehrt sich gegen die rassistischen Einstellungen ihres Umfeldes und lehnt, wie im obigen Zitat deutlich wurde, die Überanpassung türkeistämmiger Einwanderer an die deutsche Mehrheitsgesellschaft vehement ab. Am Beispiel von Leila zeigt sich deutlich, dass die kulturelle Zugehörigkeit bzw. Herkunft erst dann wichtig wird, wenn eine Person das Gefühl bekommt, so, wie sie ist, nicht akzeptiert zu werden.

Die Situation von Jule und Javier ist im Vergleich dazu eine andere. Durch die aus ihren jeweiligen Lebenssituationen hervorgerufene Auseinandersetzung mit weniger vertrauten Wahrnehmungs-, Denk- und Handlungsweisen kommt es bei beiden zur Reflexion über die eigene Identität. Dies bedeutet aber nicht, dass eigene Haltungen und Verhaltensweisen auch tatsächlich verändert werden. So

---

[20] Neukölln ist ein Stadtteil von Berlin, der allgemein als „Problembezirk" bekannt ist, was in den Massenmedien häufig mit dem hohen MigrantInnenanteil unter den BewohnerInnen in Zusammenhang gebracht wird.

räumt Javier ein, dass er durch die Beziehung zwar ein größeres Verständnis für die deutsche Gesellschaft und Kultur bekommen hat, *„aber [...]die Art zu sein nicht [teilt], also [er] trotzdem derselbe geblieben [ist]."* Auch Jule stellt zunächst fest, dass sie sich in der Auseinandersetzung mit Javier *„als ziemlich deutsch"* empfindet. Die Konfrontation mit Javier ermöglicht ihr jedoch ihre Einstellungen und ihr Verhalten als kulturell konstruiert zu erkennen: *„sonst wäre das normal für mich so zu sein."* Vor diesem Hintergrund gelingt es ihr, einige ihrer Einstellungen zu überdenken und zu verändern, was sie mit den Worten: *„ich bin n bisschen lockerer geworden"* beschreibt. Insgesamt hat Kultur in der Auseinandersetzung zwischen Jule und Javier eine größere Bedeutung als bei Lukas und Leila. Während es für Jule wichtig ist, die Differenzen zu markieren, weil sie diese faszinierend und anziehend findet und als Bereicherung wahrnimmt, geht es Javier darum, in seiner mehrheitsdeutschen Umgebung ein Stück seiner *„kolumbianischen Identität zu bewahren".* Trotz des recht unterschiedlichen Umgangs von Jule und Javier mit kultureller Differenz, erreichen sie von allen Paaren das höchste Level der Reflexion über die Bedeutung von Kultur.

Anders zeigt sich die Situation von Hana und Harald. Für Harald sind die Auswirkungen der Beziehung, die an die kulturelle Herkunft von Hana gebunden sind, sehr gering. Auf der Grundlage des Interviewmaterials ist ein Überdenken der eigenen kulturellen Identität bei Harald nicht, wie bei den anderen deutschen PartnerInnen der Untersuchungsgruppe, zu erkennen. Dies ist erstaunlich und kann nur mit den hohen Anpassungsleistungen von Hana erklärt werden. Auf diese Weise fängt Hana mögliche Krisen auf Seiten von Harald auf und Konflikte werden vermieden. Wie sich in den anderen Fallbeispielen zeigte, waren es gerade die Konflikte zwischen den Partner, die zu einem Überdenken der eigenen Position und gegebenenfalls zur Veränderung des Verhaltens führten. So wenig wie sich Haralds Selbstbild durch die Beziehung zu Hana verändert, so sehr ist dies für Hana der Fall. Durch den langjährigen Aufenthalt in Deutschland wird es für Hana unmöglich, nach Korea zurück zu kehren. Deutschland ist ihr Zuhause geworden und sie fühlt sich als Deutsche:

„wenn ich jetzt nach Korea komme, ist das nicht mehr so, dass ich mich ähm .. wie eine Koreanerin fühle. Ich fühle mich wie eine Deutsche, aber man sieht, dass ich keine Deutsche bin, also das ist sozusagen n bisschen so, als wäre ich im Grunde genommen nirgendwo zu Hause."

Hana fühlt das, was Alois Hahn als ein „kulturelles Dazwischen" bezeichnet. Die innere Zerrissenheit von Hana basiert auf der Vorstellung einer Unvereinbarkeit der Kulturen, durch die die hohen Anpassungserwartungen innerhalb der Beziehung von Hana und Harald gewissermaßen forciert wurden. In dieser Hinsicht unterscheidet sich die Beziehungsdynamik von Hana und Harald deutlich von den anderen Paaren der Untersuchungsgruppe. Durch die Erfahrungen in Deutschland fühlt sich Hana von ihrer Herkunftskultur in Korea zunehmend entfremdet.

„Ich fühl mich total zu Hause [in Deutschland] und mir ist auch gar nicht bewusst, dass ich Ausländerin bin, aber äh so manchmal in der Reaktion der anderen Leute wird mir erst bewusst, dass ich doch .. anders bin, also Ausländerin bin."

Hier wird sehr deutlich, dass Fremdheit auch nach dreißig Jahren Aufenthalt in Deutschland nicht durch Hana selbst, sondern durch ihr mehrheitsdeutsches Umfeld immer wieder neu hergestellt wird. Die mangelnde Zugehörigkeit, die ihr trotz ihrer hohen Assimilationsanstrengungen immer wieder vorgehalten wird, ist für Hana der Grund, sich „nirgendwo" richtig zugehörig zu fühlen.

5. Fazit

Abschließend möchte ich die zentralen Ergebnisse der vorangegangenen Ausführungen zur Diskussion stellen und eine kurze Bewertung des gesamten Forschungsprojekts vornehmen.

Bei allen Paaren der Untersuchungsgruppe spielte die Wahrnehmung kultureller Differenzen eine Rolle (These 1). Dabei wurde deutlich, dass es zwischen den Partnern große Unterschiede in der Wahrnehmung und Bewertung von kulturellen Differenzen kommen kann. Je nach Kontext wurden diese entweder als Bereicherung oder als potentieller Konflikt wahrgenommen.

Auch der Umgang mit Differenzen in den jeweiligen Beziehungsphasen gestaltete sich sehr unterschiedlich. Von einer sehr einseitigen Anpassung (Hana und Harald) über die Toleranz von Differenz (bei Leila und Lukas) bis hin zur beidseitigen Annäherung (Jule und Javier) zeigten sich vielfältige Muster des möglichen Umgangs mit kulturellen Differenzen (These 2). Auffällig war bei allen Paaren, dass die Frauen das Gros der kulturellen Anpassungsleistungen (z.B. das Erlernen einer Sprache) übernommen haben. In allen Beziehungen zeigten sich die Partnerinnen in Bezug auf unterschiedliche Wahrnehmungs-, Denk- und Verhaltensmuster anpassungsfähiger und beweglicher. Ohne an dieser Stelle stereotype Aussagen über Geschlechterrollen machen zu wollen, korrespondiert dieser Befund damit, dass Frauen allgemein den überwiegenden Anteil an Beziehungsarbeit leisten.[21] Die Zahl der Fallbeispiele ist aber zu gering, als dass verallgemeinerbare Aussagen über die Rolle von Geschlecht in interkulturellen Paarbeziehungen zu treffen. Dies wäre für eine weitere Untersuchung interessant.

Darüber hinaus zeichnete sich in den Paarbeziehungen eine Dominanz des mehrheitsdeutschen Kulturmusters ab, welches zeigt, dass der gesellschaftliche Kontext das individuelle Handeln von Individuen beeinflusst und strukturiert. Eine der wichtigsten Variablen ist in diesem Zusammenhang die Sprache, die entscheidend dazu beiträgt, dass es für die mehrheitsdeutschen Partner einfacher ist, gewohnte Denkens- und Verhaltensweisen durchzusetzen. Zudem erscheinen diese im Einwanderungskontext als selbstverständlich und müssen nicht hinterfragt werden. In der Untersuchungsgruppe trifft dies besonders auf Harald und Lukas zu. Erst durch die Konfrontation mit den Denk- und Verhaltensmustern einer Person mit einer anderen kulturellen Herkunft wird ihnen der Schein des Natürlichen genommen. Ob und inwiefern die soziale Konstruiertheit von bestimmten individuellen Eigenschaften und Handlungsmustern sichtbar wird, hängt von der Fähigkeit zur Reflexion und dem Kontext ab, in dem es zur Konfrontation kommt. Der Verlauf des Aushandlungsprozesses trägt zudem entscheidend dazu bei, ob die Beziehung zu einer Partnerin bzw. einem Partner aus einem anderen Kulturkreis als einschneidendes Erlebnis im Lebensverlauf wahrgenommen wird (These 3). Wie sehr eine Person mit dem Eingehen der Beziehung ihr gewohntes Handeln fortsetzen kann bzw. verändern muss, entscheidet über das Ausmaß des biografischen Bruchs. Besonders deutlich wurde dies am Hanas Beispiel, für die sich mit der Beziehung zu Harald praktisch alles veränderte. Infolge werden die Veränderungen, die durch die Beziehung hervorgerufen werden, auch im eigenen Selbstbild verarbeitet. Hier unterscheidet sich die Situation der mehrheitsdeutschen und der migrierten Partner stark voneinander. Ein zentrales Ergebnis ist, dass sich für die Person mit Migrationshintergrund die Frage der kulturellen bzw. sozialen Zugehörigkeit und Identität stellt. Dies ist für den mehrheitsdeutschen Partner nicht der Fall. Insofern – und das ist eine These,

---

[21] Dies zeigt sich immer wieder in den Forschungen zur Vereinbarkeit von Familie und Beruf. Vgl. dazu z.B. Abele A. E., Hoff, E.-H. & Hohner, H.-U. (2003/Hrsg.).

der in anderen Untersuchungen nachgegangen werden kann – ist es für den migrierten Partner einfacher, den Status der Interkulturalität zu erreichen, da sie in der Einwanderungsgesellschaft tagtäglich damit konfrontiert sind, Elemente aus beiden kulturellen Kontexten in ihr Handeln einzubeziehen. Dies ist besonders in den Fällen von Leila und Javier erkennbar. Dieser Befund widerspricht der Annahme eines „kulturellen Dazwischen" von Alois Hahn. Zwar habe ich weiter oben die These des „kulturellen Dazwischen" im Fall von Hana als zutreffend befunden, weil hier die unterschiedlichen kulturellen Handlungskontexte als unvereinbar erklärt und aktiv voneinander getrennt werden. Gleichzeitig wird deutlich, dass die innere Zerrissenheit Hanas auf der Konstruktion zweier miteinander als unvereinbar geltender Welten basiert.

Letztendlich zeigt sich auch an diesem Beispiel, dass die Kultur als etwas Fließendes, Ineinandergreifendes und sich permanent Veränderndes zu begreifen ist.

Abschließend möchte ich noch darauf eingehen, dass der Rückgriff auf Kulturmuster innerhalb von Paarbeziehungen durchaus eine Funktion haben kann, die identitätsstabilisierend wirkt. Dies zeigte sich in der Untersuchungsgruppe bei allen Paaren in verschiedenen Hinsichten. Der Hintergrund ist häufig die eigene Verunsicherung, z.B. in Konflikten, die dazu führt, unvertrautes Verhalten der Partnerin oder des Partners mit Kultur zu erklären. Häufig enthält die Bestimmung eine Abwertung (wie z.B. bei Lukas und Leila), die dazu dient die Stabilität der eigenen (dominanten) Position wieder herzustellen. Eine ganz andere Funktion hat Kultur im Fall von Jule, die sich davon, dass ihr Partner nicht zur deutschen Mehrheitsgesellschaft gehört, angezogen fühlt. Hier hat die Bewertung von Eigenschaften, Denk- und Verhaltensweisen als kulturell einen positiven (aber dadurch nicht minder rassistischen) Charakter. Wie sich in den obigen Ausführungen gezeigt hat, ist es für eine Partnerschaft entscheidend, dass die als kulturell wahrgenommenen Differenzen als kulturell konstruierte individuelle Eigenschaften aufgedeckt werden. In der Untersuchungsgruppe trifft dies zum Interviewzeitpunkt am meisten auf Jule und Javier zu.

Literatur

Abele Andrea E., Hoff, Ernst-H. & Hohner, Hans-Uwe (2003/Hrsg.): Frauen und Männer in akademischen Professionen. Berufsverläufe und Berufserfolg. Heidelberg: Asanger.

Appadurai, Arjun (1998): Globale ethnische Räume. In: Beck, U. (Hrsg): Perspektiven der Weltgesellschaft. Frankfurt/Main: S. 11-40.

Brüsemeister, Thomas (2000): Qualitative Forschung. Ein Überblick. Wiesbaden.

Dengler, Bettina (1996): Deutsch-italienische Ehepaare. Weikersheim.

Faist, Thomas (2000): Transstaatliche Räume. Bielefeld.

Fischer-Rosenthal, Wolfram/ Rosenthal, Gabriele (1997): Narrationsanalyse biographischer Selbst-
präsentation. In: Hitzler, R./ Honer, A. (Hrsg.): Sozialwissenschaftliche Hermeneutik, Opladen,
S. 133-164.

Gomez-Tutor, Claudia (1995): Bikulturelle Ehen in Deutschland. Pädagogische Perspektiven und
Maßnahmen, Frankfurt am Main.

Ha, Kien Nghi (2006): Die Grenze überqueren? Hybridität als spätkapitalistische Logik der kulturellen Übersetzung und der nationalen Modernisierung. In: translate 10/2006, webjournal of eipcp
– European Institute for Progressive Cultural Policies.

Hahn, Alois (2000): Konstruktion des Selbst, der Welt und der Geschichte, Frankfurt am Main.

Kowal, Sabine / O'Connell, Daniel (2003): Die Transkription mündlicher Äußerungen. In: Herr-
mann, T. / Grabowski, J. (Hrsg.): Enzyklopädie der Psychologie – Themenbereich C – Theorie
und Forschung, Serie III: Sprache, Bd.1: Sprachproduktion. Göttingen. S.101-120.

Kowal, Sabine / O'Connell, Daniel (2000): Zur Transkription von Gesprächen. In: Flick, U./ von
Kardorff, E. / Steincke, I. (Hrsg.): Qualitative Forschung. Ein Handbuch. Reinbek bei Hamburg: Rowohlt, S.437-447.

Kowal, Sabine & O'Connell, Daniel (1995). Transcription systems for spoken discourse. In Jef
Verschueren, Jan-Ola Oestmann & Jan Blommaert (Hrsg.), Handbook of pragmatics (S.646-
656). Amsterdam: John Benhamins.

Larcher, Dietmar (2000): Die Liebe in Zeiten der Globalisierung. Konstruktion und Dekonstruktion
von Fremdheit in interkulturellen Paarbeziehungen, Klagenfurt.

Magribia Lwanga, Gotlinde (1993): Deutsch, nein danke? Anmerkungen zu Staatsangehörigkeit,
BürgerInnenrechte und Verfassung, in: Hügel, Ika/Lange, Chris/Ayim, May/Bubeck, Ilo-
na/Aktaş, Gülşen/Schultz, Dagmar (Hrsg.): Entfernte Verbindungen. Rassismus, Antisemitis-
mus, Klassenunterdrückung, Orlanda Frauenverlag, Berlin, S. 260-272.

Nassehi, Armin. (2003): Geschlossenheit und Offenheit, Frankfurt/ Main.

Oevermann, Ulrich; Allert, Tilman.; Konau, Elisabeth; Krambeck, J. (1979). Die Methodologie einer
"objektiven Hermeneutik" und ihre allgemeine forschungslogische Bedeutung in den Sozialwissenschaften. In: Hans-Georg Soeffner (Hrsg.): Interpretative Verfahren in den Sozial- und
Textwissenschaften. Stuttgart, S. 352-434.

Pries, Ludger (2001): Internationale Migration. Bielefeld.

Rommelspacher, Birgit (1995): Dominanzkultur. Texte zur Fremdheit und Macht. Berlin.

Scheibler, Petra (1992): Binationale Ehen. Weinheim.

Straßburger, Gaby (2003): Heiratsverhalten und Partnerwahl im Einwanderungskontext: Eheschließungen der zweiten Migrantengeneration türkischer Herkunft. Würzburg.

Zwischen Selbstbestimmung und religiöser Autorität, säkularem und göttlichem Recht. Normative Orientierungen christlicher und muslimischer Jugendlicher

Stefan Weyers

In traditionellen Gesellschaften sind Religion und Moral eng miteinander verzahnt. Die monotheistischen Religionen haben einen umfassenden Geltungsanspruch für Fragen der Lebensführung. In der westlichen Moderne führen Prozesse der Rationalisierung jedoch zur „Entzauberung der Welt" (Weber) und zur Verweltlichung der Kultur. Es kommt zur Ausdifferenzierung von Funktionsbereichen, zur Ablösung religiöser durch wissenschaftliche Deutungsmuster und zur Emanzipation der Moral und des Rechts von der Religion. Unter Bedingungen der Religionsfreiheit, der religiös-weltanschaulichen Neutralität des Staates und der Säkularisierung des Wissens schwindet die allgemeine Verbindlichkeit religiöser Normen und Traditionen. Die Religion verliert den „Anspruch auf Interpretationsmonopol und umfassende Lebensgestaltung" (Habermas 2005: 117) und wird tendenziell zur Privatsache.

Für normative Urteile scheint die Religion in der westlichen Moderne kaum noch Relevanz zu haben. Im Zuge der Säkularisierung kommt es zu einem Wandel von religiösen und traditionellen zu prinzipiengeleiteten Moralvorstellungen (Nunner-Winkler 2000). Somit erscheint es konsequent, dass für die sozialkognitive Moralforschung religiöse Vorstellungen nur eine geringe Rolle spielen. Anders als von radikalen Säkularisierungstheorien prophezeit, verschwindet die Religion in der Moderne jedoch nicht. Die weitgehende Säkularisierung Westeuropas ist ein Sonderfall und weltweit gibt es deutliche Anzeichen der Wiederkehr oder Revitalisierung der Religionen. Zudem lenken die anhaltende Migration und die wachsende Präsenz des Islam in Europa den Blick auf die Religiosität von Muslimen. Der Islam scheint generell weniger von Säkularisierungsprozessen betroffen als das westeuropäische Christentum (Krämer 2008). Für Deutschland zeigen viele Studien, dass Muslime religiöser sind und sich stärker an religiösen Geboten orientieren als Christen. Angesichts der bleibenden Bedeutung der Religion und der hohen Religiosität von Migranten ist es notwendig, bei der Untersuchung normativer Orientierungen auch die *religiös-normativen* Überzeugungen zu berücksichtigen.

In modernen Gesellschaften stehen die normativen Urteile der Gläubigen im Spannungsverhältnis von universeller Moral, positivem Recht und Religion. Normen, Rechte und Pflichten können ganz unterschiedlich begründet und interpretiert werden: Menschenrechte bspw. beanspruchen universelle Geltung als *moralische* Rechte, haben als kodifizierte Rechte *rechtlichen* Charakter, können aber auch auf *religiöse* Quellen zurückgeführt oder ‚göttlichem Recht' untergeordnet werden. Die Kontroversen über Kopftuch und Kruzifix in der Schule, über schulischen Religionsunterricht und Bioethik, über den Bau von Moscheen und die Kritik religiöser Symbole zeigen, dass auch die weitgehend säkulare deutsche Gesellschaft durch zahlreiche Konflikte im Spannungsfeld von Moral, Recht und Religion gekennzeichnet ist. In diesen Konflikten geht es um die positive und negative Religionsfreiheit, um das Verhältnis von religiösen Geboten und individuellen Freiheitsrechten, um die Präsenz des Religiösen im öffentlichen Raum und um die Grenzen religiöser Selbstbestimmung, wenn sie mit säkularen Rechtsvorstellungen in Konflikt gerät. In religiös-normativen Konflikten geht es aber auch um das Verhältnis von Glauben und Selbstbestimmung: um die Frage, wie modernes Denken und individuelle Autonomie mit der Orientierung an einer verbindlichen religiösen Autorität zu vereinbaren sind.

Berger (1992) nennt drei idealtypische Optionen religiösen Denkens in der Moderne zwischen Säkularität und Orthodoxie. Im Anschluss an Berger ist zu fragen: Welche Rolle spielt die Religion für die normativen Urteile der Gläubigen? Wie bringen sie die pluralistischen, säkularen und prinzipiengeleiteten Moral- und Rechtsvorstellungen moderner Gesellschaften mit ihrem Glauben und mit religiösen Geboten in Einklang? Diese Fragen werden in Abschnitt 5 empirisch untersucht. Zuvor diskutiere ich einige theoretische Ansätze und empirische Befunde zur Religion in der Moderne und zur religiös-normativen Orientierung Jugendlicher: Zunächst geht es um die Kontroversen über die Religion zwischen Säkularisierung und Revitalisierung (1), sodann um den Konflikt zwischen individueller Autonomie und religiöser Autorität sowie mögliche Reaktionsformen darauf (2). Anschließend referiere ich aktuelle Ergebnisse zur Religiosität junger Christen und Muslime in Deutschland (3) sowie Konzepte und Befunde zum Verhältnis von religiösen und moralischen Urteilen (4). Der

Schwerpunkt des Beitrags liegt dann auf der Untersuchung normativer Urteile christlicher und muslimischer Jugendlicher (5). Neben quantitativen Befunden zur Deutung religiös relevanter Handlungen stelle ich eine Typologie normativer Orientierungen vor, die sich auf qualitative Interviews zu einer Vielzahl von Normenkonflikten stützt. Abschließend werden die zentralen Ergebnisse zusammengefasst und unter verschiedenen theoretischen Perspektiven diskutiert (6).

1. Religion in der Moderne zwischen Säkularisierung und Revitalisierung

Begriffe wie Säkularisierung, Entkirchlichung, Privatisierung oder Pluralisierung reflektieren den massiven Bedeutungswandel der Religion in der Moderne. Die Grundannahme der Säkularisierungstheorie ist, dass Rationalisierungs- und Modernisierungsprozesse mit innerer Notwendigkeit zur Schwächung und schließlich zum weitgehenden Verschwinden von Religion führen (Joas 2007).[1] Theorien der Säkularisierung haben den religionssoziologischen Diskurs lange Zeit dominiert, geraten jedoch zunehmend in die Defensive. Luckmann hat die Säkularisierungsthese bereits in den 60er Jahren kritisiert. Religion findet sich nach Luckmann (2004: 138) „überall dort, wo das Verhalten der Gattungsmitglieder zum sinnorientierten Handeln wird". Die religiöse Grundfunktion sieht er darin, Menschen in einen übergreifenden Sinnzusammenhang, in eine soziale Ordnung einzubinden. Er begreift Religion als anthropologische Grundkonstante: Aufgrund der „konstitutiv religiösen Natur menschlichen Lebens" (ebd.: 164) kann Religion gar nicht verschwinden. Es kommt jedoch zur *Privatisierung* des Religiösen, da es in der pluralistischen Moderne kein verbindliches und einheitliches religiöses Symbolsystem mehr gibt und damit *traditionelle* Religionsformen an Bedeutung verlieren.

Bei Luckmann wird das Soziale zur Religion, so dass das spezifisch Religiöse verloren geht, aber auch auf der Basis engerer Religionsbegriffe zeichnet

---

[1] Nach Weber sind Rationalisierung und Säkularisierung Prozesse, die nicht einfach *gegen* die Religion gerichtet sind, sondern durch das Christentum befördert wurden. Vor allem die protestantische Askese mit ihrer rigiden Lebenshaltung und ihrer Hinwendung zu Beruf und Welt führte zu einer „religiös motivierten rationalen Lebensführung der Weltbeherrschung, die dann für Säkularisierung offen war" (Schluchter 2005: 259).

sich ein Paradigmenwechsel in der Forschung ab: Wurde noch in den 70er Jahren das „Verschwinden der Religion" prophezeit, so werden gegenwärtig die „Wiederkehr der Götter" (Graf), die „Rückkehr der Religionen" (Riesebrodt), die „Desäkularisierung der Welt" (Berger), die „Entprivatisierung von Religion" (Casanova) oder eine „postsäkulare Gesellschaft" (Habermas) diagnostiziert.[2] Mit Blick auf Revitalisierungstendenzen der Religionen werden Teilaspekte der Säkularisierungsthese oder die Theorie grundsätzlich in Frage gestellt. So spricht Joas von der „Krise", ja sogar vom „Ende der Säkularisierungstheorie" (2007: 13 f.).

Ein solcher Abgesang erscheint voreilig. Zwar ist die These des völligen Verschwindens von Religion ebenso wenig haltbar wie die Annahme, dass Modernisierung unter allen Umständen zum Bedeutungsverlust von Religion führt (Riesebrodt 2000: 9 ff.). Ihre Renaissance lässt sich jedoch nicht als Widerlegung von Säkularisierungsprozessen interpretieren, denn diese sind empirisch vielfach belegt. In diesem Sinne kritisiert Pollack (2003) die pauschale Verabschiedung der Säkularisierungsthese. Religiöse Aufschwungprozesse würden stark überschätzt, in punkto religiöse Zugehörigkeit, Praxis und Glaubensvorstellungen gebe es einen seit Jahrzehnten ungebrochenen Rückgang in Westeuropa. Der Rückgang traditioneller Religiosität werde durch das steigende Interesse an außerkirchlicher Religiosität keineswegs kompensiert. Auch Casanova (2007) konstatiert eine zunehmende Säkularisierung in Westeuropa seit den 1950er Jahren. Zwar stellt die „drastische Säkularisierung Westeuropas" (ebd.: 333) in globaler Perspektive einen Sonderfall dar, Säkularisierungsprozesse finden sich aber auch in anderen Religionen (Joas/Wiegand 2007).

Einige Ansätze verstehen Säkularisierung und Revitalisierung nicht als sich ausschließende Alternativen, sondern als gegenläufige Tendenzen der Religion in der Moderne. Hilfreich ist dabei zunächst Casanovas (2004) Unterscheidung dreier Teilaspekte der Säkularisierung, die in Westeuropa gemeinsam auftreten, aber nicht notwendig zusammenhängen:

1. Die Emanzipation bzw. Ausdifferenzierung der weltlichen aus der religiösen Sphäre: Dieser Aspekt der Säkularisierung ist nach wie vor gültig. Casano-

---

[2] Dieser Prozess ist weltweit zu beobachten. Riesebrodt (2000) verweist u.a. auf die religiöse Rechte in den USA, auf die Rolle des Islam im Iran, im Sudan, in der Türkei und vielen anderen Ländern, auf den Hinduismus in Indien und die katholische Kirche in Polen und Irland. Verwiesen wird auch auf das Erstarken evangelikaler Gruppen in Lateinamerika und neue Formen von Religiosität wie New Age.

va hält die Trennung von Staat und Religion bzw. säkularem und religiösem Recht für ein grundlegendes Merkmal moderner Gesellschaften, ja für „eines der wichtigsten Definitionsmerkmale der Moderne" (ebd.: 273) überhaupt.

2. Das Schwinden individueller religiöser Überzeugungen und Praktiken: Nach Casanova ist der Rückgang religiöser Überzeugungen in der Moderne nicht notwendig und empirisch vorwiegend auf Westeuropa beschränkt. So zeigt das Beispiel der USA, dass eine strikte institutionelle Trennung von Staat und Religion mit einer hohen individuellen Religiosität einhergehen kann.

3. Das Zurückdrängen der Religion aus der Öffentlichkeit in die Privatsphäre: Dieser Aspekt ist empirisch häufig anzutreffen, aber kein notwendiger Bestandteil moderner Gesellschaften. Religion ist in der Moderne zwar Privatsache, sie kann sich jedoch auch mit öffentlichen Fragen befassen und in der Öffentlichkeit präsent sein, wie Casanova an Beispielen zeigt.

Auch Riesebrodt (2000) weist dezidiert auf das Nebeneinander von Säkularisierungs- und Revitalisierungsprozessen hin. Das weltweite Erstarken religiöser Bewegungen widerspreche konventionellen Modernisierungserwartungen und zeige, dass es keinen unaufhaltsamen Trend zur Säkularisierung gebe. Andererseits zeuge die Leugnung von Säkularisierungstrends „von einem erstaunlichen Missverständnis nicht nur der westlichen Moderne selbst, sondern auch des Charakters einer Vielzahl gegenwärtiger religiöser Bewegungen" (ebd.: 11). Vor allem am Beispiel des protestantischen Fundamentalismus in den USA und des islamischen Fundamentalismus im Iran interpretiert er religiöse Revitalisierungsbewegungen als Reaktion auf Modernisierungs- und Säkularisierungsprozesse. Aus dieser Perspektive ist religiöser Fundamentalismus ein modernes Phänomen, sowohl *Produkt* der Moderne als auch *Reaktion* darauf (Büttner 1998; Roy 2006). Die Alternative Säkularisierung *oder* Revitalisierung verfehlt somit das Problem: den Zusammenhang zwischen beiden Prozessen.

Halten wir fest: Die globalen Revitalisierungstendenzen sprechen dafür, dass die Religion ein wichtiger Bestandteil moderner Gesellschaften bleibt und extreme Säkularisierungsannahmen nicht haltbar sind. Trotz vieler Unterschiede im Detail konvergieren die Analysen von Berger, Casanova, Pollack, Riesebrodt und anderen Autoren darin, dass die Religion in der Moderne durch Säkularisierungs-, Pluralisierungs- und Individualisierungstrends gekennzeichnet ist. Nach Peter L. Berger (1992) verlangt diese Situation von den Individuen eine Entscheidung, es sieht einen „Zwang zur Häresie": einen Zwang zur bewussten Entscheidung für oder gegen den eigenen Glauben bzw. zur Auswahl aus den Angeboten auf dem Religionsmarkt der Moderne. Dagegen deutet Pollack

(2003) das wachsende synkretistische Religionsverständnis vieler Gläubigen, die Kombination unterschiedlicher Traditionselemente, gerade als *Verzicht* auf eine individuelle Wahl. Plausibel ist jedoch Bergers Idee, dass Gläubige sich – anders als in vormodernen Gesellschaften – zur säkular-pluralistischen Situation verhalten müssen. Der Synkretismus ist so gesehen *eine* moderne Option der Religiosität, eine andere ist das fundamentalistische Bemühen um ‚Wiedererrichtung der Tradition'. Selbst das Bekenntnis zu einer orthodox-religiösen Tradition beinhaltet unter Bedingungen der Moderne, „dass es sich dabei um eine reflektierte, persönliche und freie Wahl handelt" (Casanova 2004: 292).[3]

2. Religiöses Denken zwischen Säkularismus, Autonomie und Orthodoxie

Zwischen menschlicher Autonomie und religiöser Autorität besteht ein prinzipieller Konflikt, der durch die Autonomisierungs- und Individualisierungstendenzen der Moderne noch verstärkt wird. Recht und Moral gelten heute nicht mehr aufgrund von Gottes Willen oder Tradition, Bezugspunkt sind die autonomen Individuen. Die philosophische Begründung der Moral nimmt nicht mehr auf die Religion Bezug, sondern auf die menschliche Vernunft. Maßgeblich ist u.a. Kants Konzeption des inneren Zusammenhangs von Vernunft, Autonomie und Moralität: Jedes vernünftige Wesen soll sich als gesetzgebend verstehen und „sich selbst und alle anderen niemals bloß als Mittel, sondern jederzeit zugleich als Zweck an sich selbst behandeln" (Kant 1974: 66). Für Tugendhat (1993: 79 ff.) gründet die Moral letztlich in der Autonomie des Wollens. Während für die westliche Moderne die Idee moralischer und politischer Autonomie konstitutiv ist, gelten religiöse Normen in Offenbarungsreligionen als Ausdruck göttlichen Willens. Die Idee menschlicher Selbstbestimmung wird durch Vorstellungen göttlicher Gebote begrenzt – und zwar umso stärker, je umfassender und strikter diese Gebote verstanden werden. Für die konkrete Ausprägung dieses Konflikts ist entscheidend, *welche Autorität religiösen Normen und Traditionen zuerkannt*

---

[3] Sicherlich handelt es sich bei synkretistischen und konventionellen Formen der Religiosität nicht immer um reflektierte Entscheidungen im starken Sinne, aber auch hier gibt es das Moment der individuellen Wahl.

wird: Gelten sie als unmittelbare Manifestationen göttlichen Willens oder als auslegungsbedürftig und vereinbar mit individueller Autonomie?

Dieser Konflikt bildet sich auch im Spannungsverhältnis von *säkularen* und *religiösen* Rechtsvorstellungen ab. Das Recht gründet sich in modernen Gesellschafen nicht auf religiöse Quellen, sondern auf Verfahren demokratischer Willensbildung, auf die politische Autonomie der Bürgerinnen und Bürger (Habermas 1998). In diesem Sinne sind das Recht und der demokratische Rechtsstaat säkular und der religiös-weltanschaulichen Neutralität verpflichtet. Der säkulare Staat beansprucht den praktischen Geltungsvorrang des säkularen Rechts, dagegen ist im orthodoxen Verständnis von Christentum, Judentum und Islam die religiös-rechtliche Ordnung als Ausdruck göttlichen Willens dem menschlichen Recht grundsätzlich übergeordnet.[4] Im ‚Abendland' hat dies zu massiven Konflikten, ja Kulturkämpfen geführt (Bielefeldt 2003). Auch wenn die katholische Kirche den praktischen Primat des Rechts seit dem Zweiten Vatikanum akzeptiert, beharrt sie auf dem prinzipiellen Vorrang der *lex divina*. So betont ein aktuelles katholisches Lexikon für Kirchenrecht die „universelle Geltung und Indispensabilität der Normen göttlichen Rechts sowie deren Vor- und Überordnung über alles sonstige, rein menschliche Recht" (zit. n. Graf 2006: 27). Dieses Spannungsverhältnis ist auch in der lutherischen Theologie erkennbar, etwa wenn der EKD-Ratsvorsitzende auf die Notwendigkeit säkularen Rechts verweist, zugleich aber auf den neutestamentarischen Grundsatz: „Man muss Gott mehr gehorchen als den Menschen" (Huber 2003).

Den Vorrang göttlichen Rechts vertreten vor allem Gruppen mit einem wörtlichen Schriftverständnis. Viele evangelikale Christen folgen der Idee der Verbalinspiration und Irrtumslosigkeit der Schrift. Und im Islam wird der Koran als unmittelbares Wort Gottes verstanden. Die Scharia gilt als ‚göttliches Recht' in dem Sinne, dass sie „von Gott in Koran und Sunna für alle Zeiten unverrückbar festgelegt wurde. Islamisches Recht ist nach diesem Verständnis kein menschliches Konstrukt, sondern im Kern göttliche Satzung" (Krämer 2005: 478). Der Diskurs in der islamischen Welt dreht sich daher nicht darum, ob die Scharia gültig ist, kontrovers diskutiert wird vielmehr, was zur unveränderlichen göttlichen Rechts*setzung* (*shari'a*) und was zur wandelbaren menschlichen Rechts*findung* (*fiqh*) gehört. Trotz ihrer vermeintlich ewiggültigen Gestalt muss

---

[4] Graf zufolge entfaltet die Vorstellung eines göttlichen Gesetzes – symbolisiert durch dessen „Urszene" (2006: 34), den Empfang des Dekalogs durch Mose – bis heute große Wirkung in den monotheistischen Religionen.

die Scharia von Menschen interpretiert werden. Es gibt im Islam daher unterschiedliche Rechtsschulen und eine große Vielfalt religiöser Auslegungen und Lebenswelten.[5] Zwar dominieren islamistische Lesarten den aktuellen Diskurs, es gibt aber auch liberale Deutungen (ebd.; Rohe 2001). Schiffauer (1998: 419) spricht von einem „Diskursfeld", in dem „zahlreiche Akteure aushandeln, was der Islam ‚ist'". Dabei dienen Aussagen über den ‚wahren' oder ‚falschen' Islam der Durchsetzung und Legitimation eigener (Macht)Positionen. Damit soll die Relevanz religiöser Traditionen nicht bestritten werden, aber es geht nicht um das ‚Wesen' einer Religion, sondern um die Interpretation religiöser Quellen: „Die Schlüsselfrage lautet nicht, was der Koran sagt, sondern was der Koran nach Auffassung der Muslime sagt ... Hier geht es nicht um den Islam als theologisches Korpus, sondern um Deutungen und Praktiken von Muslimen" (Roy 2006: 26).

Der Konflikt zwischen individueller Autonomie und religiöser Autorität stellt sich in der Moderne in allen Offenbarungsreligionen. Es gibt für die Gläubigen jedoch unterschiedliche Möglichkeiten, mit diesem Konflikt umzugehen und Autonomie und Glauben in Beziehung zu setzen. In diesem Zusammenhang unterscheidet Berger (1992) drei idealtypische Optionen religiösen Denkens in der Moderne: Die *deduktive Option* besteht darin, „die Autorität einer Religionstradition angesichts der modernen Säkularität zu bekräftigen" (ebd.: 74). Hier geht es um die Betonung der „majestätischen Autorität, die sich herleitet aus den Worten ‚Deus dixit', das heißt, Gott spricht erneut durch die heiligen Schriften" (ebd.: 75). Berger spricht von der *reduktiven Option*, „wenn die Tradition uminterpretiert wird im Sinne der modernen Säkularität" (ebd.). Die Autorität des modernen Denkens tritt hier an die Stelle der Autorität der religiösen Tradition. Dabei drohe die „Tradition mit all ihren religiösen Inhalten zu verschwinden", so Berger (ebd.: 76). Die *induktive Option* schließlich meint, „dass die religiösen Traditionen als Beweissysteme verstanden werden in Bezug auf religiöse Erfahrung" (ebd.). Es geht hier um eine nicht-autoritäre Betrachtung von Wahrheitsfragen, d.h. um die Suche nach religiöser Wahrheit ohne Berufung auf Autoritäten, seien es religiöse oder die des modernen Denkens.

---

[5] Der Islam ist so wenig wie das Christentum eine homogene Kultur mit einer festen „Natur", wie Huntington (2006: 337) unterstellt. Er konstatiert einen seit 1400 Jahren andauernden Konflikt zwischen beiden Religionen: „Das tiefere Problem für den Westen ist nicht der islamische Fundamentalismus. Das tiefere Problem ist der Islam, eine andere Kultur, deren Menschen von der Überlegenheit ihrer Kultur überzeugt sind" (ebd.: 349).

Diese idealtypischen Reaktionen auf die moderne Säkularität bedeuten für das Verhältnis von menschlicher Autonomie und religiöser Autorität ganz Unterschiedliches. Die drei Optionen lassen sich *erstens* als Unterwerfung unter die religiöse Autorität, *zweitens* als Orientierung an individueller Autonomie ohne religiöse Verbindlichkeit und *drittens* als Vermittlung von religiöser Tradition und Autonomie im Sinne individueller Suche nach religiöser Wahrheit begreifen. Zugespitzt handelt es sich um die Optionen Orthodoxie, Säkularismus und individualisierte Religiosität. Ob sich diese oder ähnliche Muster im Denken Gläubiger zeigen, ist empirisch zu untersuchen. Zunächst skizziere ich jedoch aktuelle Ergebnisse zur Religiosität junger Christen und Muslime. Ein Hauptaugenmerk liegt dabei auf der Frage, welche Bedeutung der Religion für die normative Orientierung zukommt.

3. Empirische Befunde zur Religiosität Jugendlicher in Deutschland

3.1 Religiöse Orientierungen christlicher Jugendlicher

Repräsentative Daten über religiöse Orientierungen liefert die Shell-Studie (Gensicke 2006), in der 2500 Jugendliche von 12-25 Jahren aus ganz Deutschland befragt wurden. Je ein Drittel sind evangelisch bzw. katholisch, ein Viertel konfessionslos, 5% islamisch und 3% christlich-orthodox. Ausgehend von der Definition von Religiosität als „Glauben an Gott oder an eine höhere Macht" (ebd.: 208) werden vier Gruppen unterschieden: 30% der Befragten glauben an einen personalen Gott („kirchennah"[6]), 19% an eine überirdische Macht („kirchenfern"), 23% wissen nicht, was sie glauben sollen („glaubensunsicher") und 28% glauben nicht an Gott oder höhere Mächte („glaubensfern"). Ein personales Gottesbild haben deutlich mehr muslimische (64%) und christlich-orthodoxe (69%) als katholische (41%) oder evangelische Jugendliche (30%). Ostdeutsche (64%) sind viel häufiger glaubensfern als Westdeutsche (21%), hohe Religiosität kommt vor allem bei Migranten vor. Diese Befunde verweisen auf unterschiedliche Milieus von Religiosität und auf verschiedene Grade der Säkularisierung.

---

[6] Der Begriff „kirchennah" ist unpassend; über das personale Gottesbild hinaus haben die meisten Jugendlichen keine Nähe zu kirchlichen Lehren und bei Muslimen macht diese Charakterisierung keinen Sinn.

Gensicke (2006: 221) unterscheidet drei „Kulturen der Religiosität" in Deutschland: „Religion light" im Westen, den „ungläubigen Osten" und die „echte Religion" der Migranten. Diese Unterscheidung ist sicherlich zu pauschal, deutlich werden jedoch erhebliche Unterschiede in Bezug auf Religion, Konfession, Region und Migration. Über die Deutung religiöser Normen sagt die Studie dagegen nichts aus.

Einen differenzierteren Blick auf christliche Religiosität in Deutschland erlaubt eine Studie mit 729 Jugendlichen aus Bayern, von denen 71% katholisch und 24% evangelisch sind. Mithilfe einer Clusteranalyse unterscheiden Ziebertz et al. (2003) fünf Typen jugendlicher Religiosität. Der „kirchlich-christliche Typ" (16,7%) hat eine Nähe zum kirchlichen Glauben und weist mittlere Autonomiewerte auf. Der „konventionell-religiöse Typ" (20,6%) hat ein schwach ausgeprägtes Profil mit einer eher unverbindlichen und geringen Religiosität, der Begriff „konventionell" ist hier missverständlich. Für die drei anderen Typen spielt die religiöse Selbstbestimmung eine entscheidende Rolle, wobei der „christlich-autonome Typ" (27,4%) eine Nähe zu christlichen Traditionen, der „autonom-religiöse Typ" (20%) eine Distanz dazu aufweist. Der „nicht-religiöse Typ" (15,3%) ist nicht nur distanziert, sondern religionskritisch. Insgesamt spielt die Religion für die Mehrheit der Befragten keine große Rolle: „Religion wird als selbstverständlicher Teil des eigenen Umfelds akzeptiert, der weder zu großer Ablehnung noch zu großem Bekenntnis herausfordert" (Ziebertz et al. 2003: 421 f.). Auffälligstes Merkmal ist die Betonung individueller Autonomie: Die religiöse Selbstbestimmung gilt als „zentrales Kennzeichen der Religiosität Jugendlicher" (ebd.: 388).

Auch im vorwiegend katholischen Bayern zeigen sich also *Individualisierungs-* und *Säkularisierungs*tendenzen. Begreift man Säkularisierung als völliges Verschwinden von Religion, ist ihr Ausmaß gering, begreift man sie dagegen als „Krise kirchlich verfasster Religiosität, erweisen sich heutige Jugendliche als weitgehend säkularisiert" (ebd.: 409). Die Autoren neigen eher dem Pluralisierungs- als dem Säkularisierungsparadigma zu. Religiöse *Vielfalt* statt *Irrelevanz* der Religion kennzeichnet demnach die heutige Situation. Unstrittig ist die abnehmende Bedeutung religiöser Institutionen: Die Kirchen sind „Säkularisierungsverlierer" (ebd.: 411). Säkularisierungstrends zeigen sich besonders im Makro- und Mesobereich, im Mikrobereich scheint „Religiosität noch relativ eigenständig zu bestehen" (ebd.: 412). Dagegen lässt sich einwenden, dass die geringe Bedeutung der Religion für die meisten Jugendlichen auch Ausdruck von Säkularisierung ist. Die Frage: „Würdest Du dich selbst als religiös bezeich-

nen?", wird nur von 22% bejaht, aber von 36% verneint, während sich 42% unsicher sind (ebd.: 130). Dies ist nicht nur als Pluralisierung zu verstehen.
Für die Frage nach der Verbindlichkeit religiöser Normen und dem Verhältnis von Autonomie und religiöser Autorität sind die Ergebnisse sehr aufschlussreich: Nur eine kleine Minderheit der Befragten orientiert sich an einer *verbindlichen* religiösen Tradition, dagegen ist der Anspruch auf individuelle Autonomie das herausragende Merkmal der Orientierung. Die Betonung der Selbstbestimmung betrifft nicht nur den religiösen Bereich, sondern auch die Wertorientierungen, hier erreichen Autonomie-Werte die höchste Zustimmung (ebd.: 396 ff.). Die Befunde sprechen dafür, dass sich christliche Jugendliche in Deutschland in moralischen Fragen nur in geringem Maße an kirchlichen Normen orientieren – dies scheint auch für *kirchlich engagierte* Jugendliche zu gelten. Eine Distanz zu religiösen Normen und teilweise zum Glauben zeigt sich in einer Studie mit evangelischen Gemeindemitgliedern (Dimbath 2002). Hier glauben 14% gar nicht an Gott und nur 41% bejahen die Relevanz des Glaubens für das Handeln. Und Köbel (2008) zeigt, dass viele junge Christen eher soziale als religiöse Motive für ihre kirchliche Orientierung haben. Selbst von kirchlich aktiven Jugendlichen orientiert sich anscheinend nur eine Minderheit an kirchlichen Normen, bei nicht engagierten Personen tendiert die Relevanz dieser Normen gegen Null.

3.2 Religiöse Orientierungen muslimischer Jugendlicher

Zahlreiche Studien belegen, dass der Islam für junge Muslime in Deutschland große Relevanz hat und dass diese deutlich religiöser sind als jugendliche Christen (Alacacioglu 2003; Fuchs-Heinritz 2000; Gensicke 2006). Uneinigkeit besteht über die Typisierung dieser Religiosität. Einerseits werden jugendlichen Muslimen fundamentalistische Orientierungen zugeschrieben (Heitmeyer et al. 1997; Hocker 1996; Sag 1996), andererseits werden die Selbstbestimmung, Individualisierung oder Subjektivierung hervorgehoben (Nökel 2002; Tietze 2003). Auch Frese (2002) konstatiert eine Zurückweisung „unislamischer Traditionen", aber auch eine „Individualisierung des islamischen Rechts" (ebd.: 278). Es gebe fundamentalistische Tendenzen, insgesamt fördere die Orientierung am Islam jedoch die Anerkennung der demokratischen Rechtsordnung. Auch zwei aktuelle repräsentative Studien kommen zu widersprüchlichen Einschätzungen.

Im Religionsmonitor der Bertelsmann-Stiftung (2008) wurden 2000 Muslime ab 18 Jahren befragt: 90% von ihnen sind religiös, davon 41% hochreligiös, bei Sunniten sind es 92 bzw. 47%. Damit sind Muslime deutlich religiöser als die deutsche Gesamtbevölkerung. Es zeigt sich ein leichter „Diaspora-Effekt": Türkeistämmige Muslime in Deutschland sind noch etwas religiöser als Muslime in der Türkei. Jüngere und weibliche haben etwas traditionellere Glaubensvorstellungen als ältere und männliche Personen. Die Autoren betonen die Offenheit für Pluralismus und Toleranz: So sagen zwei Drittel der Muslime, jede Religion habe einen wahren Kern, die Hälfte bestreitet den Vorrang des Islam, ‚nur' 31% glauben, dass vor allem Muslime zum Heil gelangen (ebd.: 17). In den beiden letzten Punkten vertreten Hochreligiöse aber einen deutlich stärkeren Exklusivitätsanspruch. Resümiert wird,

> „dass die Zentralität der Religiosität die größte Bedeutung für Glaubensvorstellungen ... besitzt. Mit einer hohen Zentralität ist aber kein rigider Dogmatismus oder Fundamentalismus verbunden: Hochreligiöse Muslime in Deutschland sind kritisch und reflektiert, mit einer hohen Akzeptanz von religiösem Pluralismus" (ebd.: 20).

Angesichts der Zahlen ist diese pauschale Aussage über hochreligiöse Muslime überraschend. Aufgrund der Untersuchungsanlage sind solche Folgerungen zudem kaum möglich:

> „Über fundamentalistische Denk- und Handlungsmuster lassen sich – da weder der Schriftbezug thematisiert wurde noch die Einhaltung religiös verstandener Speise-, Kleider- und Verhaltensvorschriften – keine gesicherten Aussagen machen" (Krämer 2008: 73).

Eine andere repräsentative Studie zeichnet ein differenzierteres Bild der religiösen Orientierung von Muslimen in Deutschland (Brettfeld/Wetzels 2007). Hier werden nicht nur Grade der Religiosität, sondern verschiedene Muster religiöser Orientierung unterschieden. In der Studie wurden 970 Personen von 18-80 Jahre befragt: Ca. 40% der Befragten wird eine „fundamentale Orientierung" mit folgenden Merkmalen zugeschrieben: Hohe Bedeutung der Ge- und Verbote des Koran; hoher Stellenwert des Islam im Alltag; klare Vorstellungen davon, was gute und was schlechte Muslime sind; pauschale Aufwertung des Islam und Abwertung anderen Religionen. Innerhalb dieses Typs zeigen sich erhebliche Abstufungen: 6% der Stichprobe bezeichnen die Autoren als „fundamentalistisch", denn hier gebe es „extreme Formen der Aufwertung der Eigen- und Abwertung von Fremdgruppen gepaart mit extremen Ausprägungen religiös-fundamentaler Elemente" (Brettfeld/Wetzels 2007: 195).

21% der Stichprobe werden dem Muster „orthodoxe Haltungen" zugeordnet: Diese Haltung zeichnet sich durch hohen Selbstbezug und tiefe Frömmigkeit aus, eine Abwertung anderer erfolgt deutlich seltener als beim ersten Typ. Für die „traditionell-konservative Orientierung" (19%) ist die äußerlich bleibende Betonung der Regeln des Islam typisch, wohingegen die individuelle innere Gläubigkeit eher gering ist. Der Religion wird eine deutlich geringere Zentralität für das Alltagsleben zugemessen. Die Autoren sprechen von einer „Form der ritualisierten Religion ohne tiefe innere Gläubigkeit" (ebd.: 196) und konstatieren zugleich eine deutliche Abwertung westlicher Gesellschaften.

Personen mit einer individualisierten „geringen Religiosität" unterscheiden sich deutlich von den ersten drei Typen. Diese Gruppe (19%) „definiert sich zwar als Muslime, weist aber eine relativ geringe religiöse Bindung auf". Es zeigt sich eine „gewisse Distanz" zu den religiösen Geboten, die „teilweise übernommen, zum Teil aber auch zurückgewiesen werden" (ebd.). Die Autoren sprechen von individuellen Glaubenshaltungen, die ein je eigenes Verhältnis zum Islam erkennen lassen, und von persönlichen Entscheidungen, wie Religion gelebt wird. Religiosität orientiert sich hier nicht primär an vorgegebenen Geboten und wird „nicht mehr als von Autoritäten vorgegebenes Regelwerk einfach übernommen" (ebd.).

In einer anderen Studie der Autoren mit 500 *jugendlichen* Muslimen zeigen sich die gleichen Muster, die fundamentale (44%) und die orthodoxe Orientierung (25%) sind jedoch etwas häufiger, die individualisierte religiöse Orientierung (13%) ist geringer vertreten (ebd.: 251 ff.). Junge Muslime haben demnach ein etwas strikteres Religionsverständnis als ältere. Die Befunde dieser Studien widersprechen deutlich denen des Religionsmonitors: Personen mit fundamentaler und traditionell-konservativer Orientierung lassen sich nicht als undogmatisch und reflektiert charakterisieren. Insgesamt zeigen die Resultate, dass sich die große Mehrheit der muslimischen Jugendlichen an einer verbindlichen religiösen Tradition orientiert. Religiöse Normen haben hohe Relevanz, eine Distanz zu islamischen Geboten und ein Anspruch auf religiöse Selbstbestimmung findet sich nur bei einer kleinen Minderheit.

Laut Kanacher (2001) geraten Muslime unter Bedingungen von Moderne und Migration in eine „Identitätskrise", auf die es drei Reaktionsmöglichkeiten gebe: Die starke Orientierung am Islam mit der Abwehr des modernen Bewusstseins. Die Ablehnung des Islam mit der Option für die „säkulare Idee der Ver-

nunft" (Kranacher 2001: 152). Und eine „rein persönliche Religiosität" (ebd.).
Sie spricht auch vom *Verlust* der Religion, von der *persönlichen* und der *fundamentalistisch-allumfassenden* Religionsform (ebd.: 158). Die Typen entsprechen
weitgehend Bergers (1992) Typologie, Kanacher macht aber eine strikte Entgegensetzung von Islam und Moderne bzw. von traditionell-kollektiver und modern-individualistischer Identität. Im Rekurs auf die islamische Dogmatik bezeichnet sie den Koran als „einzig legitime Lebensorientierung" (ebd.: 189) für
gläubige Muslime, weshalb Konflikte in der modernen Kultur „vorprogrammiert" (ebd.) seien. Aus dieser Perspektive gibt es nur die Entscheidung zwischen Säkularismus und Fundamentalismus, die individualisierte Religiosität
„scheint durch die islamische Dogmatik weitgehend verhindert" (ebd.: 248).

Dagegen ist einzuwenden, dass der Konflikt zwischen modernem Denken
und religiöser Autorität weder nur Muslime betrifft noch im Islam zwangsläufig
zu Säkularismus oder Fundamentalismus führt. Auch für *gläubige* Muslime ist
die Orientierung an der islamischen Dogmatik nur *eine* Option (Brettfeld/Wetzels 2007; Frese 2002; Karagasoglu-Aydin 2000).[7] Insgesamt dürften
die religiösen Orientierungen komplexer sein, als es die Begriffe Säkularismus,
Fundamentalismus oder Individualisierung suggerieren.

4. Zum Verhältnis von religiösen und moralischen Urteilen

Christentum und Islam haben einen umfassenden Geltungsanspruch für die individuelle Lebensführung und das soziale Zusammenleben. So sind Religion und
Moral im christlichen Mittelalter eng miteinander verknüpft: „Niemand konnte
sich von den Lehren und Geboten distanzieren, ohne die Zugehörigkeit zur Gemeinschaft zu riskieren" (Meulemann 1998: 269). In dieser sozialen Verankerung von Normen, vor allem aber in Vorstellungen der Bestrafung oder Belohnung im Jenseits sieht Meulemann starke Verknüpfungen zwischen Religiosität
und Moralität. Der Glaube an Jüngstes Gericht, Paradies und Hölle hat Einfluss

---

[7] In einer Studie mit muslimischen Studentinnen in Deutschland unterscheidet Karagasoglu-Aydin
(2000) vier Muster: Neben der strikten Orientierung an islamischen Regeln („ritualistisch"), dem
„spirituellen" und dem „atheistischen" Typ zeigt sich auch eine individualisierte Religiosität („laizistisch"): Religion ist hier ein wichtiger Teil der Identität, die religiöse Praxis ist aber nicht strikt an
religiösen Regeln orientiert. Es gibt eine weitgehende Trennung von Religion und Alltag, religiöse
Rituale spielen eine untergeordnete Rolle.

auf die Lebensführung, da das Handeln im Diesseits ewiges Leben oder ewige Verdammnis zur Folge haben kann. Modernisierungs- und Säkularisierungsprozesse führen zwar zur Entkopplung von Religion und Moral und zum „Zusammenbruch der moralischen Autorität" (Casanova 2007: 333) vieler Kirchen. Dennoch zeigen sich noch heute deutliche Bezüge zwischen Moralvorstellungen und christlicher Religiosität (Gensicke 2006: 226 ff.; Meulemann 1998: 271).

Nach Meulemann sind Religiosität und Moralität primär durch die Idee der Bestrafung und Belohnung im Jenseits miteinander verknüpft. Solche Vorstellungen sind hoch bedeutsam, allerdings glaubt daran in Deutschland zwar die Mehrheit der Muslime, aber nur noch eine kleine christliche Minderheit.[8] Die strukturgenetischen Entwicklungstheorien legen nahe, dass es auch komplexere Deutungen der Beziehung von Religion und Moral gibt. Sie postulieren Entwicklungstrends von der Heteronomie zur Autonomie sowohl für die Moral (Kohlberg 1995; Piaget 1986) als auch für die Religion (Fowler 1991; Oser/Gmünder 1988). Oser und Gmünder definieren das religiöse Urteil als eine spezifische *Struktur* des Denkens über die Beziehung des Menschen zum Letztgültigen. Personen auf den Stufen 1 und 2 haben ein Verständnis der Beziehung zu Gott, das sich an Strafe und Belohnung orientiert, wobei der Mensch auf Stufe 2, anders als zuvor, auf das Göttliche einwirken kann. Auf Stufe 3 wird die Selbstbestimmung und Eigenverantwortung des Menschen betont, der göttliche und der menschliche Bereich werden strikt getrennt. Dagegen wird das Ultimate auf Stufe 4 als Grundbedingung menschlicher Freiheit verstanden (ebd.: 79 ff.), auf Stufe 5 zeichnet sich religiöse Autonomie dann durch unbedingte Intersubjektivität und eine universale, religionsübergreifende Perspektive aus. Auf höheren Stufen ist eine religiöse Fundierung von Moralität auch ohne die Idee der Bestrafung plausibel. Religiöse Heteronomie ist demnach ein entwicklungsspezifisches Phänomen, das sukzessive überwunden wird.

Die moralische und die religiöse Entwicklung werden zumeist unabhängig voneinander untersucht. In Studien zur Religiosität spielen moralische Urteile eine untergeordnete Rolle, auch die Moralforschung hat diese Frage vernachlässigt.[9] Kohlberg (1995) hat religiöse Fragen kaum thematisiert, er definiert mora-

---

[8] Nach der Shell-Studie glauben 58% der muslimischen und ca. 15-20% der christlichen Jugendlichen an eine Rechtfertigung nach dem Tode (Gensicke 2006: 219 f.).

[9] Die Beziehung von Moral und Religion wird bspw. im aktuellen „handbook of moral development" (Killen/Smetana 2006) so gut wie nicht thematisiert.

lische Urteile jedoch so, dass sie auch Urteile über religiöse Normen umfassen.[10] Dagegen verstehen Oser und Gmünder (1988) das religiöse Urteil als eigenständige Struktur. Studien zum Verhältnis von moralischer und religiöser Entwicklung richten sich vor allem auf diese beiden Theorien. Day (2007) zufolge sprechen zahlreiche Studien für eine weitgehend parallele Entwicklung des moralischen und religiösen Urteils, denn die große Mehrheit der Personen urteilt in beiden Sphären auf gleichem Niveau. Day bezweifelt daher die konzeptionelle Unabhängigkeit des religiösen Urteils:

> „It may be that religious judgment is naught but moral judgment ‚dressed up' in religious garb; a kind of elaboration, in religious language, of structural features properly 'belonging' to moral reasoning" (ebd.: 8).

Das religiöse Urteil wäre demnach nur eine thematische Variante des moralischen Urteils.

Während Piaget und Kohlberg primär an der Entwicklung *globaler* Strukturen interessiert waren, dominiert in der neueren Moralforschung (vgl. Killen/Smetana 2006) vor allem der von Elliot Turiel begründete *bereichsspezifische* Ansatz. Turiel (1983) postuliert, dass soziale Urteile in *Bereichen* des Wissens konstruiert werden. Bereiche bilden getrennte konzeptuelle Systeme, die grundlegende Kategorien der sozialen Erfahrung repräsentieren. Als Bereiche sozialen Wissens gelten in der *domain theory* die Moral, die Konvention und der persönliche Bereich. Während die *Moral* durch den Bezug auf Gerechtigkeit, Rechte und Wohlfahrt definiert wird, bezieht sich die *soziale Konvention* auf Regelmäßigkeiten im sozialen Verhalten, die durch das soziale System strukturiert werden (ebd.). Moralische Normen gelten als universell, unveränderlich und intrinsisch gültig, Konventionen dagegen als änderbar und nicht verallgemeinerbar. Der *persönliche Bereich* umfasst die persönlichen Vorlieben und Angelegenheiten, die nicht sozial normiert sind (Nucci 1981).

Im Rahmen der Bereichstheorie hat sich vor allem Nucci (2001; Nucci/Turiel 1993) mit der Beziehung von Religion und Moral auseinandergesetzt. Seine Ausgangsfrage war, ob Moral im Denken unabhängig von Religion oder stark mit ihr verbunden ist. Dazu hat er jüdische, katholische und evangelikale

---

[10] In seinem Auswertungshandbuch sind religiöse Argumente vor allem beim Sterbehilfe-Dilemma enthalten, z.B.: „The Bible says it's a sin" (Colby/Kohlberg et al. 1987: 339). Oder: „It would be suicide, which is also against one of God's laws" (ebd.: 340). Viele Muslime unserer Studie argumentieren ganz ähnlich.

Kinder und Jugendliche im Alter von 10-17 Jahren befragt. Ihnen wurden vier *moralische* Regeln (Stehlen, Schlagen etc.) und acht *nicht-moralische religiöse* Regeln (Tag des Gottesdienstes; Arbeiten am Sabbat; Kopfbedeckung; Vorbeten von Frauen; Sex vor der Ehe etc.) vorgelegt. Gefragt wurde nach der Änderbarkeit und der Verallgemeinerbarkeit der Regeln, ihrer Abhängigkeit von Gottes Wort und nach der Richtigkeit von Stehlen, wenn Gott es befohlen hätte. Nucci zufolge belegen die Befunde die konzeptuelle Differenzierung von Moral und Religion im kindlichen Urteil, denn moralische Regeln werden anhand *moralischer* Kriterien konzeptualisiert:

> „The studies indicate that children's moral understandings are independent of specific religious rules, and that morality is conceptually distinct from one's religious concept. These studies also mean that morality for the secular child, as well as for the devout Christian or Jew, focuses on the same set of interpersonal issues: those pertaining to justice, human welfare and compassion" (Nucci 2001: 50 f.).

Die Studien zeigen aber nicht, dass Moral als *völlig* unabhängig von Religion angesehen wird, denn die Mehrheit der Kinder verneint die Möglichkeit unmoralischer religiöser Normen (Nucci/Turiel 1993). Zudem sehen 15-20% von ihnen einen Primat der Religion über die Moral: Sie binden die Geltung moralischer Normen an das Wort Gottes und meinen: „God's command to steal *would* make stealing morally right" (Nucci 2001: 47). Eine Minderheit definiert die Moral also auch anhand *religiöser*, nicht nur anhand *moralischer* Kriterien. Die Befunde zeigen, dass sich Moral und Religion überlappen können und dass die Religion das Verständnis davon beeinflusst, was zum Bereich der Moral gehört. So verstehen Nucci/Turiel (1993) Sex vor der Ehe und Arbeiten am Sabbat als *nicht-moralische* religiöse Regeln, viele Jugendliche generalisieren sie jedoch, deuten sie also *moralisch*. Hier ist der Kritik von Nisan (1987) und Eckensberger (2003) an Turiel zuzustimmen: Moral kann nicht nur durch handlungsimmanente Kriterien bestimmt werden, auch der soziale Kontext ist von Bedeutung.

Bei der empirischen Analyse ist darauf zu achten, wie Personen den Moralbereich definieren und wie sie Situationen interpretieren, in denen religiöse und moralische Konzepte konfligieren. Anders als Nucci und Turiel (1993) gehe ich davon aus, dass die Religion nicht nur einen Kontext, sondern einen eigenen Bereich des normativen Urteilens bildet. Denn im Unterschied zu Konventionen gelten religiöse Normen als nicht änderbar, im Unterschied zur Moral werden (nicht-moralische) religiöse Regeln nicht intrinsisch bestimmt und nur selten universalisiert (ebd.). Vor allem die Begründung der Normen durch *genuin religiöse* Kriterien (Wort Gottes!) spricht dafür, die Religion als eigenen Regelbereich zu konzeptionalisieren.

5. Empirische Analysen religiös-normativer Orientierungen

5.1. Analytischer Rahmen und Vorgehensweise

Die Untersuchung richtet sich vor allem auf die Bedeutung religiöser Vorstellungen für normative Urteile, somit auf einen Teilbereich der normativen Orientierung, der bislang nur am Rande untersucht wurde. Wie religiös normierte Fragen der Lebensführung und des Zusammenlebens interpretiert werden, ob und in welcher Weise dabei auf religiöse Gebote rekurriert wird, gibt Hinweise auf die normative Relevanz der Religion für die Gläubigen. Ein Schwerpunkt der Analyse liegt auf dem Verhältnis von Religion, Moral und individuellen Freiheitsrechten, daher ist von Interesse, wie Situationen bewertet werden, bei denen *säkular-moralische* und *religiöse* Normen im Konflikt stehen.

Für die Analyse normativer Urteile ist es sinnvoll, verschiedene Norm*arten* zu unterscheiden. Analytisch lassen sich fünf normativ relevante Regeltypen unterscheiden. Nach Turiel (1983) bezieht sich die *Moral* auf Fragen der Gerechtigkeit, Achtung und Wohlfahrt. Moralnormen gelten als universell, nicht änderbar und unabhängig von sozialen Regeln, Normverletzungen wie Stehlen werden als überall und grundsätzlich falsch angesehen. *Konventionen* sind auf die Ordnung und Tradition eines sozialen Systems bezogen. Sie sind relativ und änderbar und existieren nur, weil es soziale Regeln gibt. Regelverstöße gelten nur *innerhalb einer Ordnung* als falsch, aber nicht als überall und grundsätzlich falsch (z.B. schmatzen). Der *persönliche Bereich* umfasst die sozial nicht normierte Sphäre der Privatangelegenheiten. Handlungen sind hier keine Frage von richtig und falsch, sondern von persönlicher Wahl und Präferenz (Nucci 1981). *Rechtsnormen* unterscheiden sich durch Merkmale wie Kodifizierung, Institutionalisierung und Erzwingbarkeit von anderen sozialen Normen (Eckensberger 1999; Weyers 2009). Und *religiöse Normen* leiten sich von religiösen Autoritäten her, in den Offenbarungsreligionen letztlich von Gott; sie gelten im Kern als unveränderlich.

Religion und Recht stellen eigene Regelsysteme, aber keine strikt getrennten Bereiche des Denkens dar. Während sich Moral, Konvention und Person per definitionem ausschließen[11], überschneiden sich die Religion und das Recht nicht nur in Grenzfällen mit den anderen Bereichen. So kann ein Diebstahl moralisch, rechtlich *und* religiös zugleich gedeutet werden, aber nicht moralisch und konventionell. Die *analytische* Unterscheidung der Bereiche ist dennoch sinnvoll, denn sie beinhalten unterschiedliche Bedeutungen und Geltungsansprüche. Die religiöse Deutung eines Diebstahls bedeutet etwas anderes als seine moralische oder rechtliche Interpretation. Um ein aktuelles Beispiel heranzuziehen: Der Konflikt um das Tragen eines Kopftuchs in der Schule erscheint in unterschiedlichem Licht, je nachdem, ob dies primär als *Privatsache*, als Frage der *Konvention* (Tradition), als *religiöses* Gebot, als *moralisches* (Un-)Recht oder als *rechtliche* Frage angesehen wird.

Im sozialen Urteil gibt es Überschneidungen und Verbindungen zwischen den Bereichen. Für die empirische Rekonstruktion normativer Urteile ist zudem entscheidend, die Zuordnung von Handlungen zu Bereichen nicht als ,objektiv' gegeben, sondern als Interpretationsleistung zu verstehen: Die Regelsysteme bilden „Interpretationsfolien, die vom Subjekt auf Situationen angewendet werden" (Eckensberger 2003: 329). In vielen Situationen sind mehrere Regelsysteme involviert. Die verschiedenen, teilweise widersprüchlichen Anforderungen müssen daher koordiniert werden. Es geht dann darum, welchen Anforderungen Vorrang eingeräumt oder wie sie miteinander vereinbart werden.

Die empirische Analyse erfordert ein breites Spektrum von Themen und muss die subjektiven Sichtweisen ausführlich zur Entfaltung kommen lassen. Die Untersuchung, die im Rahmen eines DFG-Projekts durchgeführt wurde[12], erfolgte daher vor allem mit *halbstrukturierten Interviews*. Mit jeder Person wurden zwei ca. einstündige Interviews geführt. Sie zielen darauf, wie Normen, Rechte und Konfliktsituationen beurteilt und wie Urteile begründet werden. Thematisch geht es u.a. um Diebstahl, Menschenrechte, Religionsfreiheit und

---

[11] Es gibt Grenzfälle: Hält man Stehlen für grundsätzlich und überall falsch, so hält man es weder für eine Konvention noch für Privatsache. Dagegen kann man Selbstmord für grundsätzlich falsch, aber dennoch im Letzen für eine Privatsache halten (sofern andere nicht geschädigt werden).

[12] Das DFG-Projekt *Entwicklung von Rechtsvorstellungen im Kontext religiös-kultureller Differenz* wurde von 2005-2008 unter meiner Leitung und in Kooperation mit Lutz Eckensberger am DIPF und an der Universität Frankfurt durchgeführt. Die Interviews führten Nils Köbel (Christen) und Hasibe Özaslan (Muslime), an der Auswertung beteiligt waren zudem Sascha Benedetti, Christian Betzel und Florian Gebhardt.

Gleichberechtigung, um Ehe, Scheidung und Fragen der Sexualmoral sowie um Dilemmata zur Sterbehilfe (Kohlberg 1995: 499 ff.) und zur sog. ‚Rettungsfolter' (Weyers/Köbel 2009). Bei der Auswertung wurden Verfahren der Inhaltsanalyse, Typenbildung und Bestimmung der Moralstufe eingesetzt. Ein Fragebogen zielt auf die Bewertung und Interpretation von Handlungen. Ein weiterer Fragebogen erfasst Daten zur Bildung, Religiosität und (sozialen) Herkunft. Die Erhebung erfolgte im Rhein-Main-Gebiet in den Jahren 2006 und 2007.

Die *Stichprobe* umfasst 89 Jugendliche: 45 christliche, 44 muslimische, 44 weibliche und 45 männliche. Sie sind 13 bis 23 Jahre alt, im Mittel 17,7 Jahre. Alle Personen sind in urbanen Milieus Deutschlands aufgewachsen, besuch(t)en die deutsche Schule und sprechen deutsch. Die Christen sind katholischen Glaubens, die Muslime türkischer Herkunft und sunnitischer Konfession, wie die Mehrheit der Muslime in Deutschland. Alle Christen haben die deutsche, einer hat auch die italienische Staatsangehörigkeit; 20 Muslime haben nur die türkische, 15 nur die deutsche und neun beide Staatsangehörigkeiten. Die Schultypen wurden parallelisiert, so dass die Schulbildung der Muslime und Christen vergleichbar ist. Ca. 55% der Probanden haben Abitur oder gehen aufs Gymnasium, etwa 20% besuch(t)en eine Real-, 15% eine Haupt- und 10% eine Gesamtschule. Dennoch zeigt sich ein dramatischer Unterschied bei den Bildungsabschlüssen der Eltern: Knapp die Hälfte der muslimischen Väter hat keinen Schulabschluss, etwa ein Drittel einen niedrigen, ein knappes Fünftel einen höheren oder mittleren Abschluss. Dagegen haben über 60% der christlichen Väter einen höheren Schulabschluss, jeweils ca. 20% einen niedrigen oder mittleren. Die Unterschiede bei den Bildungsabschlüssen der Mütter gehen in die gleiche Richtung, sind aber noch größer, denn alle christlichen Mütter haben einen Abschluss, aber nur ca. 25% der muslimischen. Auch wenn diese Zahlen mit Vorsicht zu behandeln sind[13], ist evident, dass der Bildungshintergrund in beiden Gruppen sehr verschieden ist. Auch bei der Berufsposition zeigen sich ähnliche Differenzen. Insgesamt gibt es also deutliche Unterschiede in Bezug auf den sozialen Status der Herkunftsfamilien.

Um die Relevanz der Religion für die normative Orientierung in den Blick zu bekommen, wurden *religiös engagierte* Jugendliche befragt. Sie wurden über

---

[13] Es handelt sich um Auskünfte der Jugendlichen, die womöglich nicht immer richtig sind. Viele muslimische Eltern haben in der Türkei die Schule besucht, die Kategorie „kein Abschluss" ist hier zu grob. Vielleicht gab es Abschlüsse, die in Deutschland nicht anerkannt wurden oder von denen die Jugendlichen nichts wissen.

die Aktivität in Moscheegemeinden (Ditib, Milli Görüs[14]) und in katholischen Jugendverbänden (BDKJ, KHG) erfasst. Daher sind eine vergleichsweise hohe Religiosität und Nähe zu religiösen Lehren zu erwarten. Untersucht wird also ein besonders religiöser Ausschnitt der Bevölkerung, der nicht typisch für junge Muslime und Christen in Deutschland ist. Dabei zielen wir nicht auf extreme Gruppierungen, sondern auf solche mit möglichst breiter sozialer Basis.

Der Vergleich von christlichen und muslimischen Jugendlichen soll dazu beitragen, eine große Bandbreite und Vielfalt religiös-normativer Orientierungsmuster zu erfassen. Die Ergebnisse der Forschung lassen erwarten, dass sich beide Gruppen in zentralen Aspekten der Religiosität deutlich voneinander unterscheiden, aber auch, dass beide Gruppen in sich heterogen sind und einfache Typisierungen wie „individualisiert" oder „traditionell" zu kurz greifen. Die Religionsforschung zeigt auch, wie heterogen die Lebensformen und Deutungen im Islam und im Christentum sind. Der Schluss von kleinen Stichproben aus spezifischen Milieus auf die Religionen verbietet sich daher. Es geht hier also nicht um generalisierende Aussagen über *den* Islam und *das* Christentum oder über *die* christliche und *die* muslimische Religiosität, sondern um die normativen Urteile von Personen aus zwei wichtigen religiösen Jugendkulturen in Deutschland.

5.2 Quantitative Ergebnisse zur religiös-normativen Orientierung

5.2.1 Subjektive Bedeutung der Religion und Schriftverständnis

Zunächst geht es um allgemeine Fragen zur Religiosität und zum Schriftverständnis. Die Probanden wurden auf einer Skala von 1 bis 5 gefragt, wie wichtig ihnen ihre Religion und wie wichtig ihnen die Befolgung religiöser Gebote ist.

---

[14] 19 Muslime gehören der Ditib an, zwölf der Milli Görüs, drei beiden Gruppierungen, zehn keiner von beiden.

Tabelle 1:   Bedeutsamkeit der Religion (n=89)

	Wichtigkeit der Religion		Wichtigkeit religiöser Gebote	
	Christen	Muslime	Christen	Muslime
1) sehr wichtig	29%	86%	22%	93%
2) wichtig	44%	14%	31%	7%
3) teils teils	20%	0%	36%	0%
4) weniger wichtig	4%	0%	9%	0%
5) unwichtig	2%	0%	2%	0%
Mittelwert	2,07	1,14	2,38	1,07

29% der christlichen und 86% der muslimischen Jugendlichen finden ihre Religion „sehr wichtig", 73% bzw. 100% mindestens „wichtig". 20% der Christen antworten mit „teils teils", für 6% ist die Religion weniger oder nicht wichtig. Die Religion ist muslimischen Jugendlichen also deutlich wichtiger als christlichen, aber auch bei diesen zeigt sich eine vergleichsweise hohe Religiosität. Die Differenz vergrößert sich, wenn nach religiösen Geboten gefragt wird: 93% der Muslime gegenüber 22% der Christen halten die Befolgung religiöser Gebote für „sehr wichtig", 100% gegenüber 53% für mindestens „wichtig". Die Verbindlichkeit religiöser Normen scheint also für junge Muslime deutlich größer zu sein als für junge Christen. Nimmt man diese Daten als Indikator für Religiosität, dann sind beide Gruppen deutlich religiöser als der Durchschnitt der Jugend (vgl. Abschnitt 3). Bei den Muslimen zeigt sich nur eine geringe Varianz, fast alle verstehen sich als sehr religiös. Bei den Christen reicht die Bandbreite von hoch- bis nicht-religiös, zur letzten Kategorie gehört aber nur eine Person. In Bezug auf Alter und Geschlecht gibt es keine relevanten Differenzen.

Das Schriftverständnis der Probanden wurde durch die Frage erfasst, wie die Bibel bzw. der Koran zu verstehen sind. Vorgegeben wurden vier Antwortmöglichkeiten:

Tabelle 2: Schriftverständnis (n=89)

Die Bibel ist … / der Koran ist …	Christen	Muslime
1) … ganz wörtlich Gottes Wort (direkt von Gott gegeben)	9%	95%
2) … nicht in jedem einzelnen Satz, aber im Wesentlichen Gottes Wort	38%	5%
3) … nicht Gottes Wort, sondern von Menschen aufgeschrieben, die von Gott inspiriert waren	53%	0%
4) … nicht Gottes Wort/ nicht von Gott inspiriert	0%	0%

In Übereinstimmung mit der jeweils vorherrschenden Lehre gibt es beim Schriftverständnis erhebliche Differenzen zwischen den Gruppen. Im Islam wird der Koran als unmittelbares Wort Gottes verstanden, dies wird auch von fast allen Muslimen so gesehen. Dagegen folgen die meisten Christen der Lesart, die Bibel sei nicht Gottes Wort, aber von Gott inspiriert; immerhin 47% halten sie aber ganz oder im Wesentlichen für Gottes Wort. Kein einziger Proband bestreitet den Offenbarungscharakter der Schriften. Ob als Diktat oder Inspiration durch Gott: Koran und Bibel werden als ‚heilige Schriften' verstanden. Auffällig ist erneut die große Einheitlichkeit bei den Muslimen. Ihr wörtliches Schriftverständnis könnte von großer Bedeutung für die normative Orientierung sein. Allerdings sagt das allgemeine Verständnis noch nichts über die Interpretation und Anwendung religiöser Normen in konkreten Konfliktszenarien aus.

5.2.2 Bewertung und bereichsspezifische Interpretation sozialer Handlungen

Normative Orientierungen manifestieren sich u.a. darin, welche Handlungen in der sozialen Welt als falsch und als normierungsbedürftig gelten. Den Probanden wurden 17 Handlungen vorgelegt, von denen einige nach katholischer[15] und

---

[15] Nach dem katholischen Katechismus sind vorehelicher Sex und homosexuelle Handlungen schwere Verstöße bzw. Sünden, ebenso Religionswechsel, Scheidung, sexuelle Gewalt, Abtreibung, Selbstmord und Diebstahl. Die Heirat Andersgläubiger setzt die Erlaubnis durch die kirchliche

sunnitischer[16] Lehre eindeutig religiös verboten sind, so etwa Abtreibung, Selbstmord, Sex vor der Ehe, Homosexualität, Diebstahl und Religionswechsel. Zudem verstößt die Scheidung gegen die katholische, die Heirat eines andersgläubigen Mannes gegen die sunnitische Lehre. Gleichzeitig gelten viele Handlungen nach deutschem und internationalem Recht als Privatsache oder sogar – wie Religionsfreiheit, sexuelle Selbstbestimmung und Partnerwahl – als Menschenrecht. Für die Analyse normativer Orientierungen ist daher von Interesse, wie diese Handlungen bewertet und in welchem Bezugsrahmen sie interpretiert werden. In Anlehnung an Nucci (1981) wurde ein Fragebogen entwickelt, mit dem erstens untersucht wurde, wie die Handlungen auf einer Skala von 1 (sehr schlimm/falsch) bis 5 (gar nicht schlimm/falsch) bewertet werden; und zweitens welchen Regelbereichen die Handlungen zugeordnet werden. Befragt wurden die 38 muslimischen und 37 christlichen Probanden der Hauptuntersuchung.

Autorität, die Beibehaltung des Glaubens und die Gewährleitung der katholischen Erziehung der Kinder voraus (Deutsche Bischofskonferenz 2005).

[16] Im sunnitischen Islam gibt es verschiedene Rechtsschulen, die in vielen Bewertungen aber übereinstimmen: Außer- und vorehelicher Sex, homosexuelle Handlungen, öffentliche Nacktheit, Religionswechsel, Selbstmord und Diebstahl sind strikt verboten, auch die Abtreibung, vor allem nach dem 4. Monat (außer bei Gefährdung der Frau). Die Heirat Andersgläubiger ist nur Männern erlaubt, sofern die Ehefrau christlichen oder jüdischen Glaubens ist. Die Ehe gilt als privater Vertrag, die einvernehmliche Scheidung ist erlaubt, ebenso die Scheidung aus gravierenden Gründen durch einen Richter; Männer haben das Recht der einseitigen Trennung, Frauen nur wenn es im Ehevertrag geregelt ist. Cannabis gilt teilweise als erlaubt, es überwiegt aber die Auffassung, wonach alle Rauschmittel verboten sind. Es gibt eine eheliche Pflicht zum Sexualverkehr, aber kein Recht auf Gewaltanwendung (vgl. Elger 2001; Khoury et al. 2000; Rohe 2001).

Zur 1. Frage: Wie schlimm bzw. falsch sind diese Handlungen aus Sicht der Jugendlichen?

Tabelle 3:   Verwerflichkeit der Handlungen (n=75) (Angabe von Mittelwerten)

	alle	Christen	Muslime	Sign.[17]
1 Diebstahl einer Handtasche	1,39	1,68	1,11	***
2 laut schmatzen und rülpsen	2,79	3,59	2,00	***
3 sich scheiden lassen	2,99	3,22	2,76	(*)
4 Abtreibung (2. Monat)	2,36	2,86	1,87	***
5 Abtreibung (6. Monat)	1,59	1,84	1,34	*
6 Duzen des Lehrers	3,24	3,70	2,79	***
7 schlimme Beleidigung	1,95	2,19	1,71	**
8 Haare bunt färben	4,53	4,95	4,13	***
9 Nacktbaden in öffentlichem Bad	2,28	3,19	1,39	***
10 Heirat Andersgläubiger	3,61	4,62	2,63	***
11 Sex vor der Ehe	2,89	4,59	1,24	***
12 erzwungener Sex in Ehe	1,11	1,08	1,13	-
13 Selbstmord (wg. Krankheit)	2,19	2,95	1,45	***
14 homosexuelle Handlungen	2,81	4,38	1,29	***
15 häufiges Ohrfeigen eines Kindes	1,80	1,68	1,92	-
16 Religionswechsel	3,31	4,51	2,13	***
17 ab und zu Joint rauchen	2,51	3,49	1,55	***
Mittelwert aller Handlungen	2,54	3,20	1,91	***

Es gibt große Unterschiede zwischen den muslimischen und den christlichen Jugendlichen. In 14 Fällen sind die Mittelwertdifferenzen signifikant, vor allem

---

[17] Die Signifikanzen bedeuten: *** = p<0,001; ** = p<0,01; * = p<0,05; (*) = p<0,1.

beim Thema Sexualität sind die Bewertungen völlig entgegengesetzt: Während die meisten christlichen Jugendlichen Sex vor der Ehe und Homosexualität für *(gar) nicht schlimm* halten, sind sie für junge Muslime überwiegend *sehr schlimm*. Sehr große Differenzen gibt es auch bei der Bewertung des Religionswechsels, der Heirat Andersgläubiger, bei Selbstmord, Nacktbaden und Joint rauchen. 15 von 17 Handlungen werden von den Muslimen deutlich negativer beurteilt als von den Christen, auch solche, die Christen für schlimm halten. Muslime haben also deutlich ‚traditionellere' Vorstellungen, unklar bleibt an dieser Stelle noch, wie diese Unterschiede mit religiösen oder anderen normativen Deutungen in Beziehung stehen. Darüber gibt die nächste Frage Aufschluss.

In welchem Bezugsrahmen werden die Handlungen interpretiert? Gelten sie als Verstoß gegen moralische, konventionelle oder religiöse Normen oder als Privatsache? Wird ein rechtliches Verbot befürwortet? Für die Zuordnung standen fünf Kategorien zur Auswahl, die so formuliert sind, dass sie das normative *Urteil* erfassen, nicht das *Faktenwissen*:

1) Diese Handlung ist *grundsätzlich falsch*, auch in anderen Ländern und Kulturen (Moral).

2) Diese Handlung finde ich zwar *nicht okay*, ich finde es aber okay, wenn sie in anderen Ländern üblich ist (Konvention).

3) Diese Handlung ist Privatsache. *Jede Person sollte selbst bestimmen* können, ob sie das tut oder nicht (Person).

4) Diese Handlung *sollte gesetzlich verboten* bleiben oder verboten werden (Recht).

5) Diese Handlung *verstößt gegen religiöse Regeln*, die mir wichtig sind (Religion).

Für jede Handlung sollten alle zutreffenden Kategorien angekreuzt werden, eine Handlung konnte also theoretisch allen Bereichen zugeordnet werden, allerdings schließen sich die Bereiche 1-3 im Normalfall aus. Zunächst ein Überblick über alle Regelbereiche:

Tabelle 4:   Zuordnung zu Regelbereichen (n=75)

	alle	Christen	Muslime	Sign.
1) Moral (Anzahl)	7,24	5,22	9,21	***
2) Konvention (Anzahl)	3,03	2,51	3,53	*
3) Person (Anzahl)	8,57	9,76	7,42	***
4) Recht (Anzahl)	5,33	4,11	6,53	***
5) Religion (Anzahl)	6,83	2,38	11,16	***

Die Tabelle enthält die durchschnittliche Häufigkeit der Zuordnung zu den Bereichen. Am Beispiel der Moral: Junge Christen ordnen durchschnittlich 5,22 der 17 Handlungen der Moral zu, junge Muslime 9,21 Handlungen. Aufgrund der viel negativeren Bewertung ist es plausibel, dass sie diese Handlungen auch häufiger als moralische Normverletzung, d.h. als grundsätzlich falsch beurteilen. Die Muslime codieren die Handlungen auch häufiger rechtlich und konventionell, während Christen sie eher als Privatsache ansehen. Die größten Differenzen zeigen sich bei der Religion: Die Christen ordnen 2,38 Handlungen der Religion zu, die Muslime 11,16 Handlungen, also fast fünfmal so viele. Bei ihnen ist die Religion der am häufigsten, bei Christen der am wenigsten gewählte Bereich.

Tabelle 5 enthält die Anzahl der Personen, die eine Handlung religiös codieren. Schmatzen, Duzen und Haare färben sind nicht aufgeführt, da sie selten religiös codiert wurden:

Tabelle 5:   Zuordnung der Handlungen zur Religion (n=75) (Angabe der Anzahl)

	Christen (37)	Muslime (38)
1 Diebstahl einer Handtasche	11	36
3 sich scheiden lassen	9	7
4 Abtreibung (2. Monat)	13	27
5 Abtreibung (6. Monat)	21	37

Fortsetzung Tabelle 5

	Christen (37)	Muslime (38)
7 schlimme Beleidigung	5	31
9 Nacktbaden in öffentlichem Bad	2	35
10 Heirat Andersgläubiger	1	14
11 Sex vor der Ehe	3	38
12 erzwungener Sex in Ehe	8	34
13 Selbstmord (wg. Krankheit)	4	38
14 Homosexuelle Handlungen	2	38
15 häufiges Ohrfeigen eines Kindes	2	18
16 Religionswechsel	3	23
17 ab und zu Joint rauchen	2	29

Nur die späte Abtreibung wird von den Christen mehrheitlich (21 von 37 Personen) als Verstoß gegen bedeutsame religiöse Normen beurteilt. Frühe Abtreibung, Diebstahl, Scheidung und sexuelle Gewalt in der Ehe codieren ein Fünftel bis ein Drittel religiös. Vorehelicher Sex, Homosexualität, Selbstmord oder Religionswechsel, die kirchlich eindeutig normiert sind, werden von fast allen Christen nicht religiös interpretiert, sondern als Privatsache angesehen. Ganz anders die Muslime: Homosexualität, Sex vor der Ehe und Selbstmord werden von allen 38 Jugendlichen als religiöse Normverletzung angesehen, Diebstahl, späte Abtreibung, Nacktbaden und sexuelle Gewalt werden von 90-97% religiös codiert. Die Mehrheit der jungen Muslime interpretiert auch die frühe Abtreibung, Beleidigung, Religionswechsel und Joint rauchen religiös, knapp die Hälfte sexuelle Gewalt, ein gutes Drittel die Heirat Andersgläubiger. Bei der Interpretation religiös normierter sozialer Handlungen zeigen sich also sehr große Differenzen zwischen den Gruppen: Während religiöse Gebote für Muslime hoch bedeutsam sind, scheinen sie für die große Mehrheit der Christen nur geringe Relevanz zu haben.

Tabelle 4 zeigt, dass Muslime auch häufiger als Christen für eine *Verrechtlichung* plädieren, dass sie Handlungen aber deutlich seltener rechtlich als religiös codieren. Religiöse Normen haben für Muslime große Bedeutung, werden aber nicht einfach auf das Recht übertragen. Nur bei Diebstahl und Joint rauchen sind rechtliche und religiöse Codierungen nahezu gleich häufig, nur bei der körperlichen Bestrafung ist der Rekurs auf das Recht häufiger (22:18), bei allen anderen Handlungen sind rechtliche Codierungen deutlich seltener. Im religiösen Feld plädieren Muslime gegen gesetzliche Verbote: Niemand befürwortet ein Verbot der Heirat Andersgläubiger, nur eine Person ein Verbot des Religionswechsels. Auch bei der Sexualmoral werden religiöse Vorstellungen nicht direkt auf das Recht übertragen. Die voreheliche Sexualität wird von allen 38 Muslimen religiös codiert, aber ‚nur' elf befürworten ein Verbot, deutlich mehr Muslime (24) sind für ein Verbot homosexueller Handlungen.

Obwohl Muslime den rechtlichen und den moralischen Bereich weiter fassen als Christen, wird die Beziehung von Recht und Moral fast identisch konzeptualisiert. In beiden Gruppen gibt es einen engen inhaltlichen Zusammenhang von Recht und Moral, aber auch Differenzen: Als „schlimm" bewertete Handlungen werden universalisiert bzw. moralisiert, „besonders schlimme" Handlungen werden auch verrechtlicht (Weyers 2009). Nur der Kernbereich der Moral soll rechtlich geschützt werden. Generell weisen rechtliche Codierungen eine höhere Korrelation zur Moral (.633) auf als zur Religion (. 414), wobei diese Tendenz bei den Christen ausgeprägter ist. Hier ist die Korrelation von Recht und Moral viel höher (.687) als die Korrelation von Recht (.318) und Moral (.303) zur Religion.[18] Bei den Muslimen liegen die Korrelationen von Recht/Religion (.446), Moral/Recht (.569) und Moral/Religion (.562) viel näher beieinander. Moral- und Rechtsvorstellungen sind hier viel stärker religiös geprägt als bei den christlichen Jugendlichen.

Bei der Zuordnung zu den Bereichen zeigen sich Übereinstimmungen und Unterschiede zwischen den Gruppen. Große Übereinstimmungen gibt es bei der Scheidung, der Heirat, der Bestrafung und unstrittigen Handlungen wie Haare färben. Gravierende Differenzen zeigen sich vor allem bei der Frage, wie weit der moralische und der persönliche Bereich bestimmt werden. Sex vor der Ehe, Homosexualität, Selbstmord, Nacktbaden und Joint rauchen ordnen Christen der *Privatsphäre* zu, Muslime sehen diese Handlungen dagegen als *religiöse* und als *moralische* Normverletzung an. Vor allem bei der Sexualmoral stehen die normativen Urteile vieler Muslime in Widerspruch zu säkularen Rechtsnormen und Menschenrechten.

---

[18] Die Korrelation (Phi) bezieht sich hier darauf, in welchem Zusammenhang die Zuordnungen aller 17 Handlungen durch alle 75 Probanden stehen.

Die quantitativen Ergebnisse bieten einen guten Überblick über grundlegende Muster des normativen Urteils, sie suggerieren aber eine große Homogenität innerhalb der Gruppen. Insbesondere bei den Muslimen scheint es in Bezug auf die Bedeutsamkeit der Religion, das Schriftverständnis, die Bewertung von Handlungen und ihre Zuordnung zu Regelbereichen nur eine geringe Varianz zu geben. Hier zeigen sich die Grenzen der Fragebogenerhebung, die normative Orientierungen nur grob erfassen und Einzelfälle nicht berücksichtigen kann. Die quantitativen Befunde bedürfen daher der Ergänzung durch qualitative Interviews, in denen individuelle Sichtweisen ausführlich zur Geltung kommen.

5.3 Eine qualitative Typologie (religiös-)normativer Orientierungen

In den Interviews sollen Handlungen, Normen und Konflikte beurteilt und Urteile begründet werden. Sie enthalten zwei Fragetypen: Allgemein-konzeptuelle Fragen (z.b. Was sind Menschenrechte? Sollen Männer und Frauen gleichberechtigt sein?) und Fragen zu Szenarien, die teilweise Normen*konflikte* beinhalten. In den Szenarien wird eine Geschichte vorgelesen und nach Urteilen und Handlungsentscheidungen gefragt, z.B.: Dürfen sich die Eheleute scheiden lassen? Soll der Arzt der kranken Frau Sterbehilfe leisten? Es wird offen gefragt, ohne dass religiöse oder andere Deutungen nahe gelegt oder gar vorgegeben werden. Von Interesse ist, auf welche Normen und Bereiche bei der Beurteilung der Fälle und Begründung der Urteile rekurriert wird, bspw. ob und wie auf die Religion Bezug genommen wird. Dreimal wird am Ende einer Geschichte direkt nach religiösen Normen gefragt, die mit Menschenrechten kollidieren: Dabei geht es um die Unterordnung der Frau unter den Mann in Bibel und Koran sowie um die geringere Wertigkeit der Zeugenaussage der Frau und die Körperstrafe bei Diebstahl im Koran[19]. Die Deutung dieser Regeln ist von Interesse für das grundlegende Verhältnis zu religiösen Normen.

Die Interviewauswertung folgt zwei verschiedenen Strategien. Erstens werden die Antworten *aller* Probanden zu *einer* Frage analysiert. Hier geht es darum, wie einzelne Themen von der Gesamtstichprobe beurteilt werden und welche Differenzen in Bezug auf Alter, Religion, Geschlecht etc. dabei auftreten.

---

[19] Diese beiden Regeln werden in vielen islamischen Ländern nicht praktiziert. Das Abtrennen der Hand bei Diebstahl ist im Koran vorgeschrieben, wird aber in der islamischen Rechtslehre an viele Bedingungen gebunden, die praktisch kaum erfüllbar sind (Rohe 2001: 45 ff.).

Die zweite Auswertungsstrategie bezieht sich auf das gesamte Interview. Analysiert wird, wie *ein* Proband zu *allen* Fragen antwortet. Es geht um die Urteile einer Person zu allen Themen und um die Rekonstruktion kontext- und themenübergreifender Urteilsmuster. Da beide Strategien umfangreiche Ausführungen erfordern, konzentriert sich die folgende Darstellung auf die Einzelfallanalysen. Ziel ist die Rekonstruktion einer Typologie religiös-normativen Denkens. Die Typen werden durch die Systematisierung der Einzelfallanalysen gebildet, indem Differenzen und Übereinstimmungen zwischen den Fällen anhand theoretischer Kategorien verdichtet werden. Dabei wird von der Einzigartigkeit jedes Falles abstrahiert und nach gemeinsamen Mustern gesucht (Kluge 1999). Ausschlaggebend ist die Frage, inwieweit ein Typ *allgemeine Strukturmerkmale* repräsentiert, die für die normative Orientierung von Bedeutung sind und die ihn von den anderen Typen unterscheiden.

An anderer Stelle wurde analysiert, wie die Jugendlichen Recht und Moral interpretieren und miteinander koordinieren (Weyers 2009). Die folgende Typologie richtet sich vor allem auf die Bereiche *Religion, Moral* und *Person*: Wie wird auf religiöse Gebote Bezug genommen? Wie werden religiöse, moralische und personale Konzepte interpretiert und wie weit werden sie gefasst? Wie werden die Bereiche koordiniert, d.h. in welcher Beziehung stehen religiöse Gebote, moralische Normen und Privatangelegenheiten? Die normativen Orientierungen der Jugendlichen lassen sich sieben Haupttypen zuordnen. Ich werde die vier prägnantesten jeweils anhand eines typischen „Falles" beschreiben.

5.3.1 Der „säkular-moralische" Typ (Anna)

Im Folgenden skizziere ich die Argumentation von Anna, einer 19-jährigen christlichen Probandin, zu religiös relevanten Fragen: zu Sterbehilfe und Selbstmord, Sexualmoral und Scheidung, Religionsfreiheit und Unterordnung der Frau. In Kohlbergs (1995: 499 ff.) Sterbehilfe-Dilemma bittet eine todkranke Frau, die starke Schmerzen hat, ihren Arzt um Sterbehilfe. Anna argumentiert hier wie folgt:[20]

I: Sollte Dr. Rogers der Frau eine Überdosis Schmerzmittel geben?

P: Also ich würds nicht von dem Mann selber verlangen, dass er sie tötet, gerade als Arzt, weil es ja seine Aufgabe ist, Menschenleben zu retten, sondern sie sollte eigentlich darum bitten, dass sie sich selber vielleicht ne Überdosis setzen kann.

I: Ist es richtig oder falsch für Dr. Rogers, der Frau eine Überdosis zu geben?

P: Es ist insofern richtig, als dass sie ja wirklich große Schmerzen hat und dass es ihr Wunsch ist zu sterben und es ist auch richtig, dass er ihr helfen möchte. Das ist halt nur insofern falsch, dass er jemanden umbringt, wissentlich. Und das ist schwer mit sich selber zu vereinbaren.

I: Sollte die Frau das Recht haben, die letzte Entscheidung zu treffen?

P: Ja, weil es ihr Leben ist ...

I: Ist eine Person verpflichtet, weiterzuleben, wenn sie nicht mehr leben will, wenn sie also Selbstmord begehen will?

P: Keine Person ist verpflichtet weiterzuleben. Weil es da nur um einen selber geht, da gehts ja dann nur um mich und wie ich mit meinem Leben zurechtkomme.

Anna wägt verschiedene moralische Gesichtspunkte ab, wobei sie beide Seiten des Dilemmas beachtet. Sie hält die Bitte um Sterbehilfe für problematisch („ich würds nicht von dem Mann selber verlangen") und präferiert die Bitte um Hilfe zur Selbsttötung („darum bitten, dass sie sich selber ne Überdosis setzen kann"). Für Sterbehilfe führt sie die „großen Schmerzen" und den Willen der Frau an („ihr Wunsch"), gegen Sterbehilfe, dass diese schwer mit dem Gewissen des Arztes („schwer mit sich zu vereinbaren") und seinen Rollenverpflichtungen („seine Aufgabe ist, Menschenleben zu retten") vereinbar wäre. Der Frau gesteht sie die Entscheidung über ihren Tod zu, eine Verpflichtung zum Weiterleben verneint sie, ohne auf religiöse oder moralische Aspekte Bezug zu nehmen. Selbstmord sieht sie im Interview (und im Fragebogen) eindeutig als Privatsache

---

[20] Die Namen wurden geändert. I bedeutet Interviewer/in, P bedeutet Proband/in, drei Punkte (...) markieren Auslassungen.

bzw. Frage persönlicher Autonomie an: „Da gehts ja nur um mich und wie ich mit meinem Leben zurechtkomme".
Zu den Themen Homosexualität und Sex vor der Ehe argumentiert Anna:

> I: *Was hältst du davon, wenn ein Mann einen Mann liebt oder eine Frau eine Frau?*
>
> P: *Finde ich wunderbar, kann ich mir zwar für mich jetzt nicht vorstellen, aber zum Beispiel meine Schwester ist lesbisch und meine Eltern finden es zwar nicht so schlimm, aber meine Mama würde es schön finden, wenn meine Schwester trotzdem Kinder bekommen würde ..., aber ich finde das gar nicht schlimm.*
>
> I: *Sollten die auch zusammen leben dürfen?*
>
> P: *Das ist genau dasselbe, wenn da das Gefühl stimmt, dass das jemand ist, auf den man vertrauen kann und auf den man immer zählen kann, ja.*
>
> I: *Sollte es deiner Meinung nach erlaubt sein, körperlichen Kontakt vor der Ehe zu haben?*
>
> P: *Absolut. Weil es Spaß macht. ((lacht))*

Homosexualität und Sex vor der Ehe werden eindeutig bejaht. Vor dem Hintergrund eigener familiärer Erfahrungen bewertet Anna Homosexualität sogar sehr positiv („wunderbar"). Sie macht keinen Unterschied zwischen sexuellen Orientierungen („das ist genau dasselbe"), für entscheidend hält sie das Vertrauen bzw. die emotionale Qualität der Beziehung: „Wenn das Gefühl stimmt, dass das jemand ist, auf den man vertrauen kann". Sex vor der Ehe bejaht sie, was sie offen mit dem „Spaß" daran begründet. Es ist evident, dass sie beide Handlungen nicht nur toleriert, sondern positiv bewertet. Auch im Fragebogen bewertet sie beide als „überhaupt nicht schlimm" und als Privatsache.

Im Scheidungsszenario möchte sich ein kinderloses Paar einvernehmlich scheiden lassen:

> I: *Dürfen sich die Eheleute scheiden lassen?*
>
> P: *Ja zum Glück, dass sie sich scheiden dürfen und es ist schön, wenn es so glatt läuft und dann ist vor allem ja auch die Möglichkeit, dass sie wieder jemanden neuen finden, mit dem es vielleicht besser passt.*
>
> I: *Sollte die Scheidung auch möglich sein, wenn einer der beiden die Scheidung nicht will?*
>
> P: *Ja, weil dann geht's ja auch um den einen, der dann nicht frei entscheiden könnte, wenn der sich nicht scheiden lassen dürfte und der Andere, der sich nicht scheiden lassen möchte, der muss es halt irgendwie akzeptieren.*

Anna befürwortet das Recht auf Scheidung und die freie Entscheidung in dieser Frage, wobei sie auffallend positive Begriffe verwendet. Sie bewertet das „Sich-scheiden-dürfen" als „Glück", bezeichnet die „glatt laufende" Scheidung als „schön" und hebt „vor allem auch die Möglichkeit" zu einer neuen Partnerschaft hervor. Die Scheidung wird auch bejaht, wenn die Eheleute Kinder haben und wenn nur eine Seite die Scheidung möchte. Hier zeigt sich, dass sie die freie Entscheidung beider Seiten als conditio sine qua non einer Partnerschaft ansieht. Deren Grundlage entfällt auch dann, wenn nur ein Partner die Scheidung möchte. Sie in diesem Fall zu verwehren hieße, dass „der dann nicht frei entscheiden könnte". Auch im Fragebogen bewertet Anna die Scheidung als Privatangelegenheit.

Anna befürwortet die Gleichberechtigung von Mann und Frau. In diesem Zusammenhang nimmt eine Interviewfrage direkt auf die Bibel Bezug:

> *I:*   *In einigen Stellen der Bibel wird die Unterordnung der Frau unter dem Mann verlangt, was meinst du dazu?*
>
> *P:*   *Ja auch veraltet. Weil früher war das halt ein gängiges Schema, weil die Männer auch damals ja die härtere Arbeit gemacht haben ... und ja in der Bibel sind ja viele sehr verachtende Stellen drin. Aber die kann man so heute nicht mehr als gültig sehen.*

Anna versteht die Unterordnung der Frau nicht als verbindliches religiöses Gebot, sondern als „früher gängiges Schema", das „veraltet" sei. Darin zeigt sich ein Verständnis der Bibel als historisch entstandene Schrift, die konkrete Zeitumstände abbildet, heute aber allenfalls sehr vermittelt Geltung beanspruchen kann. Ihre Rede von „vielen sehr verachtenden Stellen" in der Bibel, die „man heute nicht mehr als gültig sehen kann" zeigt die klare Ablehnung einer unhistorischen oder gar wörtlichen Auslegung der Schrift.

Zur Frage der Religionsfreiheit und des Religionswechsels sagt Anna:

> *I:*   *Sollte jeder Mensch frei entscheiden dürfen, welcher Religion er angehört?*
>
> *P:*   *Ja, auf jeden Fall. Weil jeder für sich wissen muss welcher, welcher Glaube für ihn richtig ist oder zu welchem er sich am dazugehörigsten fühlt und welcher Gott ihm am meisten helfen kann.*
>
> *I:*   *Dürfen auch Christen ne andere Religion annehmen?*
>
> *P:*   *Ja, auf jeden Fall. Weil gerade die christliche Religion ist ja so anders als zum Beispiel jetzt der Buddhismus. Und der würde einem ganz neue Möglichkeiten vom Glauben auch ermöglichen.*
>
> *I:*   *Stell dir vor, in deiner Familie möchte jemand eine andere Religion annehmen. Darf er das tun?*
>
> *P:*   *Dürfen auf jeden Fall, aber es würde mich natürlich interessieren, warum und natürlich dass es nicht zum Beispiel aus Zwang geschieht.*
>
> *I:*   *Im Christentum ist der Austritt aus der Religion pro forma ja immer noch ne Sünde. Was meinst du dazu?*

P: *Ja das sind uralte Regeln und da ist es gar nicht darauf abgestimmt, dass jemand auf die*
      Idee kommen könnte überhaupt, sich für was Neues zu interessieren, sich für was Neues
      zu öffnen. Und deswegen: veraltet.

Anna bejaht die Religionsfreiheit uneingeschränkt und sieht die Wahl des Glaubens als rein persönliche Entscheidung an. Ein Wahrheitsanspruch des Christentums ist nicht erkennbar, es geht ihr nicht um religiöse Traditionen, sondern allein um subjektive Kategorien: „Weil jeder für sich wissen muss, welcher Glaube für ihn richtig ist"; wo „er sich dazugehörig fühlt"; „welcher Gott ihm helfen kann". Anna schätzt die religiöse Vielfalt. Einen (freiwilligen) Religionswechsel beschreibt sie nicht nur nicht als Problem, sondern sogar als Bereicherung der individuellen Religiosität, wobei sie den „Buddhismus" als Beispiel nennt: „Der würde einem ganz neue Möglichkeiten vom Glauben ermöglichen". Exklusiv-religiöse Regeln sieht sie als „uralte Regeln" bzw. „veraltet" an, dagegen setzt sie die Idee, „sich für was Neues zu öffnen". Es handelt sich hier um ein stark individualisiertes Religionsverständnis: Die Frage der persönlichen Autonomie und Erfüllung steht im Zentrum, eine verbindliche religiöse Tradition ist nicht einmal ansatzweise erkennbar. Auch im Fragebogen bewertet Anna den Religionswechsel als Privatsache und als „überhaupt nicht schlimm".

Fazit: Der säkular-moralische Typ

Religiöse Normen kommen bei Anna als Interpretationsfolie nicht vor. Mehr noch: Ihr Urteil steht bei allen angesprochenen Themen in starkem Widerspruch zur katholischen Lehre. Das bedeutet nicht, dass Anna nicht-religiös ist, denn im Fragebogen bewertet sie ihre Religion für sich als „wichtig". Eine normative Relevanz der Religion für die Bewertung von Handlungen und Normenkonflikten ist jedoch ebenso wenig erkennbar wie religiöse Überzeugungen oder Deutungsmuster. Dies ist ein Grundmerkmal dieses Typs. Die Probanden sehen Scheidung, Homosexualität, Sex vor der Ehe und Religionswechsel als persönliche Entscheidungen und individuelle Rechte an, die Unterordnung der Frau wird durchgehend abgelehnt, ein Recht auf die Entscheidung über den eigenen Tod wird von der großen Mehrheit bejaht. Inhaltlich und in der Differenziertheit unterscheiden sich die Aussagen natürlich in einigen Aspekten: So sind einige Probanden für Sterbehilfe, andere dagegen, es werden unterschiedliche rechtliche und vor allem moralische Begründungen genannt. Auch das Religionsverständnis variiert etwas, aber niemand rekurriert auf religiöse Gebote oder Überzeugungen und niemand formuliert einen Wahrheitsanspruch des Christentums.

Der säkular-moralische Typ kommt bei der Mehrheit der Christen, aber bei keinem Muslim vor. Im Allgemeinen werden Normen, Rechte und Konflikte ,autonom-moralisch' begründet: D.h. Normen und Gesetze gelten als von Menschen gemacht, sollen moralischen Grundsätzen entsprechen und werden diesen im Konfliktfall untergeordnet. Eine religiöse Fundierung normativer Orientierungen ist nicht erkennbar. Menschenrechte werden naturrechtlich und vorpolitisch verstanden: Sie gelten als egalitäre, individuelle und universelle Rechte, die jedem Menschen qua Geburt zustehen und die jeder Staat schützen muss. So bezeichnet Anna Menschenrechte als „unveränderbar" und als „dem Staat vorstehende Gesetze". Sie seien nicht änderbar, „weil die immer verbindlich sind, also für jeden Menschen gelten sollten und weil niemand die Möglichkeit gegeben werden sollte, die auszuhebeln und zu sagen: die Würde des Menschen ist antastbar".

Personen dieses Typs haben mit einer Ausnahme liberal-egalitäre Moralvorstellungen (Typ 1a). Diese unterscheiden sich deutlich von der konservativ-antiegalitären Moral eines 22-jährigen Probanden, der dem Untertyp 1 b zugeordnet wurde. Auch er beurteilt Normen, Rechte und Konflikte strikt säkular, begründet sie aber nur zum Teil egalitär-moralisch: Das Recht gilt zwar als von Menschen gemacht und soll moralischen Maßstäben entsprechen. Menschenrechte gelten jedoch nicht für alle in gleichem Maße: Frauen, Homosexuellen und Muslimen werden nur eingeschränkte Rechte zugestanden; Straftäter und Terroristen verwirken ihre Grundrechte; Folter gilt als legitim zur Abwehr von Gefahren. Es gibt eine Nähe zu rechtspopulistischen Positionen.

5.3.2 Der „religiös-fundamentalistische" Typ (Mehmet)

Der 20-jährige Mehmet rekurriert in allen Szenarien zumindest kurz auf den Islam, meistens steht die Religion im Zentrum der Argumentation. Er macht dabei längere Ausführungen zu seinem Religionsverständnis, die für die Analyse sehr aufschlussreich sind. Im Folgenden zitiere ich vor allem zentrale Passagen zum Verhältnis von Heteronomie und Autonomie.

Seine Antwort auf die Frage nach dem Zweck von Gesetzen ist eine Schlüsselstelle zum Verständnis seiner normativen Orientierung: Gott wird hier als Schöpfer, Wegweiser und Gesetzgeber der Menschen verstanden:

„ Wir Menschen wurden ja von Gott erschaffen. Und wir selbst wissen gar nicht, was für uns richtig und was für uns falsch ist. Und im Prinzip haben wir den Koran bekommen, wo die Gesetze drinstehen und auch Verbote. Und nach diesen Gesetzen soll man sich halten, dann können wir besser leben. Manchmal wissen wir gar nicht, warum wir uns daran halten sollten oder warum es besser für uns ist. Aber im Grunde ist der Koran für uns so was wie ne Bedienungsanleitung. Wenn man sich nen Staubsauger kauft, das erste was man liest, ist die Bedienungsanleitung. Und genauso kann man Gott vergleichen mit diesem Hersteller von diesem Staubsauger. Er weiß ganz genau, wie man das Teil bedient und deswegen gibt er eine Bedienungsanleitung mit. Und Gott hat uns erschaffen und gibt uns den Koran mit, damit wir wissen, wie wir leben sollten. "

Das Verhältnis Gott-Mensch-Koran wird hier als dreiseitige Relation von Subjekt, Objekt und Medium beschrieben. *Gott* ist Subjekt und Schöpfer; der *Mensch* ist Objekt bzw. Produkt und unfähig zu Moralität („wir wissen gar nicht, was für uns richtig und was für uns falsch ist"). Daher braucht er den *Koran* als göttliches Medium, „wo die Gesetze und Verbote drinstehen", an die „man sich halten soll", damit „wir besser leben können". Diese Relation ist aber fragil, denn „manchmal wissen wir gar nicht, warum wir uns daran halten sollten". Das heißt, der Mensch ist nicht nur Objekt, das die göttlichen Gesetze unbesehen befolgt, sondern steht in einem reflexiven Verhältnis zu ihnen: Er kennt die Gebote, aber die Gründe ihrer Befolgung erscheinen „manchmal" unverständlich. Ein entgegensetzendes „aber" leitet eine Deutung ein, die dieses Problem aus Mehmets Sicht ‚löst': den Koran als „Bedienungsanleitung" zu verstehen. Mehmet drückt die Beziehung von Gott, Mensch und Koran nun in der Metapher von „Hersteller", „Staubsauger" und „Bedienungsanleitung" aus. Der Mensch wird hier mit einer Maschine verglichen. Das ist insofern konsequent, als er, wie eine Maschine, nicht weiß, „was richtig und falsch ist". Daher soll er sich an die „Bedienungsanleitung", den Koran, halten, mit dem ihm Gott, der „ganz genau weiß, wie man das Teil bedient", den Weg weist. Die Metapher ist aber insofern schief, als der Mensch, anders als ein Staubsauger, eben nicht „bedient" wird, sondern die Anleitung selbst lesen und sich daran „halten soll". Es gibt also eine Restform von Autonomie: die Möglichkeit, die Regeln nicht zu ‚verstehen' und sich nicht daran zu halten. Das Problem wird also durch diese Deutung nicht wirklich gelöst.

Menschliche Freiheit besteht für Mehmet nur faktisch und eher als Problem, normativ wird sie geleugnet: Der Mensch soll sich strikt an den Koran halten, da er unwissend und unfähig zur Autonomie ist, Gott aber der allwissende Schöpfer. Der Mensch wird im Wesentlichen als „heteronomes Vollzugsorgan des Letztgültigen" (Oser/Gmünder 1988: 82) verstanden, was charakteristisch für Stufe 1 des religiösen Urteils ist. Diese religiöse Heteronomie wird auch in vielen Passagen erkennbar, in denen es um die konkrete Beurteilung von Handlungsnormen geht. Auf die Frage, ob sein Bruder eine Andersgläubige heiraten dürfe, sagt Mehmet:

> P: *Natürlich. Solange sie einer monotheistischen Religion angehört, darf er das tun.*
> I: *Und das würdest du auch akzeptieren?*
> P: *Ja. Das ist Allah, ich bin nicht dazu berechtigt, das nicht zu akzeptieren, weil das von unserem Glauben her einfach erlaubt ist. Ich bin nicht dazu selbst irgendwelche Beschlüsse zu ändern.*
> I: *Nehmen wir mal an, deine Schwester würde einen Andersgläubigen heiraten wollen.*
> P: *Das dürfte sie natürlich nicht. Weil es einfach vom Glauben her verboten ist. Wenn es in meinem Glauben erlaubt wäre, dann wäre es egal, ob es meine Schwester oder mein Bruder ist. Ich richte mich nicht danach, ob es eine Frau oder ein Mann ist, sondern ich richte mich einfach danach, ob's erlaubt ist.*

Alleiniger Bezugspunkt des Urteils sind die göttlichen Gebote, die es muslimischen Männern erlauben, muslimischen Frauen aber verbieten, Andersgläubige zu heiraten. Entscheidend ist, ob etwas „verboten" oder ob es „erlaubt" ist. Der Mensch ist „nicht berechtigt", göttliche „Beschlüsse zu ändern" oder diese „nicht zu akzeptieren". In einer anderen Passage kollidiert dieses Urteilsmuster noch stärker mit modernen Ideen von Freiheit und Menschenwürde:

> I: *Nach islamischem Recht kann einem Dieb die Hand abgetrennt werden. Findest du das richtig?*
> P: *Ja. Aber dazu müssen ja auch gewissen Aspekte gegeben sein. Zumal muss er reif sein, d.h. mindestens 18 Jahre ... Einer, der aus Armut klaut ... darf dafür nicht bestraft werden. Und es müssen gewisse Zeugen dafür aussagen. Wenn diese Kriterien gegeben sind, dann sollte man das nicht machen, dann muss man das machen...*
> I: *Und darf ein Staat so eine Strafe verhängen?*
> P: *Er müsste es. Ein islamischer Staat müsste es. Weil ein islamischer Staat nach den Regeln Gottes lebt. Und das sind Gottes Regeln. Und wenn man die Regeln nicht beachtet, dann heißt das, dass man Gott nicht beachtet.*

Auch hier zählt allein das religiöse Gebot, an das die Bewertung einer Handlung als richtig oder falsch gebunden ist. Der Mensch hat keinen eigenen Bewertungsspielraum, dies gilt für die Heirat ebenso wie für das Abtrennen der Hand. Dieses ist an mehrere Bedingungen gebunden, sind diese erfüllt, dann ist die Verpflichtung absolut: Man „*sollte*" dies dann nicht nur tun, sondern man „*muss*" es. Tut man dies nicht, leugnet man Gott. Die Grundlage dieses Urteilsmusters ist die

Deutung religiöser Gebote als „Gottes Regeln", d.h. als direkt von Gott gegebene, wörtlich zu verstehende und ewig gültige Gebote. Daher ist es in gewisser Weise konsequent, jeden Regelverstoß als Missachtung Gottes, letztlich als Blasphemie anzusehen: „Wenn man die Regeln nicht beachtet, dann heißt das, dass man Gott nicht beachtet". An anderer Stelle formuliert Mehmet:

> *„Wenn man auch nur eine einzige Sure im Koran leugnen würde, würde man den ganzen Koran leugnen. Von daher, entweder ist man Muslime oder man ist kein Muslime."*

Muslim sein, bedeutet also, den Koran in allen Aspekten zu beachten; eine einzige Sure zu leugnen, bedeutet, „den ganzen Koran zu leugnen" und damit Gott. Schiffauer nennt dies die „Logik der scharfen Grenzziehung" (1998: 432).

Ähnlich rigide argumentiert Mehmet zu allen Fragen, bei denen religiöse Gesichtspunkte eine Rolle spielen. Immer steht das religiöse Gebot im Zentrum, an keiner Stelle ist ansatzweise ein Konflikt zwischen moralischem Urteil und religiösem Gebot erkennbar. Er lehnt die Gleichberechtigung der Geschlechter völlig ab und begrenzt die Menschenrechte auf „die Rechte, die unser Glaube uns lässt". Der Koran wird nicht als auslegungsbedürftig angesehen, sondern als unumstößliche und klar erkennbare Wahrheit. Einige Menschenrechte und Gesetze sieht er als von Gott gegeben an, weshalb sie unbedingt gelten; Menschenrechte haben für ihn aber unabhängig von Gottes Wort keinerlei Berechtigung.

Diese Form der rigiden religiösen Heteronomie ist eingewoben in eine tief religiöse Sicht der Welt als von Gott umfassend erschaffene und zum Guten, d.h. zum Wohle des Menschen eingerichtete und geregelte Welt. Mehmet hat kein kindlich-naives Verständnis eines strafenden Gottes, der Sünden sofort bestraft und bspw. Bauchweh macht, wie es für Stufe 1 des religiösen Urteils u.a. charakteristisch ist. *„Alles was auf dieser Welt passiert, ist von Gott gegeben".* Das ist ein zentrales Motiv seines religiösen Denkens, das er mehrfach nennt, bspw. um das Leid der Frau im Sterbehilfe-Dilemma als sinnvoll begreifen zu können. Deutlich werden hier auch die für seine Religiosität wichtigen Aspekte des Heilsplans und der Kontingenzbewältigung:

> *„Was einem im Leben passiert, ist von Gott gegeben. Sowohl die guten Dinge als auch die schlechten Dinge. Wenn unser Prophet sagt: ,Auch wenn ihr über den Weg lauft und euch ein kleiner Stein trifft, dann ist das vorherbestimmt, also der sollte euch treffen. Und für alles, was euch auf dieser Welt passiert, alles Schlimme, werden euch Sünden für die nächste Zeit weggenommen.' Dass heißt, wenn hier einer ne Krankheit hat, heißt das im selben Moment, dass ihm Sünden weggenommen werden. Deswegen tut Gott das ... und genauso ist das mit dieser*

Krankheit auch. Im Grunde genommen, tut Gott einem etwas Gutes. Denn Gott würde seinem
Volk niemals was Schlechtes tun. "

Gott wird hier nicht primär als strafender Gott begriffen, sondern als derjenige,
der die Welt gut und sinnvoll eingerichtet hat und der den Menschen annimmt
und erlöst – sofern er dem vorgeschriebenen Weg folgt. Mehmet betont aber
auch Aspekte menschlicher Freiheit: Der Mensch ist nicht nur frei, Gottes Geboten zu folgen oder nicht, sondern Glauben
        setzt Freiheit voraus. Allerdings führt der Abfall vom Islam auch zur Be-
strafung im Jenseits:

I: *Sollte jeder Mensch frei entscheiden dürfen, welcher Religion er angehört?*
P: *Natürlich. Er ist sogar dazu verpflichtet, sich selbst den Weg zu suchen, selbst frei zu*
        entscheiden, welchen Glauben er für richtig hält und diesen Glauben auszuleben.
I: *Warum ist es so wichtig, dass Menschen das frei entscheiden dürfen?*
P: *Weil sie selbst von Gott überzeugt sein müssen. Alle Taten die wir tun, sind unseren Ab-*
        sichten entsprechend. Wenn ich dazu gezwungen wurde, dann glaube ich ja eigentlich
        gar nicht daran. Und dann glaube ich vielleicht auch gar nicht an Gott oder ans Jenseits
        oder an unseren Propheten. Und das ändert dann alles. Ich kann soviel beten wie ich
        will, wenn ich nicht die Absicht dazu habe, das Gebet durchzuführen.
I: *Und dürfen Muslime eine andere Religion annehmen?*
P: *Natürlich. Also dürfen tun sie alles, nur ab dem Moment wo sie sagen, ich nehme eine*
        andere Religion an, sind sie keine Muslime mehr. Und alle Taten, die sie begangen ha-
        ben, sind umsonst und wenn sie dann auch mit dieser neuen Religion sterben, sterben sie
        als Nichtmuslime und werden dann auch dementsprechend bestraft werden.

In diesem Verständnis ist der Mensch *zunächst* frei im Glauben. Ja mehr: Echter
Glaube setzt Freiheit und Überzeugung voraus. Einen Gehorsam, der sich nur
äußerlich an Gottes Gebote hält, lehnt Mehmet ab. Die freie Entscheidung für
den Glauben, die selbständige Suche nach dem richtigen Weg zu Gott hält er für
eine „Verpflichtung". Taten und Gebete sind ohne Bedeutung, wenn sie rein
äußerlich bleiben, die innere „Überzeugung" und die „Absichten" sind entscheidend. Es gibt hier eine deutliche Differenz zur Stufe 1 des religiösen Urteils und
eine Nähe zur Idee von Freiheit als „Grundbedingung für eine echte religiöse
Handlung", die Oser/Gmünder (1988: 162) der Stufe 4 zuordnen. Deutlich werden aber auch der Wahrheitsanspruch seiner religiösen Überzeugung und der
Glaube an eine Erlösung oder Bestrafung im Jenseits. Letztlich kommt es in
dieser Auffassung weniger auf die Taten des Menschen als auf seinen richtigen
Glauben an. Zumindest für diejenigen, die vom Islam abfallen, sind alle (guten)
Taten umsonst und sie werden bestraft werden.

Die religiöse Autonomie ist hier stark gebrochen, ja man kann von einem Auto-nomie-Paradox sprechen: Freiheit und Selbstbestimmung sind einerseits *notwen-dig*, weil nur die innere Überzeugung und die freie Entscheidung für Gott Aus-druck echten bzw. wirklichen Glaubens sind. Autonomie ist andererseits jedoch *unmöglich*, weil es keine zwanglose Wahl gibt, denn jede Entscheidung gegen den Glauben, gegen Gott wird im Jenseits streng sanktioniert. Es gibt hier also eine widersprüchliche Struktur von religiöser Heteronomie und Autonomie, die sich als *Zwang zur freiwilligen völligen Unterordnung unter Gott* bezeichnen lässt.

Ein ähnliches Muster zeigt sich bei der Sterbehilfe. Diese lehnt Mehmet aus religiösen Gründen einerseits strikt ab: „Da es vom Glauben her verboten ist, würde ich das sofort ausschließen". Andererseits betont er die Freiheit und Ei-genverantwortung des Menschen:

I: *Sollte die Frau das Recht haben, die letzte Entscheidung zu treffen?*
P: *Natürlich. Die Frau sollte natürlich die letzte Entscheidung haben. Im Endeffekt wird sie*
        ja für alle Sachen, die sie getan hat, bestraft. Es ist ihre Entscheidung, aber es ist nicht
        richtig.
I: *Warum sollte sie das Recht haben, die letzte Entscheidung zu treffen?*
P: *Weil sie diejenige ist, die am Tag der Auferstehung für ihre eigenen Taten bestraft wird*
        und kein anderer. Das heißt, jeder ist für seine Taten selber verantwortlich. Dass heißt,
        alle Taten die man begeht, sollte man . wenn man etwas möchte, sollte man das auch so
        tun.
I: *Selbstbestimmen, meinst du?*
P: *Natürlich.*
I: *Und sollten Menschen im Allgemeinen über ihren Tod bestimmen können?*
P: *Also wie gesagt, im Grunde genommen können sie das natürlich. Von daher, jeder wird*
        am Tage des Gerichts selbst für seine Taten . Rechenschaft ablegen müssen.

Auch hier zeigt sich ein widersprüchliches Muster von Heteronomie und Auto-nomie, das sich auf die gesamte Lebensführung beziehen lässt und das für Meh-mets Sicht auf das Verhältnis des Menschen zu Gott und zu göttlichen Geboten charakteristisch ist. Dem Menschen wird zwar eine Freiheit zur Entscheidung über sein Leben zugesprochen. Insofern soll jeder selbst bestimmen und ist „je-der für seine Taten selber verantwortlich". Die diesseitige Freiheit wird aber nicht durch menschliche Vernunft oder Moralität begründet, sondern mehrfach durch die Bestrafung im Jenseits: „Weil sie diejenige ist, die am Tag der Aufer-stehung für ihre Taten bestraft wird". Es gibt hier keine moralische Selbstbe-stimmung, denn göttlichen Normen wird unbedingte Geltung zuerkannt. Die

Freiheit des Menschen besteht allein darin, den göttlichen Geboten zu folgen oder nicht, sie ist sozusagen – wie bei Abraham und Isaak – nur eine Probe des Gehorsams. Die Verantwortung besteht darin, zur Verantwortung *gezogen* zu werden: „am Tage des Gerichts für seine Taten Rechenschaft ablegen (zu) müssen". Die Heteronomie des Menschen ist grundlegend, seine Autonomie beschränkt sich darauf, die Unterordnung zu bejahen oder abzulehnen. Echter Glaube bedeutet, sie zu bejahen. Anders als bei Stufe 1 beinhaltet dies jedoch eine Heteronomie 2. Ordnung: eine bewusste, wenn auch nicht zwanglose Entscheidung. In strukturgenetischen Begriffen wird hier keine egozentrische Perspektive eingenommen, sondern werden mehrere Perspektiven berücksichtigt.

Die strikte Orientierung am göttlichen Recht wirft die Frage auf, wie Mehmet säkulare Gesetze und die Demokratie beurteilt. Die Frage nach der Funktion von Gesetzen beantwortet er nur mit Bezug auf religiöse Gesetze, die Interviewerin fragt daher nach:

> I: *Aber die deutschen Gesetze, braucht man die?*
> P: *Einige von diesen sind mit Sicherheit nicht schlecht. Aber im Grunde genommen reichen unsere Gesetze vollkommen aus, um einen Staat zu führen, erfolgreich zu sein, um die Gesellschaft laufen zu lassen. Denn unser Prophet hat uns alles hinterlassen, was wir zum Leben brauchen. Von daher sind wir nicht auf andere Gesetze angewiesen.*
> I: *Und muss man trotzdem deutsche Gesetze befolgen?*
> P: *Natürlich. Denn wir leben in diesem Staat und von daher sind wir auch dazu verpflichtet, uns diesen Gesetzen anzupassen. Aber wenn ich in der Lage wäre, einen eigenen Staat zu gründen oder wenn ich in so einem Staat leben könnte, dann würde ich das auf jeden Fall bevorzugen. Wo wirklich zu 100 Prozent das islamische Gesetz gegeben ist.*

Der Grundtenor ist eindeutig: Einige deutsche Gesetze sind „nicht schlecht", aber „unsere Gesetze" – für Mehmet zweifellos die Scharia – „reichen vollkommen aus". Seine Idealvorstellung ist es, in einem Staat zu leben, in dem „zu 100 Prozent das islamische Gesetz gegeben ist". Diese Auffassung führt ihn aber nicht zur Ablehnung der deutschen Gesetze, im Gegenteil: Er bejaht klar die „Verpflichtung" ihnen gegenüber: „Wir leben in diesem Staat und von daher sind wir auch dazu verpflichtet, uns diesen Gesetzen anzupassen". Trotz dieser allgemeinen Akzeptanz der Rechtsordnung hat er eine große Distanz zu Demokratie und Menschenrechten, die sich in der strikten Ablehnung der Gleichberechtigung, des Rechts auf freie Entfaltung der Person und an vielen anderen Stellen zeigt. Auch allgemeine Wahlen lehnt er im Grunde ab. Das Recht auf politische Mitbestimmung und Wahlen bewertet er als „weniger wichtig": „Ganz bestimmte Leute sollten wählen können, einigen sollte es nicht erlaubt sein. Zum Beispiel ein Mensch, der nicht viel Wissen hat und sich nicht wirklich beschäftigt mit Politik oder mit Glauben, sollte auch nicht in der Lage sein zu wählen. Man sollte es denen überlassen, die Ahnung haben, die von der Sache was verstehen." Mehmet skizziert ein elitäres, anti-demokratisches System, in dem Entscheidungsbefugnisse und das Wahlrecht an politische und religiöse Kenntnisse geknüpft sind. Diese Machtstruktur ist zugleich stark hierarchisch, denn über das Wahlrecht bestimmen sollte „der, der an der Spitze ist. Der sollte dann Leute aussuchen und sagen: ,Ihr seid diejenigen, die bestimmen'". Man braucht wenig Phantasie, um sich vorzustellen, dass Mehmet hier eine strikt religiöse Führungsschicht im Sinn hat.

Fazit: Der religiös-fundamentalistische Typ

Das zentrale Strukturmerkmal dieses Typs ist die unbedingte Geltung göttlichen Rechts, verbunden mit einer strikt wörtlichen Regelauslegung und der völligen Strukturierung der Moral durch die Religion. Die Religion wird verabsolutiert („wenn man nur eine einzige Sure leugnet, leugnet man den ganzen Koran"), Moral- und Rechtsvorstellungen sind mit religiösen Vorstellungen richtigen Lebens nahezu identisch. Es zeigt sich eine Ablehnung oder deutliche Distanz zu Demokratie und Menschenrechten. Die Elemente der *Autonomie* in Mehmets Urteil, insbesondere die Betonung der Notwendigkeit innerer Überzeugung und freier Entscheidung für den Glauben sowie die strikte Ablehnung rein äußerlicher Praktiken, sind ein weiteres Merkmal dieser Orientierung. Das Grundmuster dieses Typs ist die freiwillige, aber nicht zwanglose völlige Unterordnung unter Gottes Willen und Gebote. Es handelt sich um eine Heteronomie zweiter Ordnung, eine teilweise ,reflektierte Form der Heteronomie'. Vier ältere männliche Muslime argumentieren in diesem Sinne (Typ 2a), eine 13-jährige Muslima argumentiert wenig reflektiert und wurde daher dem Untertyp 2b zugeordnet.

Inwiefern ist Mehmets Argumentation ,fundamentalistisch'? Kienzler (2002: 21 ff.) nennt als wichtige Merkmale des religiösen Fundamentalismus die Verabsolutierung religiöser Gebote und Antworten, ein strikt wörtliches Schriftverständnis, das absolut behauptet wird, einen „rigorosen Moralismus" (ebd.: 26) und die Reaktion gegen die Moderne mit der Überzeugung, dass die „Religion das Allheilmittel gegen alle Laster und Fehler dieser Welt ist" (Kienzler 2002: 23). Riesebrodt (2000: 54) nennt darüber hinaus die Orientierung an einer „patriarchalischen Sozial- und Sexualmoral" mit der „Idealisierung patriarchalischer

Autorität als gottgewollte Norm". Anders als Bielefeldt und Heitmeyer (1998) hält Riesebrodt (2000) die *politische* Ausrichtung nicht für ein konstitutives Merkmal des Fundamentalismus, sein Verhältnis zur Demokratie sei aber „spannungsreich, in der Regel feindselig" (ebd.: 89). Mehmets Argumentation entspricht in wesentlichen Aspekten den genannten Kriterien. Religiöser Fundamentalismus ist aber mehr als Strenggläubigkeit. Der fundamentalistische Typ weist zwar einige Ähnlichkeit mit dem „religiös-orthodoxen" Muster (Typ 3) auf, hier wird die Religion aber nicht verabsolutiert und geht die Moral nicht völlig in der Religion auf. Einige Grundzüge dieses Typs finden sich in der Argumentation von Yeliz (s. unten).

5.3.3 Der „religiös-moralische" Typ (Leyla)

Der religiös-moralische Typ kommt bei Personen beider Religionen vor. Da die Vereinbarkeit von religiöser Autorität und moralischer Autonomie für die Muslime in unserer Stichprobe konfliktreicher ist als für die Christen, bezieht sich die Analyse auf eine *muslimische* Probandin. Die 16-jährige Leyla repräsentiert eine liberale Lesart des Islam und stellt damit ein Gegenmodell zu Mehmet dar.

Zur Sterbehilfe argumentiert sie wie folgt:

I: Sollte Dr. Rogers der Frau eine Überdosis Schmerzmittel geben?

P: Also der Frau geht's ziemlich schlecht, wenn sie die Kraft dazu hätte, dann würde sie sich selbst umbringen. Von daher macht es keinen Unterschied, ob sie sich jetzt selbst ermordet oder ob der Doktor ihr das gibt. Dann muss man halt dabei aufpassen, da können halt viele Fehler passieren ... kann das sehr schnell ausgenutzt werden. Da muss halt wirklich aufgepasst werden, dass die Frau bei <u>Besinnung</u> ist und dass sie weiß, was sie tut, und dass sie da was unterschreibt, dass es da viele <u>Zeugen</u> gibt ...

I: Ist es jetzt richtig oder falsch für Dr. Rogers, der Frau eine Überdosis zu geben?

P: Also im Moment ist es falsch, weil es gesetzlich verboten ist. Dann müssten sich mehrere Leute zusammen tun, wenn's dann ne Gesetzesänderung gibt, dann darf er das machen. Aber das ist nicht seine Aufgabe ... da gibt es nun mal ein Gesetz und daran muss er sich auch halten.

I: Sollte die Frau das Recht haben, die letzte Entscheidung zu treffen?

P: Ja sie sollte das Recht haben, weil dass sie nicht stirbt, liegt nur daran, dass sie an Geräte gefesselt ist. Wir können ja auch die Entscheidung machen, will ich morgen weiter leben oder nicht. Und wenn ich mich für nein entscheide, müsste auch diese Frau das Recht haben, „nein" zu sagen.

I: Und warum sollte jeder das Recht haben die letzte Entscheidung zu treffen?

> P: *Ja wenn man es so sieht, dann darf man das ja eigentlich nicht. Eigentlich darf man sich nicht selbst umbringen, das ist ja auch nicht gut, weil man soll halt froh sein, dass man das Leben hat.*
>
> I: *Ist eine Person verpflichtet, weiter zu leben, wenn sie nicht mehr leben will, wenn sie also Selbstmord begehen will?*
>
> P: *Verpflichtet denk ich mal schon, weil du bist nun mal am Leben und damit hast du ja ne Aufgabe bekommen, die du erledigen musst auf dieser Erde. Aber es ist keine Sache, über die wir als Mensch entscheiden könnten. Also auch von Gott her und so, du musst ja leben, du bist nun mal auf der Welt und ich find's auch undankbar, wenn man jetzt geht.*

Leyla scheint die Sterbehilfe zunächst zu bejahen: Der Frau gehe es „ziemlich schlecht", da sie „sich selbst umbringen würde", mache es „keinen Unterschied", ob sie oder der Doktor das tue. Da „Fehler passieren" und es „ausgenutzt werden" könnte, bindet sie die Sterbehilfe aber an Voraussetzungen: Die Frau müsse bei „Besinnung" sein und „wissen, was sie tut". Leyla nennt auch formale Verfahrensregeln wie eine Verfügung („dass sie was unterschreibt") und „viele Zeugen". Zur zweiten Frage argumentiert sie dann allein mit *rechtlichen* Gründen: Sterbehilfe sei falsch, „weil es gesetzlich verboten ist". Nur wenn es eine „Gesetzesänderung gibt, dann darf er das machen". Es gebe „nun mal ein Gesetz und daran muss er sich halten". Deutlich wird, dass Leyla Sterbehilfe im Prinzip befürwortet, aber nur wenn es gesetzlich erlaubt ist. Sie bejaht das Recht auf die Entscheidung über den eigenen Tod: Da Menschen über ihr Leben normalerweise entscheiden *könnten*, „müsste auch die Frau das Recht haben". Dann korrigiert sie ihre Meinung jedoch und argumentiert gegen Selbstmord („ist nicht gut"; „man soll froh sein..."). Erst in der letzten Passage wird dieses Votum religiös begründet. Zunächst ist die Religion noch implizit: Man sei zum Weiterleben „verpflichtet", der Mensch habe eine „Aufgabe bekommen", die er „erledigen" müsse. Die weiteren Argumente nehmen dann explizit auf „Gott" Bezug: Der Tod sei „keine Sache, über die wir als Mensch entscheiden könnten", man müsse leben und Selbstmord sei „undankbar".

In Leylas Argumentation spielen religiöse, rechtliche und personale Kriterien eine wichtige Rolle. Ihre Position zum Selbstmord ist nicht eindeutig, denn die rechtliche und personale Deutung steht in einer gewissen Spannung zur religiösen. Diese ambivalente Haltung zeigt sich auch im Fragebogen, hier bewertet sie den Selbstmord als Privatsache *und* als religiöse Normverletzung, obwohl sich dies prima facie ausschließt. Selbstmord wird aber nicht moralisch gedeutet, also nicht als grundsätzlich falsch angesehen. Dieses Muster ist typisch und durchaus konsistent für Leylas normatives Urteil, wie die weitere Argumentation zeigt.

Zu Homosexualität und Sex vor der Ehe sagt sie:

> *I:*   *Was hältst du davon, wenn sich ein Mann in einen Mann oder eine Frau in eine Frau verliebt?*
>
> *P:*   *Ja das ist jedem frei gestellt, wie er sein privates Leben hält. Also ich hab da nichts dagegen, ich kenn auch homosexuelle Menschen und ich komm mit denen eigentlich so ganz gut klar. Also ich persönlich finds nicht richtig, aber wenn die das machen, dann misch ich mich da nicht ein.*
>
> *I:*   *Sollten die auch zusammenleben dürfen?*
>
> *P:*   *Ja natürlich, ich kann ja wohnen, mit wem ich will, das ist ja freigestellt.*
>
> *I:*   *Sollte es erlaubt sein, körperlichen Kontakt vor der Ehe zu haben?*
>
> *P:*   *Ist ja erlaubt. Also wie gesagt, für mich käm das nicht in Frage, ich als Muslimin, aber ich hab da nichts/ <u>doch</u> ich hab da schon was dagegen ganz ehrlich gesagt, also besonders wenn's jung anfängt ... Man muss schon ne gewisse Verantwortung besitzen ... Also ich denke, mit Gesetzen kann man da nichts ändern, muss man halt erzieherische Arbeit leisten.*

Leyla sieht Homosexualität als Privatsache an: „Das ist jedem freigestellt, wie er sein privates Leben hält", auch das Zusammenleben sei „frei gestellt". Sie habe „nichts dagegen", obwohl sie Homosexualität „persönlich" für „nicht richtig" hält. Voreheliche Sexualität lehnt sie für sich „als Muslimin" ab und hält sie auch bei Jugendlichen für problematisch, da man „eine gewisse Verantwortung besitzen" müsse. Aber auch hier ist sie gegen gesetzliche Verbote („mit Gesetzen kann man da nichts ändern"). Im Fragebogen codiert sie beide Handlungen, wie schon den Selbstmord, als Privatsache und als religiöse Normverletzung. Deutlich wird, dass Leyla diese Handlungen nicht moralisiert, d.h. nicht für grundsätzlich falsch hält. Da sie ihre religiöse und persönliche Ablehnung nicht verallgemeinert, kann sie anderen Menschen eine eigene, abweichende Entscheidung darüber zugestehen.

Drei Fragen zu Gleichberechtigung und Diebstahl richten sich direkt auf religiöse Gebote:

> *I:*   *In einigen Stellen des Korans wird die Unterordnung der Frau unter den Mann verlangt? Was meinst du dazu?*
>
> *P:*   *Also wenn das da steht, dann ist das so, aber man darf das jetzt nicht so scharf sehen, das heißt ja nur, das die Frau sich da fügen soll, aber nicht, dass der Mann seine Stellung ausnutzen und mit der Frau machen kann, was er will ... so ist das, denk ich, im Koran auch gemeint. Wenn in Bereichen, wo sich Männer besser auskennen, was viel-*

    leicht früher so war, heute aber nicht mehr, dann entscheiden, ohne ihre Stellung auszu-
    nutzen.

I: *Im islamischen Recht zählt die Aussage eines Mannes manchmal doppelt so viel wie die*
    einer Frau. Wie findest du das?

P: *Also in Deutschland ist es nicht so und da bin ich auch froh drüber. Aber man muss halt*
    immer sehen, weil früher waren die Frauen vielleicht nicht so gebildet oder haben sich
    nicht so dran interessiert oder Männer hatten ein höheres Ansehen. Aber ich find das
    nicht in Ordnung, ich will nicht sagen, dass es falsch ist, es hat bestimmt einen Sinn, a-
    ber ich würds nicht so machen, ich würd dagegen stimmen.

Im Unterschied zu Anna, die entsprechende Bibelstellen als „veraltet" und „heute nicht mehr gültig" bezeichnet, stellt Leyla die koranischen Verse nicht direkt
in Frage, stimmt ihnen aber nur halbherzig zu („wenn das da steht, dann ist das
so, *aber...*"; „ich will nicht sagen, dass es falsch ist, *aber...*"). Zugleich kontextualisiert und relativiert sie die Gebote so, dass sie als historisch sinnvolle, aber
weitgehend überholte Regeln erscheinen („was vielleicht *früher* so war, *heute*
aber nicht mehr"; „*früher* waren die Frauen vielleicht nicht so gebildet"). Eine
generelle Unterordnung oder Schlechterstellung der Frau und das „Ausnutzen
seiner Stellung" durch den Mann lehnt sie mit Verweis auf den Koran ab; die
Gleichberechtigung in Deutschland befürwortet sie explizit; den geringeren Stellenwert weiblicher Zeugenaussagen weist sie klar zurück, ohne den Koran direkt
in Frage zu stellen: „Ich will nicht sagen, dass es falsch ist, es hat bestimmt einen
Sinn, aber ich würds nicht so machen, ich würd dagegen stimmen". Der potentielle Widerspruch zwischen religiösen Geboten und der Idee der Gleichberechtigung wird durch diese Deutungen aufgelöst oder stark abgeschwächt. Ganz
ähnlich argumentiert sie bei der Körperstrafe:

I: *Nach islamischem Recht kann einem Dieb die Hand abgetrennt werden. Findest Du das*
    richtig?

P: *Also darüber hab ich auch schon nachgedacht, ich denke, das dient vor allem zur Ab-*
    schreckung, dass es keiner mehr macht.

I: *Was meinst du, darf ein Staat so eine Regel aufstellen?*

P: *Ja aus welcher Sicht darf? Also es gibt ja so was wie die Menschenrechte und danach*
    darf er es ja glaub ich nicht.

I: *Und was findest du richtig?*

P: *Also ich würd das nicht machen, ganz ehrlich, wenn ich die Entscheidung hätte, dann*
    würd ich das nicht machen ... jeder Mensch macht mal einen Fehler und wenn man dem
    dann die Hand abhackt, dann ist er ja für sein Leben gestraft.

Leyla hat über diese Frage „auch schon nachgedacht". Dies ist ein Indiz für ihre
reflexive Haltung gegenüber religiösen Normen, spricht aber auch dafür, dass sie

dieses Thema als konflikthaft empfindet. Sie sieht zwar in dieser Regel einen Sinn („Abschreckung"), spricht sich aber gegen ihre Praktizierung aus. Dabei nimmt sie auf Menschenrechte („es gibt ja so was wie die Menschenrechte") und auf die Schwere der Strafe bzw. implizit auf ihre Unverhältnismäßigkeit Bezug („dann ist er für sein ganzes Leben gestraft"). Darüber, ob die Menschenrechte für den Staat verbindlich sind, ist sie sich nicht sicher („danach darf er es ja glaub ich nicht").

Zu Fragen der Religionsfreiheit argumentiert sie wie folgt:

I: *Sollte jeder Mensch frei entscheiden können, welcher Religion er angehört?*

P: *Ja. Weil das etwas Persönliches ist ... jeder Mensch hat einen bestimmten Teil von sich und von seiner Umgebung, die er selbst bestimmen darf. Z. B. ich darf entscheiden, welche Farbe ich mein Zimmer streiche oder welches Buch ich lese oder welche Religion ich hab, das ist was Persönliches über mich. Ich denk, das darf man selbst entscheiden.*

I: *Sollte jeder Mensch auch das Recht haben, die Religion zu wechseln?*

P: *Ja. Also man darf entscheiden, welche Religion man hat und das schließt ja auch mit ein, dass man sie auch wechseln darf.*

I: *Dürfen auch Muslime eine andere Religion annehmen?*

P: *Dem Islam nach nicht. Dem Islam nach, wenn man einmal Moslem ist, dann darf man nicht wechseln, aber ich sag z. B., wenn sich jemand in seiner Religion nicht wohl fühlt, wenn das ihm nicht gefällt, dann soll er natürlich wechseln. Also ich mein, man kann ja niemanden zwingen.*

I: *Stell dir vor, deine Schwester möchte eine andere Religion annehmen, darf sie das?*

P: *Also ich würd's ihr nicht verbieten, ich würd nur wieder mit der Vernunft kommen, ich würd sagen, ja guck mal, unsere Religion ist doch schön ... Würd versuchen, sie natürlich drin zu halten, weil ich natürlich meine Religion für die richtige halte, aber wenn sie sagt: „Nee das alles überzeugt mich nicht, diese Religion find ich viel schöner", dann würd ich sagen „okay".*

I: *Eine islamische Frau und ein christlicher Mann lieben sich und möchten heiraten, dürfen sie das?*

P: *Wenn sie Muslimin ist, dann muss sie überlegen: „Eigentlich darf ich das nicht, aber ich liebe ihn trotzdem", das ist dann ihr überlassen. Wenn die denkt: „Okay, ich kann damit leben, ich krieg das hin", dann kann sie das tun, aber wenn sie jetzt in ihr Buch guckt und sagt: „Im Koran ist das verboten, dann mach ich das nicht", dann ist das auch in Ordnung. Staatlich, also vom Gesetz her, ist das nicht verboten und ich urteile nicht darüber, wenn sie meint, sie will es, dann soll sie's tun.*

Zunächst ist auffällig, wie stark Leyla die Religionsangehörigkeit als persönliche Wahl deutet. Der Vergleich mit der Wahl von Büchern und der Farbe des Zimmers scheint die Relevanz der Religion stark zu relativieren. Es geht hier jedoch nicht um den Vergleich der subjektiven Wertigkeit, sondern um Beispiele zur Verdeutlichung des privaten Bereichs, der persönlichen Entscheidungssphäre:

„Weil das etwas Persönliches ist, jeder Mensch hat einen bestimmten Teil von sich und seiner Umgebung, die er selbst bestimmen darf.". Sie liefert hier eine exakte Definition der „personal domain" im Sinne Nuccis (1981, 2001). Vielleicht hält sie die Wahl der Religion für wichtiger als die Wahl der Bücher, aber beide sind „etwas Persönliches". Konsequenterweise befürwortet sie auch den Religionswechsel von Muslimen, wobei sie an dieser Stelle ungewöhnlich direkt („*aber ich* sag") der herrschenden islamischen Lehre widerspricht: „Dem Islam nach darf man nicht wechseln, aber ich sag, wenn sich jemand in seiner Religion nicht wohl fühlt, dann soll er natürlich wechseln". Bei der Frage nach dem Religionswechsel der *Schwester* wird deutlich, dass Leyla, anders als Anna, einen relativen Wahrheitsanspruch der eigenen Religion vertritt. Sie hält den Islam für „schön" und „für die richtige Religion". Daher würde sie „natürlich versuchen", ihre Schwester „drin zu halten", würde aber auch eine andere Entscheidung akzeptieren („dann würd ich sagen ‚okay'"). Diese Argumentation entspricht auch ihrer Bewertung des Religionswechsels als Privatsache und als „überhaupt nicht schlimm/falsch" im Fragebogen.

Leylas Position zur Heirat eines Andersgläubigen zeigt die Grundstruktur ihres normativen Urteils besonders deutlich. Klar benennt sie den Zwiespalt zwischen religiösem Gebot und persönlicher Autonomie: Als Muslimin „muss sie überlegen: Eigentlich darf ich das nicht, aber ich liebe ihn". Kennzeichnend ist nun, dass sie beide Entscheidungsoptionen respektiert: Wie sich diejenige entscheidet „ist ihr überlassen". Beide Entscheidungen sind „in Ordnung ... ich urteile nicht darüber, wenn sie meint, sie will es, dann soll sie es tun". Religiöse Normen sind in dieser Auffassung nicht unverbindlich, aber auch keine kategorischen Gebote, denen unbedingter Gehorsam zu leisten ist. Religiöse Gebote, die keinen moralischen Kern im Sinne Turiels (1983) haben, werden nicht universalisiert und moralisiert, sie sind primär im Rahmen persönlicher Überzeugung verbindlich. D.h. sie bieten einen Orientierungsmaßstab, letztlich ist es jedoch eine *persönliche Entscheidung*, wie man sich zu ihnen verhält: Ob man ihnen folgt oder nicht, beides ist zu akzeptieren. Dieses Urteilsmuster wendet Leyla auf die Handlungen Selbstmord, Homosexualität, Sex vor der Ehe, Religionswechsel und Heirat Andersgläubiger an, aber nicht auf Handlungen wie Diebstahl, Abtreibung, körperliche Bestrafung, Beleidigung oder sexuelle Gewalt, die sie religiös *und* moralisch deutet, die aber genuin *moralische* Normverletzungen darstellen, da hier andere geschädigt werden.

In Fragen der persönlichen Lebensführung bedürfen religiöse Normen also der persönlichen Bekräftigung, das heißt aber nicht, dass sie nach Belieben interpretiert oder gar geändert werden können. Auch für Leyla kommt dem Koran göttliche Autorität zu. Auf die Frage, ob die islamischen Rechtsgelehrten Frauen als Imame zulassen dürfen, sagt sie: „Wenn sie den Koran und die Worte des Propheten ansehen würden und dann sagen würden: ‚Ja eigentlich lässt sich daraus schließen, dass auch Frauen das werden können', dann find ich das in Ordnung, aber wenn sie das einfach sagen, weil es in die heutige Zeit passt, dann würd ich sagen: ‚Nee das geht nicht'". Trotz ihrer klaren Befürwortung der Gleichberechtigung, haben religiöse Normen in diesem genuin religiösen Kontext Vorrang.

Fazit: Der religiös-moralische Typ

Obwohl fast alle Muslime den Koran wie Leyla als direktes Wort Gottes verstehen, haben Probanden dieses Typs kein heteronomes Verhältnis zu religiösen Normen. Der Islam ist ein wichtiger Bezugspunkt der normativen Orientierung, koranische Gebote werden aber nicht strikt wörtlich interpretiert. Die Orientierung an religiöser Autorität und die individuelle Autonomie können dadurch vereinbart werden, dass religiöse Gebote kontextualisiert werden und die Orientierung an ihnen letztlich als persönliche Entscheidung verstanden wird. So interpretiert Leyla die koranischen Gebote so, dass sie zu historisch sinnvollen, zugleich aber teilweise überholten und nicht strikt verbindlichen Regeln werden. Diese Interpretation löst den Widerspruch zwischen wörtlich geltenden religiösen Geboten und der individuellen Autonomie weitgehend auf und macht es möglich, an moderne Ideen von Gleichheit und Freiheit anzuschließen, ohne die Verbindlichkeit des Korans zu bestreiten. Der Koran wird damit – wie die Bibel für christliche Jugendliche – eher zu einem auslegungsbedürftigen Orientierungsrahmen als zu einem ewiggültigen Gesetzbuch. Anders als bei vielen anderen Muslimen taucht bei Leyla auch die Idee der Bestrafung im Jenseits nicht auf.

Fünf der zehn muslimischen Probanden dieses Typs argumentieren nicht so liberal (Typ 4a), sondern konservativer und teilweise antiliberal. Sie wurden daher dem Typ 4b zugeordnet. So werden die Homosexualität und der Sex vor der Ehe von ihnen abgelehnt. Von einigen wird auch der Religionswechsel abgelehnt und die Körperstrafe bei Diebstahl befürwortet. Dies geschieht teils aus religiösen, teils aus anderen Gründen (gegen die Natur, Abschreckung…), das religiöse Verbot ist jedoch nie der Kern der Argumentation, auch hier gibt es keine strikte religiöse Heteronomie. Zudem werden einige religiöse Gebote, vor allem in Bezug auf die Benachteiligung der Frauen, aber auch auf die Körperstrafe zurückgewiesen – was sie von fundamentalistischen und orthodoxen Probanden unterscheidet.

Bei christlichen Personen dieses Typs ist der Rekurs auf die Religion zumeist geringer als bei den muslimischen Probanden. Es gibt hier aber große Unterschiede: Einige nehmen häufig auf die Religion Bezug, andere nur so selten und am Rande, dass man von einer *schwach religiösen Variante* dieses Typs sprechen kann (Typ 4c). Religiös interpretiert werden insbesondere Fragen von Leben und Tod (Sterbehilfe, Selbstmord und Todesstrafe), seltener die Scheidung und die Herkunft des Diebstahlsverbots, nur in einem Fall die Homosexualität.

5.3.4 Der „Religion-Moral-Konflikt" (Yeliz)

Von einem Religion-Moral-Konflikt spreche ich, wenn sich subjektiv verbindliche religiöse und moralische Urteile widersprechen, ohne dass der Widerspruch gelöst wird – sei es weil keine klare Entscheidung getroffen wird, sei es weil einer Norm zwar Vorrang eingeräumt, zugleich aber an der anderen festgehalten wird. Dieses Muster zeigt sich nicht durchgehend, sondern nur an einigen Stellen des Interviews. Exemplarisch wird die Argumentation von Yeliz, einer 14-jährigen Muslima, vorgestellt. Sie weist, wie viele Personen dieses Typs, eine Nähe zum „religiös-orthodoxen" Muster auf, da sie primär religiös-heteronom urteilt. Im Unterschied zu diesem Typ ist bei ihr jedoch auch der Konflikt zwischen religiösen und moralischen Urteilen ein zentrales Merkmal der normativen Orientierung.

Yeliz argumentiert zur Sterbehilfe wie folgt:

I: *Sollte Dr. Rogers der Frau einen Überdosis Schmerzmittel geben?*
P: *Nein. Nimmer. Das Recht hat er nicht. Das, uns hat Gott unser Leben gegeben und nur er hat das Recht, uns das Leben wegzunehmen und niemand anderer.*
I: *Wäre es jetzt richtig oder falsch für ihn, wenn er ihr das Medikament gibt?*
P: *Falsch, weil er hat das Recht dazu nicht, auch wenn diese Frau starke Schmerzen hat ... Aber du bist nicht Gott, dein Leben liegt ja nicht in deinen Händen.*
I: *Und was ist, wenn Dr. Rogers nicht so ein religiöser Mensch ist?*
P: *Trotzdem hat er das Recht nicht ... das Recht hat kein Mensch, kein Mensch.*
I: *Sollte die Frau das Recht haben, die letzte Entscheidung zu treffen?*
P: *Nein, sollte sie auch nicht haben.*

I: Sollte Menschen im Allgemeinen über ihren Tod selber bestimmen können?
P: Nein. M-m. Überhaupt nicht.

Yeliz argumentiert ausschließlich religiös, rechtliche Aspekte werden nicht, moralische nur am Rande erwogen (Schmerzen). Das Recht zur Entscheidung über Leben und Tod spricht sie allein Gott zu: „Uns hat Gott unser Leben gegeben und nur er hat das Recht, uns das Leben zu nehmen". Dem Menschen kommt dieses Recht nicht zu, weder bei der Sterbehilfe noch beim Selbstmord („du bist nicht Gott"…). Der eigene Tod wird nicht einmal ansatzweise als Frage persönlicher Autonomie verstanden. Dieses religiös-normative Urteil wird auf alle Menschen generalisiert, unabhängig davon, ob sie religiös sind: „Das Recht hat kein Mensch, kein Mensch". Im Fragebogen wird der Selbstmord als „sehr falsch/sehr schlimm" bewertet und moralisch, religiös und rechtlich codiert, d.h. als grundsätzlich falsch, religiöser Regelverstoß und als rechtlich verbotswürdig angesehen. Das moralische Urteil erscheint hier stark durch religiöse Vorstellungen geprägt, wie auch die Begründung der Bestrafung des Arztes im Falle der Sterbehilfe zeigt: „Weil Gott das verboten hat".

Auch die Beurteilung der gleichgeschlechtlichen und der vorehelichen Sexualität zeigt ihre starke Orientierung an religiösen Normen:

I: Was hältst du davon, wenn sich ein Mann in einen Mann verliebt oder eine Frau in eine Frau?
P: Also, ich find, das geht gar nicht.
I: Warum?
P: Aus religiösen Gründen, das ist ja nicht erlaubt bei uns. Deswegen find ich das auch gar nicht in Ordnung. Also ich persönlich finds sehr schlimm, aber falls das welche machen, das ist deren eigene Entscheidung, da sollte jeder selber drüber entscheiden. Aber ich würde versuchen, dieser Person halt beizubringen, dass das Sünde ist.
I: Und wenn das jetzt doch passiert, sollten die zusammenleben dürfen?
P: Nein. Aber da entscheidet ja jeder wieder selber, aber ich find das überhaupt nicht in Ordnung.
I: Sollte es deiner Meinung nach erlaubt sein, körperlichen Kontakt vor der Ehe zu haben?
P: Nein. Ich mein, das ist bei uns verboten und ich find das auch in Ordnung so.

Auch hier sind religiöse Normen entscheidend für die Ablehnung der Handlungen. Für Yeliz ist Homosexualität und das Zusammenleben gleichgeschlechtlicher Paare „aus religiösen Gründen nicht erlaubt bei uns", sie bewertet sie als „Sünde" und als „sehr schlimm". Auch den Sex vor der Ehe lehnt sie mit Verweis auf ein Verbot ab. Die analoge Formulierung („nicht erlaubt *bei uns*" bzw. „verboten *bei uns*") macht deutlich, dass das Kollektiv auch in diesem Fall islamisch definiert ist. Nicht in dieses Muster passt, dass sie die Homosexualität dann als „eigene Entscheidung" bezeichnet. Diese Deutung wird auch normativ formuliert („da *sollte* jeder selber drüber entscheiden"), ein Recht auf persönliche Entscheidung wird aber nicht oder nur begrenzt zuerkannt: „Dieser Person" soll „beigebracht" werden, dass es „Sünde" sei und die anschließende Frage nach dem Zusammenleben-Dürfen wird verneint. Es gibt hier eine gewisse Ambivalenz im Urteil. Die Aussage: „Nein, aber da entscheidet ja jeder wieder selber, aber ich find das überhaupt nicht in Ordnung", ist ein Indiz dafür, dass sie die faktisch bestehende Entscheidungsfreiheit toleriert oder hinnimmt, aber nicht gutheißt. Die Argumentation ist jedenfalls inkonsistent, denn die Bereiche Person und Recht schließen sich aus: Für ein rechtliches Verbot zu votieren, impliziert, dass man es *nicht* für eine Privatsache hält. Im Fragebogen werden beide Handlungen als „sehr falsch/schlimm" und als moralische und religiöse Normverletzung bewertet, aber *nicht* als Privatsache; bei der Homosexualität fordert sie zudem ein rechtliches Verbot. Dies stützt die Deutung, dass die bestehende Entscheidungsfreiheit in dieser Frage nicht oder nur halbherzig befürwortet wird. Es gibt eine große Differenz zu Leyla, die beide Handlungen aus religiösen Gründen für sich ablehnt, anderen jedoch die freie Entscheidung darüber zugesteht.

Zur Frage der Religionsfreiheit sagt Yeliz:

I: *Sollte jeder Mensch frei entscheiden dürfen, welcher Religion er angehört?*
P: *Ja. Weil es hat keinen Sinn, wenn ich für eine Religion gezwungen würde und das nicht freiwillig mache, dann hats keinen Sinn, dass ich da bete und so.*
I: *Sollte jeder Mensch auch das Recht haben, die Religion zu wechseln?*
P: *Ja, das auch. Aber für mich wäre es das Beste, wenn jeder halt Moslem wäre. Aber na klar sollte man das Recht haben, in eine andere Religion zu wechseln.*
I: *Dürfen auch Muslime eine andere Religion annehmen?*
P: *Ich glaub, nein. Also, ich persönlich würd das überhaupt nicht machen.*
I: *Aber meinst du die dürfen?*
P: *Nein, glaub ich nicht. Weil es gibt nur ein Allah und daran glauben wir und wir tun auch das, was - er hat uns halt vorgeschrieben, was im Koran steht.*

Yeliz befürwortet die Religionsfreiheit im Allgemeinen eindeutig und sieht die Freiheit der Entscheidung als Voraussetzung für eine sinnvolle Religiosität an: Werde man „für eine Religion gezwungen", mache man es „nicht freiwillig, dann hats keinen Sinn, dass ich bete". Auch den Religionswechsel bejaht sie im Allgemeinen („klar sollte man das Recht haben"), wobei der besondere Stellenwert des Islam betont wird: „Es wäre das Beste, wenn jeder Moslem wäre". Im

Folgenden zeigt sich ein starker Widerspruch in der Argumentation, denn einen Religionswechsel von Muslimen lehnt sie ab – und zwar im Rekurs auf „Allah" und die koranischen Gebote. Diese Sichtweise beinhaltet einen Wahrheitsanspruch des Islam („es gibt nur ein Allah") sowie den Glauben an die göttliche Herkunft des Korans („*er* hat uns vorgeschrieben"). Die mehrfache Verwendung kollektiver Pronomen („daran glauben *wir*"; „*wir* tun das auch"; er hat *uns* vorgeschrieben") offenbaren das Bild eines homogenen Islams – mit einheitlicher Lehre sowie einheitlich glaubenden und handelnden Gläubigen – unten spricht sie von „wir Moslems". Zwar ist sie etwas unsicher in ihrem Urteil („ich glaub nein"; „glaub ich nicht"), die Unsicherheit ist jedoch keiner Distanz gegenüber Geboten geschuldet, sondern auf das Wissen bezogen: Sie ist nicht ganz sicher, wie es objektiv geregelt ist. Dass die religiöse Norm gilt, ist dagegen unstrittig. Dafür spricht auch die Begründung, mit der ein Religionswechsel in der eigenen Familie abgelehnt wird: „Man sollte das tun, was im Koran steht". Auch im Fragebogen wird der Religionswechsel als „sehr falsch/schlimm" und als moralischer und religiöser Regelverstoß bewertet.

Der eklatante Widerspruch zwischen der Bejahung allgemeiner Religionsfreiheit und ihrer Verneinung im Falle des Religionswechsels von Muslimen, ist evident.[21] Hier widersprechen sich Menschenrechte und religiöse Normen nicht nur von außen betrachtet, wie bei der Homosexualität, sondern Yeliz' eigene normative Urteile widersprechen einander. Dies erlebt sie jedoch nicht als Konflikt oder kognitive Dissonanz, jedenfalls gibt es dafür kein Indiz. Vielleicht erlebt sie die Segmentierung von allgemeinem und konkretem Urteil deshalb nicht als Konflikt, weil sie den Islam als richtige Religion ansieht und ihr die Vorstellung, ein Muslim könne konvertieren, fremd ist. Wie dem auch sei: Yeliz' Argumentation folgt bislang dem „religiös-orthodoxen" Typ 3. Sie enthält logische Widersprüche und Ambivalenzen, aber noch keinen Fall, in dem subjektiv verbindliche moralische und religiöse Urteile in Konflikt stehen. Dies ändert sich bei der Beurteilung der Gleichberechtigung:

I: *Sollten Männer und Frauen gleichberechtigt sein?*
P: *Ja. Ich mein, früher war das ja so, dass die Frauen sehr oft auch in der Türkei benachteiligt wurden, irgendwie so als Diener gesehen wurden. Das ist ungerecht. Ich mein, beide haben, also auf alles gleich viel Rechte und das ist ungerecht, wenn man jetzt Frauen schlechter behandelt.*

---

[21] Dieses Muster (allgemeine Bejahung und konkrete Verneinung des Religionswechsels) zeigt sich bei etwa der Hälfte der Muslime und wenigen Christen.

I: *Sollen Frauen auch den gleichen Anteil wie Männer an einem Erbe haben?*

P: *Ja. Also wenn ein Mann jetzt 100 bekommt, dann sollte die Frau genauso viel bekommen, warum denn nicht? Also warum werden denn die Frauen da benachteiligt?*

I: *Und wenn es im Koran vorgeschrieben ist, dass die Frauen nicht so viel bekommen?*

P: *Ist das vorgeschrieben?*

I: *Was wäre? Also würde das was ausmachen?*

P: *Wenn das im Koran vorgeschrieben wäre, dann würd ich nichts dagegen sagen und das befolgen.*

I: *Warum würdest du das befolgen?*

P: *Weil das uns vorgeschrieben ist und da wir Moslems das tun müssen, was im Koran steht, würd ich das auch tun.*

Yeliz spricht sich für die Gleichbehandlung von Männern und Frauen und für gleiche Rechte aus. Eine „Schlechterbehandlung" der Frauen, etwa als „Diener", deutet sie moralisch: als „Benachteiligung" und als „ungerecht". Diese Argumentation überträgt sie auf das Erbe. Auch hier kritisiert sie eine Benachteiligung („warum werden die Frauen da benachteiligt?"), allerdings in Unkenntnis des islamischen Rechts („ist das vorgeschrieben?"), das Frauen nur halb so viel zugesteht wie Männern. Das moralische Urteil wird jedoch ausgesetzt und untergeordnet, sobald der Koran ins Spiel kommt: Ob etwas „im Koran vorgeschrieben ist", ist nun der alles entscheidende Punkt. Hier benennt sie das Kollektiv, dem die Gebote „vorgeschrieben" sind: „Wir Moslems". Für dieses Kollektiv (und damit für Yeliz) gelten die koranischen Gebote absolut: „Da wir Moslems das tun müssen, was im Koran steht, würd ich das auch tun". Die folgende Passage zeigt, dass sie ihr moralisches Urteil religiösen Normen zwar unterordnet, aber nicht aufgibt oder bruchlos in das religiöse Urteil integriert:

I: *Im islamischen Recht zählt die Aussage eines Mannes manchmal doppelt so viel wie die einer Frau. Wie findest du das?*

P: *Also, das ist keine Gleichberechtigung. Warum zählt die Aussage von einem Mann mehr als von einer Frau? Das find ich nicht gerecht.*

I: *Und wenn es aber so ist?*

P: *Ich mein, ich find es nicht gerecht. Aber trotzdem muss ich selber folgen, wenn das so ist. Aber das ist immer .. also ich finds trotzdem nicht gerecht.*

I: *Wann würdest du sagen, du befolgst es, und wann, du befolgst es nicht?*

P: *Ich würd es immer befolgen, egal wie ich das finde, wenns im Koran vorgeschrieben ist.*

Zu dieser Regel äußert Yeliz starke moralische Kritik, ja Empörung: „Das ist keine Gleichberechtigung", „das find ich nicht gerecht". Auf die Frage, wenn es aber so (vorgeschrieben) sei, bekräftigt sie zuerst ihr moralisches Urteil: „Ich find es nicht gerecht", ordnet es dann jedoch dem religiösen Gebot unter: „Aber trotzdem muss ich selber folgen, wenn das so ist". Diese Sequenz beendet sie mit der erneuten Bekräftigung des moralischen Urteils: „Ich finds trotzdem nicht gerecht". Das doppelte „Trotzdem" verweist auf die konflikthafte, ja paradoxe Struktur dieses Urteilsmusters. Der Gehorsam gegenüber dem religiösen Gebot ist eingerahmt von dem Urteil, dass dieses Gebot ungerecht ist. Dennoch wird die Geltung dieses Gebots überhaupt nicht in Frage gestellt: „Ich würd es immer befolgen, egal, wie ich das finde, wenns im Koran vorgeschrieben ist." Koranischen Regeln ist also zu folgen, auch wenn man sie für ungerecht hält, für den religiösen Gehorsam spielt das moralische Urteil überhaupt keine Rolle: Es ist *„egal, wie ich das finde"*. Moral und Religion treten an dieser Stelle stark auseinander. Es gibt zwar einen eindeutigen Primat der Religion über die Moral, aber keine subjektiv befriedigende Lösung dieses Widerspruchs, die kognitive Dissonanz, die Yeliz erlebt, ist ganz evident, der Konflikt bleibt zumindest latent bestehen.

Die Gültigkeit des Korans bejaht Yeliz auch bei der Unterordnung der Frau, sie argumentiert aber gegen die Körperstrafe bei Diebstahl:

> *I: Nach islamischem Recht kann einem Dieb die Hand abgetrennt werden. Findest du das richtig?*
>
> *P: Nein, so kann man einen Menschen nicht bestrafen. So wird er draus nichts lernen, mit Gewalt und so.*
>
> *I: Darf ein Land so eine Strafe verhängen?*
>
> *P: Nein, darf es nicht.*
>
> *I: Warum nicht?*
>
> *P: Das ist keine gute Art, Menschen zu bestrafen, daraus würde man nämlich nichts lernen.*

Yeliz weist die Körperstrafe zurück, da man „daraus nichts lernen" würde. „Gewalt" hält sie für kontraproduktiv für die Idee der Resozialisierung. Aus diesem Grund spricht sie einem Land auch das Recht ab, diese Strafe zu verhängen. Hier ordnet Yeliz ihr moralisches Urteil dem religiösen Gebot über. Zu beachten ist aber, dass das ‚islamische Recht', von dem in der Frage die Rede ist, nicht nur auf dem Koran beruht. Während die göttliche Rechts*setzung* (Scharia) im Islam als ewiggültig angesehen wird, gilt die menschliche Rechts*findung* (Fiqh) als wandelbar (Krämer 2005). Islamische Regeln gelten daher nur dann als unantastbar, wenn sie direkt auf Koran oder Sunna zurückgeführt werden können. Aufgrund ihrer bisherigen Argumentation ist anzunehmen, dass Yeliz nicht um den koranischen Ursprung der Regel wusste und bei einem Hinweis darauf ihr Urteil genauso untergeordnet hätte wie bei der Gleichberechtigung.

Fazit: Der „Religion-Moral-Konflikt"

Hier zeigt sich ein klarer Widerspruch zwischen Moral und Religion. Häufig stimmen moralische Urteile und religiöse Gebote überein, in einigen Fällen widersprechen sie sich jedoch. Dabei genießen koranische Gebote Vorrang, auch wenn dies der eigenen Auffassung widerspricht. Es gibt drei Varianten dieses Konflikts, aber alle erscheinen fragil, denn Moral und Religion sind nicht stabil integriert. Die 12 Probanden des *Typs 5a* argumentieren – wie Yeliz (und ähnlich wie Typ 3) – stark religiös und häufig im Rekurs auf religiöse Verbote, die wörtlich verstanden und nicht kontextualisiert werden.

Die fünf Probanden des *Typs 5b* interpretieren und kontextualisieren religiöse Gebote, ähnlich wie Typ 4, *teilweise* so, dass der Widerspruch zu moralischen Überzeugungen vermindert und eine Koordination von Religion und Moral möglich wird. Der Konflikt bleibt an einigen Stellen jedoch ungelöst, wie bei der 19-Jährigen Ayse, die teils die Moral, teils die Religion präferiert. Einerseits lehnt sie die Körperstrafe ab und kontextualisiert den Koran:

> *„Vielleicht steht das nicht in so einem Zusammenhang im Koran. Weil man muss ja alles im Kontext, also im Zusammenhang lesen. Aber eigentlich finde ich das schon schlimm, obwohl ich eine Muslima bin ... nach meiner Religion ist es vielleicht richtig so, aber ich finde es zu brutal."*

Ayse sieht klar den Konflikt zwischen religiösem Gebot und ihrem moralischen Urteil, gibt Letzterem aber dennoch den Vorzug. Andererseits ordnet sie ihre moralischen Urteile in mehreren Fällen religiösen Vorschriften unter, so z.B. bei der Unterordnung der Frau („wenn das im Koran so steht, dann kann ich da nicht widersprechen") und bei der Todesstrafe:

> *„Ich halte die Todesstrafe für sehr schlimm, ich würds nicht machen, aber vielleicht steht das ja in unserer Religion? Falls es da steht, dann will ich natürlich nichts dagegen sagen, weil ich sehr fest an meine Religion gebunden bin. Dann muss ich sagen: ‚okay'".*

Auch wenn Ayse religiöse Gebote stärker kontextualisiert als Yeliz, ist der Konflikt zwischen moralischem Urteil und religiösem Verpflichtungsgefühl („dann *kann ich nicht...*", „dann *will ich nicht...*"; „dann *muss ich...*") auch bei ihr stark ausgeprägt.

Bei *Typ 5c* gibt es eine große Diskrepanz zwischen säkularer und religiöser Argumentation. Die beiden Personen dieses Untertyps beurteilen Konfliktszenarien überwiegend säkular. Religiöse Normen werden selten genannt und sind kaum bekannt, scheinen also für das normative Urteil nur eine geringe Rolle zu spielen. Wird aber nach koranischen Geboten gefragt, dann betonen die Probanden deren strikte Verbindlichkeit und ordnen sie dem moralischen Urteil über. So befürwortet der 14-jährige Burak die Gleichberechtigung der Frauen:

> *„Ja, das ist auch ein Recht. Früher war das so, dass die nicht gleichberechtigt waren, aber jetzt ist das so. Die sollen gleichberechtigt sein"*, bejaht dann aber die koranischen Geboten zur Unterordnung der Frau und zur Zeugenaussage: *„Weils im Koran steht, weil da wird bestimmt nichts Falsches stehen. Ich bin ja selber Muslime und ich kann ja auch nicht einfach den Koran ändern, dann muss ich mich daran halten"*.

Die Religion scheint hier auf ein konventionell-religiöses Normensystem reduziert, bei dem keine konkreten Glaubensinhalte im Zentrum stehen, sondern der allgemeine Geltungsanspruch des Koran.

5.3.5 Zusammenfassung und Verteilung der Typen

Insgesamt ließen sich sieben Haupttypen und zehn Untertypen der normativen Orientierung rekonstruieren. Sie weisen die folgenden zentralen Merkmale auf:

Typ 1) „Säkular-moralisch": Normen, Rechte und Konflikte werden ohne Rekurs auf die Religion beurteilt und ‚autonom-moralisch' begründet: D.h. Normen und Gesetze gelten als von Menschen gemacht, sie sollen moralischen Grundsätzen entsprechen und werden diesen im Konfliktfall untergeordnet. Die Privatsphäre ist weit definiert, die Moral bezieht sich primär auf Prinzipien der Schadensvermeidung und Gleichheit. Von dieser liberal-egalitären Moral (Typ 1a) ist die Variante der konservativ-antiegalitären Moral (1b) zu unterscheiden.

Typ 2) „Religiös-fundamentalistisch": Die Religion wird verabsolutiert, das göttliche Recht gilt unbedingt und wörtlich. Normen und Rechte, Recht und Moral werden grundsätzlich von der Religion her gedacht. Individuelle Menschen- und Freiheitsrechte gelten nur sehr begrenzt und dürfen religiösen Geboten nicht widersprechen. Das säkulare Recht gilt als verbindlich, es besteht jedoch eine große Distanz zur Demokratie. Religion ist konstitutiv für die Identität, sie ist Erfüllung und Wegweiser und strukturiert das gesamte Weltbild. Die religiöse Heteronomie ist teilweise reflektiert (Variante 2a), teilweise nicht (Variante 2b).

Typ 3) „Religiös-orthodox": Auch dieser Typ argumentiert stark religiös und orientiert sich heteronom an religiösen Normen. Religiöse Gebote werden wörtlich verstanden und nicht kontextualisiert. Die Religion ist dominant, wird aber nicht verabsolutiert, das moralische Urteil geht nicht völlig in der Religion auf. Es gibt eine gewisse Distanz gegenüber einigen Regeln (z.B. Handstrafe) und größere individuelle Freiheitsspielräume als bei Typ 2, Menschenrechte werden in der Regel universalisiert, aber häufig auch relativiert.

Typ 4) „Religiös -moralisch": Je nach Kontext spielen säkular-moralische *und/oder* religiöse Begründungen eine wichtige Rolle, es gibt keinen heteronomen Rekurs auf religiöse Gebote. In der Regel harmonieren Religion und Moral. Religiöse Verbote, die sich kaum moralisch begründen lassen, da niemand geschädigt wird, werden nicht verallgemeinert, ihre Befolgung gilt als persönliche Entscheidung. Religion ist also tendenziell Privatsache. Einige Personen argumentieren allerdings konservativer und teilweise antiliberal (Variante 4b); der Untertyp 4c nimmt nur am Rande auf die Religion Bezug.

Typ 5) „Religion-Moral-Konflikt": In der Regel stimmen moralische und religiöse Urteile überein, bei einigen Themen gibt es jedoch einen Widerspruch zwischen Religion und Moral. Dabei werden koranische Gebote moralischen Urteilen übergeordnet, zugleich wird jedoch an diesen festgehalten. Es gibt drei Varianten dieses Konflikts: eine primär religiös-heteronome Orientierung (5a); eine gewisse Kontextualisierung religiöser Gebote (5b) und die vorwiegend säkulare Argumentation bei gleichzeitiger Betonung der Geltung des Korans (5c). In allen Varianten ist die Beziehung von Religion und Moral konflikthaft bzw. fragil.

Typ 6) „Konventionell-moralisch" und Typ 7) „konventionell-moralischreligiös": Hier ist die normative Orientierung inkonsistent. Moralische Begründungen stehen unvermittelt neben Orientierungen an Konventionen, an der Faktizität von Regeln oder Klugheitsregeln. Es existiert keine klare Normenhierarchie. So werden Menschenrechte zwar im Allgemeinen bejaht, aber in konkreten Fällen stark relativiert. Während Typ 6 rein säkular argumentiert, gibt es bei Typ 7 auch (schwache) religiöse Bezüge. Religiöse Gebote haben aber eher konventionellen Charakter, es gibt auch keine ausgeprägte religiöse Heteronomie.

Bei der Typenbildung wurde von der Besonderheit der Einzelfälle abstrahiert und nach gemeinsamen Mustern gesucht. Das heißt, es gibt Unterschiede zwischen Personen eines Typs und es gibt klare und weniger klare Fälle, dennoch lassen sich alle Probanden einem Typ zuordnen. Bei der Verteilung der Typen zeigen sich hoch signifikante Differenzen zwischen Christen und Muslimen (Chi-Quadrat). Am auffälligsten ist, dass *zwei Drittel* der Christen strikt säkular argumentieren, ausnahmslos *alle* Muslime dagegen (auch) religiös:

Tabelle 6:   Verteilung der Typen (n=89)

	alle	Religion***		Geschlecht		Alter**		
		christ-lich	musli-misch	weib-lich	männ-lich	13-15	16-18	19-23
1) „säkular-moralisch"	29	29	0	15	14	10	11	8
2) „religiös-fundamenta-listisch"	5	0	5	1	4	1	0	4
3) „Primat der Religi-on"	5	0	5	2	3	0	0	5
4) „religiös-moralisch"	22	12	10	12	10	4	9	9
5) „Religion-Moral-Konflikt"	19	0	19	9	10	8	7	4
6) „konven-tionell-moralisch"	1	1	0	1	0	1	0	0
7) „konvent.-moralisch-religiös"	8	3	5	4	4	6	2	0
Anzahl	89	45	44	44	45	30	29	30

Die Mehrheit der Christen (60%) urteilt säkular-moralisch, ein starkes Viertel (27%) religiös-moralisch, vier Personen im Sinne der Typen 6 und 7. Bei den

Muslimen ist die Verteilung heterogener: Ein knappes Viertel argumentiert religiös-moralisch, je fünf Personen urteilen im Sinne der Typen 2, 3 und 7. Mit 43% dominiert der Religion-Moral-Konflikt. *Geschlechts*unterschiede gibt es nur beim fundamentalistischen Typ, es gibt jedoch signifikante *Alters*differenzen. Auffällig ist zum einen, dass vor allem jüngere Probanden im Sinne der Typen 6 und 7 urteilen. Hier liegt ein Zusammenhang zur Moralentwicklung nahe: Mit einer Ausnahme handelt es sich um Personen bis 16 Jahre, die noch nicht die Kohlberg-Stufe 3 erreichen, fünf sind erst 13 Jahre alt, der Mittelwert liegt bei 14,7 Jahren. Die Inkonsistenz dieser Typen ist primär ein entwicklungsspezifisches Phänomen, das im Laufe der Entwicklung überwunden werden dürfte. Zum anderen fällt auf, dass neun der zehn Personen der religiös-heteronomen Typen 2 und 3 zur ältesten Gruppe gehören (Mittel: 21,1 Jahre). In der Spätadoleszenz scheint es vor allem bei männlichen Muslimen einen Trend zu einer strikteren Auslegung des Islam zu geben, was sich *nicht* als Entwicklungsphänomen im Sinne strukturgenetischer Theorien verstehen lässt, sondern auf die Identitätsbildung verweist.

6. Diskussion und theoretische Perspektiven

Das primäre Ziel der Studie war es, verschiedene Muster religiös-normativer Orientierungen zu rekonstruieren. Diese Muster beschreiben grundlegende Lesarten und Selbstverhältnisse in Bezug auf religiöse Gebote und Traditionen, die auch über die untersuchten Probanden hinaus von Bedeutung sind. Die Stichprobe enthält besonders religiöse Personen und ist daher nicht typisch oder gar repräsentativ für christliche und muslimische Jugendliche in Deutschland. Auch geht es nicht um generalisierende Aussagen über *die* christliche oder *die* muslimische Religiosität. Aus den Ergebnissen lassen sich jedoch Tendenzen im Sinne empirisch gehaltvoller Hypothesen in Bezug auf *religiös engagierte* junge Christen und Muslime in Deutschland ableiten.[22]

Interview und Fragebogen erfassen unterschiedliche Teilaspekte des normativen Urteils, die Befunde aus beiden Methoden stimmen jedoch in hohem Maße überein, was für ihre Validität spricht. Die quantitativen und qualitativen Resul-

---

[22] In weniger religiösen Milieus wäre die Relevanz der Religion für das normative Urteil zwangsläufig geringer. So gibt es zweifellos auch bei muslimischen Jugendlichen *säkulare* Muster (ebenso wie es religiös-*fundamentalistische* Muster auch bei jungen Christen gibt).

tate zeigen übereinstimmend, dass in der Beurteilung der Normenkonflikte erhebliche Differenzen zwischen jungen Christen und Muslimen bestehen. Letztere haben traditionellere Moralvorstellungen und bewerten potentielle Normverletzungen viel negativer. Am größten ist die Differenz im Bereich der Sexualmoral, die völlig entgegengesetzt bewertet wird. Vor allem bei der Homosexualität stehen die Bewertungen vieler Muslime in Widerspruch zu säkularen Rechtsnormen und Menschenrechten.[23] Fragen der Sexualmoral und Handlungen wie Diebstahl, Abtreibung, Selbstmord und Religionswechsel werden von fast allen muslimischen Jugendlichen als Verstöße gegen religiöse Gebote gedeutet, aber nur von wenigen katholischen. Kein einziger Muslim, aber zwei Drittel der katholischen Jugendlichen urteilen in den Interviews *säkular*, ohne jeden Rekurs auf religiöse Normen. Bei Muslimen ist die Religion ein zentrales Fundament der normativen Orientierung, dies scheint aber nur für wenige Katholiken zu gelten. Diese urteilen selten religiös und widersprechen zudem meistens der kirchlichen Lehre. Obwohl die Muslime viele Normverletzungen religiös deuten und den Koran als direktes Wort Gottes verstehen, zeigt sich in den Interviews eine große Interpretationsvielfalt.

6.1 Typen normativen Urteilens: Selbstbestimmung, religiöse Autorität und die Koordination von Religion, Moral und persönlichem Bereich

Ein Ausgangspunkt meines Beitrags war die These eines Konflikts zwischen menschlicher Selbstbestimmung und religiöser Autorität – und die Frage, wie Gläubige ihre individuelle Autonomie mit der Orientierung an religiösen Traditionen vereinbaren können. Die Typen normativer Orientierungen repräsentieren unterschiedliche Lesarten religiöser Gebote und grundlegende Differenzen im Verhältnis von Selbstbestimmung und religiöser Autorität. Es zeigen sich vier Grundmuster: Säkularismus, Fundamentalismus, Koordination und Konflikt.

Der *säkular-moralische Typ* orientiert sich nicht an verbindlichen religiösen Traditionen, die individuelle Autonomie wird durch religiöse Normen nicht be-

---

[23] Im Interview lehnen 10% der Christen und 84% der Muslime Homosexualität ab sowie 54% der männlichen und 38% der weiblichen Jugendlichen. Sie begründen dies *religiös* („Sünde"; „göttliche Gebote") oder mit der *Natur* des Menschen. Auch die Studie von Simon (2008) zeigt die hohe Ablehnung von Homosexualität durch männliche Jugendliche und Jugendliche türkischer Herkunft. Er sieht einen generellen Zusammenhang zu traditionellen Männlichkeitsnormen und bei Muslimen und orthodoxen Christen auch zur Religiosität.

grenzt, moralische Urteile sind strikt von der Religion getrennt. Der *fundamentalistische Typ* verabsolutiert die religiöse Autorität, die Moral und das gesamte Weltbild werden rigide durch die Religion strukturiert. Die Selbstbestimmung des Menschen wird prinzipiell abgelehnt, allerdings gibt es paradoxe Restformen von Autonomie, etwa den Zwang zur freiwilligen Unterwerfung unter Gott. Eine schwächere Variante dieses ‚strenggläubigen' Musters stellt der *religiös-orthodoxe Typ* dar. Der *religiös-moralische Typ* vereinbart die Ansprüche auf Selbstbestimmung und religiöse Verbindlichkeit, indem er die Befolgung religiöser Normen nicht als absolute Verpflichtung, sondern als persönliche Entscheidung deutet. Der Geltungsanspruch der Religion wird nicht verallgemeinert, sondern auf die Privatsphäre beschränkt. In dieser individualisierten Religiosität bleibt die religiöse Tradition jedoch erhalten. Kennzeichnend für den *Konflikt zwischen Moral und Religion* ist, dass die Ansprüche auf moralische Selbstbestimmung und religiöse Geltung nicht vereinbart werden können. Das göttliche Recht hat das letzte Wort, auch wenn dies dem moralischen Urteil widerspricht. Trotz ihrer Unterordnung unter religiöse Vorschriften bleiben die moralische Überzeugung und damit der Konflikt jedoch bestehen.

Für die befragten Jugendlichen lässt sich festhalten: Der Konflikt zwischen Selbstbestimmung und religiöser Autorität stellt sich für die meisten Katholiken nicht, sie haben eine säkulare Orientierung, allerdings auf Kosten religiöser Traditionen. Etwa ein Viertel der Christen und Muslime lösen den Konflikt durch die Privatisierung religiöser Geltungsansprüche. Religiöse Fundamentalisten (und schwächer Orthodoxe) lösen ihn durch die strikte Unterordnung des Menschen unter die Religion. Diese drei Muster ähneln Bergers (1992) Idealtypen religiösen Denkens (vgl. Abschnitt 3). Während sich bei vielen jüngeren Probanden keine klare Tendenz zeigt (Typen 6 und 7), bleibt das Verhältnis von Selbstbestimmung und religiöser Autorität bei knapp der Hälfte der Muslime konflikthaft und ungelöst. Obwohl dieses Muster sehr häufig ist, taucht es in Studien zur muslimischen Religiosität gar nicht auf. Dagegen dürfte der viel diskutierte fundamentalistische Typ eher ein Randphänomen sein.[24]

Im Rahmen der Theorie von Turiel (1983) lassen sich diese vier Grundmuster als Formen der *Verbindung von Bereichen* interpretieren. Turiel und Smetana (1986: 127) unterscheiden drei Arten der Bereichsverbindung: Die *Dominanz* eines Bereichs und die Unterordnung des anderen, der ungelöste *Konflikt* zweier

---

[24] Dafür spricht auch die repräsentative Studie von Brettfeld und Wetzels (2007), in der 6% der Muslime als „fundamentalistisch" klassifiziert werden.

Bereiche und die *Koordination* bzw. Berücksichtigung beider Bereiche in der Problemlösung. In den Konfliktszenarien sind jedoch mindestens drei Bereiche involviert, es geht um das Verhältnis von Moralvorstellungen, religiösen Geboten und persönlichen Freiheiten. Zudem lässt sich das Verhältnis von Religion und Moral nur begrenzt als Über- oder Unterordnung begreifen, denn beim säkularen Typ spielt die Religion keine Rolle und der Fundamentalist ordnet die Moral nicht der Religion unter, sondern hat religiös geprägte Moralvorstellungen. Löst man sich von Turiels Konzept einer handlungsimmanenten Moral und untersucht, welche Handlungen die Akteure selbst moralisch deuten, dann lassen sich die vier Grundmuster als unterschiedliche *Interpretation* und *Verbindung* der Bereiche Moral, Person und Religion rekonstruieren.

Das *säkular-moralische* Muster zeichnet sich durch die enge Fassung der Moral und die weite Bestimmung der Privatsphäre aus. Die Moral ist säkular und bezieht sich auf die Prinzipien der Schadensvermeidung und Gleichheit, sie stellt also eine Art „Minimalmoral" (Nunner-Winkler 2000: 301) dar.[25] Dagegen ist die Privatsphäre im *orthodox-fundamentalistischen* Muster sehr eng, der Moralbereich sehr weit definiert. Die Moral ist stark religiös geprägt, daher bezieht sie sich nicht primär auf Gleichheit und Schadensvermeidung und umfasst auch die Sexualmoral und Handlungen wie Selbstmord oder Religionswechsel, die im säkularen Muster als Privatsache gelten. Auch das *Konflikt*-Muster ist häufig durch ein orthodoxes Religionsverständnis, eine geringe Privatsphäre und einen breiten Moralbereich strukturiert. Allerdings orientiert sich das Urteil teilweise auch an Prinzipien der Gleichheit und Schadensvermeidung, woraus der Konflikt mit religiösen Geboten resultiert, die diesen Prinzipien widersprechen. Das *Koordinations*-Muster schließlich zeichnet sich wie das säkulare Muster dadurch aus, dass die Moral eng und die Privatsphäre weit gefasst werden. Auch die Religion ist hier bedeutsam, sie wird aber nicht orthodox verstanden, sondern weitgehend privatisiert, d.h. dem persönlichen Bereich zugeordnet. Dies reduziert den Geltungsanspruch der Religion und ermöglicht ihre Vereinbarkeit mit individuellen Freiheitsrechten.

Die empirische Vielfalt der normativen Orientierungen bildet sich in den sieben Haupt- und zehn Untertypen ab. Auch die vier Grundmuster basieren auf

---

[25] Nunner-Winkler beschreibt diese prinzipienorientierte Moral: Von ihr aus „werden tradierte Regelungen einer genauen Prüfung unterzogen. Nur solche Handlungen werden fürderhin untersagt, die andere schädigen oder missachten. Damit verschieben sich die Grenzen zwischen Moral und persönlichem Bereich" (2000: 302 f.).

empirischen Rekonstruktionen. Sie sind aber auch *idealtypische* Konstrukte, die grundlegende Strukturmerkmale „durch einseitige Steigerung einiger Gesichtspunkte" (Weber 1991: 73) herausarbeiten.[26] In diesem Sinne stellen die Grundmuster einerseits ‚Verdichtungen' der empirischen Vielfalt dar, sie liefern andererseits Kategorien für die Analyse der Mischungen und Widersprüchlichkeiten der Realität. Um mit Berger (1992: 74) zu sprechen:

> „In der Welt existiert keine Typologie als solche, sie ist immer ein intellektuelles Konstrukt. So trifft man sie niemals in reiner Form an, und es lassen sich immer Fälle anführen, die herausfallen. Doch das spielt keine Rolle. Die Typologie ist insoweit nützlich, als sie hilft, zwischen empirisch zu Gebote stehenden Fällen zu unterscheiden und, als Folge davon, Verständnis und Erklärung zu ermöglichen".

6.2 Religiöse und moralische Urteile: Bereichstheorie und Stufentheorien

Nucci und Turiel (1993) verstehen die Religion nicht als *Bereich* sozialen Wissens, sondern als *Kontext* für die Interpretation moralischer und konventioneller Regeln. Ihre eigenen Befunde zeigen jedoch, dass religiöse Normen aus kindlicher Sicht auf der Autorität Gottes basieren und daher nicht änderbar sind, und dass Kinder nicht-moralische religiöse Regeln nur selten auf Angehörige anderer Religionen generalisieren. Die Nicht-Änderbarkeit religiöser Regeln zeigt ihre Differenz zu (relativen) Konventionen, die fehlende Generalisierung ihre Differenz zur (universellen) Moral. Auch die genuin religiöse Begründung von Normen durch „Gottes Wort" spricht m. E. dafür, die Religion als eigenen normativen Regelbereich zu konzeptualisieren. Die Resultate widersprechen auch der Annahme von Nucci und Turiel, dass Kinder Religion und Moral konzeptuell klar trennen. Einige Kinder sagen, Stehlen sei *moralisch* richtig, wenn Gott es gebieten würde (Nucci 2001: 47). Diese Kinder definieren die Moral primär religiös und widersprechen objektiven Moralkriterien. Unsere Befunde zeigen, dass die konzeptuelle Unterscheidung von Religion und Moral vom Religionsverständnis abhängt: Je strikter es ist, desto weniger werden Religion und Moral getrennt. Beim fundamentalistischen Typ gibt es die Trennung nicht, beim or-

---

[26] Weber zufolge werden Idealtypen gebildet „durch einseitige Steigerung eines oder einiger Gesichtspunkte und durch Zusammenschluss einer Fülle von … Einzelerscheinungen, die sich jenen einseitig herausgehobenen Gesichtspunkten fügen" (1991: 73).

thodoxen Typ nur begrenzt, bei der individualisierten Religiosität ist sie dagegen eindeutig.

Die Ergebnisse zeigen auch, dass sich Moral und Religion überlappen können und dass die religiöse Orientierung starken Einfluss darauf hat, was als ,moralisch' angesehen wird. Eine ,objektive' Bestimmung der Bereiche lässt die individuelle und soziokulturelle Varianz außer Acht. In unserer und in vielen anderen Studien fassen Personen den Moralbereich weiter, als es Turiels Konzept vorsieht. Dies gilt in Teilen Afrikas und Asiens etwa für vorehelichen Geschlechtsverkehr (Zimba 1994), die Anrede Erwachsener (Nisan 1987) oder das Grüßen Älterer (Song et al. 1987). Eckensberger folgert, „dass es ,objektiv' definierbar moralische Szenarien streng genommen nicht gibt, sondern dass die moralische Qualität einer Situation erst durch deren Interpretation entsteht" (2003: 331). Nicht nur handlungsimmanente Merkmale, sondern auch der soziale Kontext einer Handlung, d.h. die Bedeutung, die ihr zugeschrieben wird, sind entscheidend (Nisan 1987). Mit Eckensberger (2003) plädiere ich daher dafür, die Regelbereiche als *analytische* Kategorien zu verstehen. Sie sind wichtige Interpretationsfolien des Urteils, repräsentieren aber weder *objektiv* unterscheidbare noch *strikt* getrennte Bereiche des Denkens.

Auch in Bezug auf die *strukturelle* Entwicklung ist das Verhältnis von Religion und Moral strittig. Während Kohlberg (1995) religiöse Normen tendenziell als Teilbereich moralischer Urteile versteht, fokussieren Oser und Gmünder (1988) die Beziehung des Menschen zum Letztgültigen und konzipieren das religiöse Urteil als eigenständige Struktur. Auf der Basis vieler Studien aus christlichen Ländern zur Beziehung von moralischem und religiösem Urteil folgert Day (2007), dass die große Mehrheit der Befragten auf gleichen Entwicklungsniveaus urteilt. Er vertritt daher die These einer weitgehend parallelen Entwicklung und bezweifelt, „that religious judgment exists as something distinct in structure, and content, from moral judgment" (ebd.: 8). Die These der Parallelität der moralischen und religiösen Entwicklung erscheint für die christlichen Jugendlichen plausibel. Die Befunde zu den Muslimen zeigen jedoch ein völlig anderes Bild: Die Religion scheint sowohl den Inhalt und die Weite des Moralbereichs als auch die strukturelle Entwicklung zu beeinflussen. Diese weist starke Divergenzen und bereichsspezifische Verschiebungen auf.

Die maximale Urteilskompetenz der Probanden variiert von den Moralstufen 2 bis 5. Knapp die Hälfte urteilt auf Stufe 3, 90% auf den Stufen 2/3 bis 4. Die muslimischen Jugendlichen erreichen in den *säkularen* Szenarien etwas niedrigere Stufenwerte als die christlichen, was durch die niedrigen elterlichen

Bildungsabschlüsse erklärbar ist.[27] Während die meisten Personen konsistent auf einer Hauptstufe oder angrenzenden Übergangsstufen urteilen, changieren die Urteile der religiös-heteronomen Probanden sehr stark. Ihre Argumentation in *religiösen* Kontexten müsste nach den Auswertungskriterien streng genommen der Stufe 1 zugeordnet werden (Colby/Kohlberg 1987), in säkularen Kontexten argumentieren sie dagegen viel differenzierter: auf den Stufen 3 bis 4. Das religiöse Urteil wurde nicht erhoben, aber auch hier scheint es Inkonsistenzen zu geben. So ähnelt Mehmets Argumentation zum Teil der Stufe 1 des religiösen Urteils, die paradoxe Betonung der Freiheit, die Idee eines Heilsplanes und die Kritik eines äußerlichen Glaubens ähneln aber eher Aspekten der Stufen 3 oder 4. In beiden Bereichen zeigen sich also widersprüchliche Urteilsmuster, die Entwicklung verläuft nicht bei allen Probanden linear von heteronomen zu autonomen Strukturen.

Die Befunde sind nicht mit Days These der Parallelität der Entwicklung und seiner Annahme, „that religious judgment is naught but moral judgment 'dressed up' in religious garb" (2007: 8), vereinbar. Die von ihm referierten Studien haben offenkundig einen christlich-liberalen Bias und sind nicht auf Personen mit einem strikteren Religionsverständnis generalisierbar. Kommen religiöse Normen ins Spiel, so werden moralkognitive Kompetenzen bei einigen Probanden gar nicht aktiviert, ihr heteronomes Regelverständnis verhindert die Realisierung vorhandener Fähigkeiten. Es handelt sich hier nicht um eine *entwicklungs-*, sondern um eine *bereichs*spezifische Heteronomie: um eine *Segmentierung* zwischen verschiedenen Bereichen und Kontexten. In religiösen Kontexten orientiert sich das normative Urteil strikt an *religiösen* Kriterien (Gottes Wort), in nicht-religiös normierten Kontexten dagegen an *moralischen* Kriterien (Gerechtigkeit, Achtung...). Die normative Entwicklung weist also bereichsspezifische Verschiebungen auf, die stark vom Religionsverständnis abhängen.

Idealtypisch ist von zwei verschiedenen Entwicklungspfaden auszugehen: In liberal-religiösen Kontexten verläuft die Entwicklung im Sinne der Ansätze von Oser oder Fowler. Religiöse Heteronomie ist hier, wie moralische Heteronomie in den Ansätzen Piagets und Kohlbergs, ein vorübergehendes, vorwiegend kindliches Entwicklungsphänomen. Es ist aber evident, dass ein orthodoxes Verständnis religiöser Normen in bestimmten Milieus auch oder gerade im Jugend- und Erwachsenenalter vorherrscht. Urteilt jemand wie Mehmet nur auf

---

[27] Bildung ist eine der wichtigsten Anregungsbedingungen für das moralische Urteil (Kohlberg 1995).

Stufe 1? Unsere Daten sprechen entschieden für eine alternative Sicht auf die Entwicklung, denn zum einen sind diese Probanden im Moralbereich kognitiv differenzierter. Zum anderen ist Mehmets Argumentation auch im religiösen Bereich nicht ‚naiv-heteronom', sondern enthält heteronome *und* autonome Anteile. Diese reflektierte Form der Heteronomie, die bewusste Unterwerfung unter Gott, ist eine Heteronomie 2. Ordnung. Sie spricht dafür, dass orthodox-fundamentalistisches Denken einem anderen Entwicklungspfad folgt als in den Stufentheorien beschrieben. Allerdings bedarf die Klärung dieser Fragen weiterer Untersuchungen.

Insgesamt bestätigt die Untersuchung die Ergebnisse kulturvergleichender Studien, wonach Moralvorstellungen in vielen Milieus bzw. Kulturen stark religiös geprägt sind (Eckensberger 2003; Shweder et al. 1987). In solchen Kontexten ist es daher unabdingbar, bei der Untersuchung normativer Urteile die religiösen Überzeugungen zu berücksichtigen. Die Befunde bestätigen auch die Annahme von Turiel und seiner Schule, dass normative Urteile häufig eher kontext- und bereichsspezifisch als entwicklungsspezifisch variieren. So liegt die Typologie normativer Orientierungen – mit Ausnahme der Typen 6 und 7 – quer zu den Entwicklungsstufen, auch die Koordination von Recht und Moral variiert stark kontextspezifisch (Weyers 2009). Die Klärung der Beziehung von kontext-, bereichs- und entwicklungsspezifischen Urteilsmustern bedarf jedoch ebenfalls noch weiterer Forschung.

6.3 Zwischen Säkularisierung, Individualisierung und Fundamentalismus?

Die großen Differenzen zwischen den christlichen und muslimischen Jugendlichen sind nicht primär auf differierende religiöse Lehren zurückzuführen. Zwar gilt der Koran anders als die Bibel als direktes Wort Gottes, was seine Kontextualisierung erschwert, die Normen beider Religionen stimmen jedoch bei vielen untersuchten Handlungen überein. Zudem gibt es ähnliche Differenzen auch zwischen älteren und jüngeren Christen, wie eine Studie über den Wandel normativer Urteile in Deutschland belegt (vgl. Nunner-Winkler 2000). Handlungen wie Sex vor der Ehe oder Homosexualität werden von älteren Personen religiös-moralisch interpretiert und negativ bewertet, während jüngere Leute sie als Privatsache ansehen. Die Auffassung der christlich geprägten älteren Generation ähnelt also stärker der Sichtweise der muslimischen als der Sicht der christlichen Jugendlichen unserer Studie. Es macht somit wenig Sinn, die Differenzen zwischen den Gruppen primär auf religiöse Quellen oder das ‚Wesen' der Religionen zurückzuführen. Es geht vielmehr um die *Interpretation* religiöser Quellen und um Diskurse, in denen sich bestimmte Lesarten durchsetzen (Schiffauer 1998). Die Forschung zeigt, dass Säkularisierungs- und Modernisierungsprozesse und die Reaktion darauf für das Verständnis der Religion in der Moderne eine große Rolle spielen (vgl. Abschnitt 1).

Soziale Normen gelten als zentraler Bestandteil von Christentum und Islam. Die Relevanz der Religion für die normative Orientierung weist daher auch auf den Grad der Säkularisierung hin. Die untersuchten katholischen Jugendlichen sind für deutsche Verhältnisse ziemlich religiös, selbst in dieser Gruppe ist die Relevanz der Religion für das normative Urteil jedoch gering: Bei der Mehrheit gibt es eine klare Trennung von Religion und Moral – jedenfalls von *kirchlicher* Religion und Moral. Versteht man Säkularisierung mit Casanova (2004) u.a. als Schwinden individueller religiöser Überzeugungen, dann ist für den *religiös-normativen* Bereich eine weitgehende Säkularisierung zu konstatieren. Diese zeigt sich insbesondere als massive Entkirchlichung, denn die meisten Katholiken rekurrieren in ihrem Urteil nicht nur nicht auf religiöse Gebote, sondern widersprechen eindeutig der katholischen Lehrmeinung. Kirchliche Normen sind also nahezu bedeutungslos für die Jugendlichen, ihre allgemeinen ethischen Orientierungen können jedoch durchaus christlich geprägt sein. Auch aufgrund ihres religiösen Selbstverständnisses lassen sich die Befunde nicht als völliges Verschwinden, sondern eher als Individualisierung und Privatisierung des Religiösen interpretieren. Die von Ziebertz et al. (2003) und Dimbath (2002) konstatierten starken Entkirchlichungs- und Individualisierungstendenzen zeigen sich also auch bei *religiös engagierten* katholischen Jugendlichen. Zentral ist der Anspruch auf religiöse und moralische Selbstbestimmung.

Auch der Islam ist durch Säkularisierungs- und Modernisierungsprozesse gekennzeichnet, zumal in Europa (Roy 2006). Im Zuge der ‚Re-Islamisierung' wird jedoch eine wachsende Religiosität von Muslimen konstatiert (Krämer 2008). Unsere Studie belegt bei muslimischen Jugendlichen einerseits einen engen Zusammenhang von Religion und Moral, andererseits eine große Heterogenität in der Interpretation religiöser Normen, die vom Fundamentalismus bis hin zu individualisierten Formen von Religiosität reicht. Die Befunde widerlegen zwar Kanachers (2001: 248) These, dass für Muslime in der Moderne im Grunde nur die Option zwischen Säkularismus und Fundamentalismus besteht. Die Resultate widersprechen aber auch der Tendenz, die Individualisierung, Selbstbestimmung oder Subjektivierung als zentrales Merkmal der Religiosität junger

Muslime hervorzuheben (Frese 2002; Nökel 2002; Tietze 2003). Diese Tendenz ist nur eine Seite der Medaille, die andere ist das heteronome Religionsverständnis vieler Jugendlicher, das sich in einer „Kritik- und Denkblockade gegenüber dem Koran" (Krämer 2005: 473) äußert. Hochreligiöse Muslime pauschal als tolerant, „kritisch und reflektiert" (Bertelsmann Stiftung 2008: 20) zu bezeichnen, verzerrt daher die vielfältige und widersprüchliche Realität (Brettfeld/Wetzels 2007).

Vor allem junge Männer scheinen anfällig für fundamentalistische Orientierungen zu sein. In der Literatur wird häufig das Motiv der Rückkehr zum oder der Suche nach dem ‚wahren' oder ‚reinen' Islam angeführt (Frese 2002; Kanacher 2001; Roy 2006). Dieses Motiv gilt u.a. als Ausdruck biographischer Krisenerfahrungen im Zusammenhang mit Migration: von Erfahrungen der Fremdheit, Unsicherheit und Diskriminierung, aber auch von prekären Lebensverhältnissen. Der Islam wird bei radikalen Jugendlichen zu einer zentralen Basis der individuellen und kollektiven Identitätsbildung. Auch der Religion-Moral-Konflikt verweist auf die Konflikthaftigkeit der Identitätsbildung und auf die Schwierigkeit, religiös-orthodoxe und modern-säkulare Normen und Lebensformen zu vereinbaren.

Mit dem Philosophen Lyotard lassen sich die konfligierenden Geltungsansprüche religiöser Autorität und autonomer Vernunftmoral als „Widerstreit" verstehen. Lyotard begreift die gesellschaftliche Heterogenität (post)moderner Gesellschaften als „Situation radikaler Pluralität" (Koller 2002: 95). Unter einem „Widerstreit" versteht er einen Konflikt zwischen zwei Parteien, „der nicht angemessen entschieden werden kann, weil eine auf beide Argumentationen anwendbare Urteilsregel fehlt" (Lyotard, zit. n. Pries/Welsch 1989: 485). Es gibt keinen übergeordneten Standpunkt, von dem aus sich der Konflikt entscheiden ließe, ohne einer der beiden Seiten Unrecht zu tun. In diesem Sinne lässt sich der „Religion-Moral-Konflikt" als Widerstreit von Diskursarten bzw. Lebensformen verstehen. Die Jugendlichen bejahen beide Seiten, können aber – ganz im Sinne Lyotards – keinen Standpunkt einnehmen, von dem aus der Konflikt lösbar wäre und beiden Seiten gerecht würde.

6.4 Bildung im Kontext religiös-kultureller Differenz

Lyotards Konzept macht die antagonistische Struktur dieses Konflikts deutlich, es ist jedoch nicht von einer *prinzipiellen* Unlösbarkeit des Konflikts auszugehen. Aus empirischer Sicht ist diese radikale Heterogenität nur *eine* Möglichkeit. Konflikte können Anlässe für Bildungsprozesse im Sinne biographischer Suchbewegungen und Wandlungsprozesse sein. Sofern der Konflikt als Krise erlebt wird, dürfte er Reflexions- und Bildungsprozesse stimulieren – offen bleibt allerdings, ob diese zur Individualisierung oder zur Radikalisierung beitragen. Die Dynamik der individuellen Entwicklung verweist auf soziale Lebenslagen, auf biographische Erfahrungen und Prozesse der religiösen Identitätsbildung, die in unserer Studie nicht erfasst wurden und die näher zu untersuchen sind. Wir wissen auch zu wenig über den Stellenwert dieses Konflikts im Alltag der Jugendlichen.

Für die Vereinbarkeit von Glauben und menschlicher Autonomie können Bildungsprozesse von großer Bedeutung sein – insbesondere in der späten Kindheit und im frühen Jugendalter, in dem sich normative Orientierungsmuster herausbilden. Entscheidend dürfte sein, welche Form der Auseinandersetzung mit religiösen Quellen dominiert und welches Modell der Beziehung von Selbstbestimmung und religiöser Autorität gelehrt und gelernt wird. Ansätze interkultureller Bildung müssen die hohe normative Relevanz der Religion für die Gläubigen berücksichtigen. Sie stehen daher vor der Aufgabe, die kritische Reflexion religiöser Quellen und Traditionen zu fördern, ohne diese grundsätzlich in Frage zu stellen. Im Falle des Islam ist dabei an Lesarten von Koran und Sunna anzuknüpfen, die *innerhalb* des Islam vertreten werden. Wichtig ist die Einführung eines islamischen Religionsunterrichts, der nicht nur religiöse Lehren vermittelt, sondern die eigene Auseinandersetzung mit religiösen Traditionen anregt (Bukow/Yildiz 2003). Sinnvoll erscheint auch die Kombination von konfessionellen und interreligiösen Ansätzen (Müller 2002).

Unsere Befunde belegen die Ambivalenz vieler Jugendlicher gegenüber Menschenrechten.[28] Notwendig erscheint daher die Ausbildung eines universalistischen Menschenrechtsbewusstseins (Brumlik 2004). Moralische und demokratische Bildung ist universalistischen Werten und Prinzipien verpflichtet, sie darf diese ihren Adressaten aber nicht überstülpen. Sie zielt nicht auf die Vermittlung eines Kanons feststehender Wahrheiten, sondern auf die intersubjektive Verständigung über Kriterien des sozialen Zusammenlebens in einer pluralistischen Gesellschaft (Hormel/Scherr 2004). Somit bedarf es einer diskursiven

---

[28] Im Allgemeinen werden Menschenrechte von fast allen Jugendlichen sehr geschätzt, dennoch werden sie in konkreten Kontexten häufig relativiert, vor allem wenn sie mit religiösen oder anderen moralischen Normen kollidieren (Weyers/Köbel 2009).

Auseinandersetzung über die Bedeutung, Reichweite und Geltungsgründe von Normen und Rechten. Dabei sind Normenkonflikte im Spannungsfeld von Recht, Moral und Religion ein wichtiger Bestandteil dieses Diskurses (Weyers 2007). In Anknüpfung an Lyotard lässt sich Bildung aber auch als Aufgabe verstehen, die Einsicht zu fördern, dass nicht alle Konflikte lösbar sind, ohne berechtigte Ansprüche zu verletzen (Koller 2002). Ziel demokratischer Bildung ist daher auch die Förderung einer „Dissenskultur", zu der die Anerkennung von Pluralität und Heterogenität ebenso gehört wie die „Entwicklung jener Welt- und Selbstinterpretationen, die es dem Subjekt ermöglichen, mit Dissens zu leben" (Reichenbach 2001: 419).

Literatur

Alacacioglu, Hasan (2003): Ist Gott noch "in"? Glaube und Glaubenspraxis von Jugendlichen in einer modernen Gesellschaft. In: Bukow/Yildiz (2003): 93-113

Berger, Peter L. (1992): Der Zwang zur Häresie. Religion in der pluralistischen Gesellschaft. Freiburg: Herder

Bertelsmann Stiftung (Hrsg.) (2008): Religionsmonitor 2008. Muslimische Religiosität in Deutschland. Gütersloh: Bertelsmann Stiftung

Bielefeldt, Heiner (2003): Muslime im säkularen Rechtsstaat. Integrationschancen durch Religionsfreiheit. Bielefeld: Transcript

Bielefeldt, Heiner/Heitmeyer, Wilhelm (1998): Einleitung: Politisierte Religion in der Moderne. In: Dies. (1998/Hrsg.): Politische Religion. Ursachen und Erscheinungsformen des modernen Fundamentalismus. Frankfurt/M: Suhrkamp, 11-33

Brettfeld, Katrin/Wetzels, Peter (2007): Muslime in Deutschland. Integration, Integrationsbarrieren, Religion und Einstellungen zu Demokratie, Rechtsstaat und politisch-religiös motivierter Gewalt. Berlin: Bundesministerium des Inneren

Brumlik, Micha (2004): Aus Katastrophen lernen? Grundlagen zeitgeschichtlicher Bildung in menschenrechtlicher Absicht. Berlin: Philo

Büttner, Friedemann (1998): Islamischer Fundamentalismus: Politisierter Traditionalismus oder revolutionärer Messianismus? In: Bielefeldt/Heitmeyer (1998/Hrsg.): Politische Religion. Ursachen und Erscheinungsformen des modernen Fundamentalismus. Frankfurt/M: Suhrkamp, 188-210

Bukow, Wolf-Dietrich/Yildiz, Erol (Hrsg.) (2003): Islam und Bildung. Opladen: Leske & Budrich

Casanova, José (2007): Die religiöse Lage in Europa. In: Joas/Wiegandt (2007): 322-357

Casanova, José (2004): Religion und Öffentlichkeit. Ein Ost-/Westvergleich. In: Gabriel/Reuter (2004/Hrsg.): Religion und Gesellschaft. Texte zur Religionssoziologie. Paderborn: Schöningh, 271-293

Colby, Anne/Kohlberg, Lawrence (1987): The measurement of moral judgment. Vol. 2: Standard issue scoring manual. Cambridge: Cambridge University Press

Day, James (2007): Moral reasoning, religious reasoning, and their supposed relationship. In: Adult Developments: The bulletin of the society for research in adult development 11. 6-10

Deutsche Bischofskonferenz (Hrsg.) (2005): Katechismus der katholischen Kirche. Kompendium. München: Pattloch

Dimbath, Oliver (2002): Zwischen religiöser Tradition, Individualisierung und Säkularisierung. In: SPIRITA. Zeitschrift für Religionswissenschaft. April 2002. 6-12

Eckensberger, Lutz H. (2003): Kultur und Moral. In: Thomas, Alexander (Hrsg.): Kulturvergleichende Psychologie. Göttingen: Hogrefe: 309-345

Eckensberger, Lutz H. (1999): Anmerkungen zur Beziehung zwischen Recht und Moral aus entwicklungspsychologischer Sicht. In: Jung, Heike/Neumann, Ulfrid (Hrsg.): Rechtsbegründung – Rechtsbegründungen. Baden-Baden: Nomos: 19-55

Elger, Ralf (Hrsg.)(2001): Kleines Islam-Lexikon. München: Beck

Fowler, James (1991): Stufen des Glaubens. Die Psychologie der menschlichen Entwicklung und die Suche nach Sinn. Gütersloh: Gütersloher Verlagshaus

Frese, Hans-Ludwig (2002): „Den Islam ausleben". Konzepte authentischer Lebensführung junger türkischer Muslime in der Diaspora. Bielefeld: Transcript

Fuchs-Heinritz, Werner (2000): Religion. In: Shell Deutschland (Hrsg.): Jugend 2000, Band 1. Opladen: Leske & Budrich: 157-180

Gensicke, Thomas (2006): Jugend und Religiosität. In: Shell Deutschland (Hrsg.): Jugend 2006. Frankfurt/M.: Fischer: 203-239

Graf, Friedrich W. (2006): Moses Vermächtnis. Über göttliche und menschliche Gesetze. München: Beck

Habermas, Jürgen (2005): Zwischen Naturalismus und Religion. Philosophische Aufsätze. Frankfurt/M.: Suhrkamp

Habermas, Jürgen (1998). Faktizität und Geltung. Beiträge zur Diskurstheorie des Rechts und des demokratischen Rechtsstaats. Frankfurt/M.: Suhrkamp

Heitmeyer, Wilhelm/Müller, Joachim/Schröder, Helmut (1997): Verlockender Fundamentalismus. Türkische Jugendliche in Deutschland. Frankfurt/M.: Suhrkamp

Hocker, Reinhard (1996): Türkische Jugendliche im ideologischen Zugriff. Zur Einflußnahme extremistischer Gruppierungen auf jugendliche Migranten türkischer Herkunft. In: Heitmeyer/Dollase (1996/Hrsg.): Die bedrängte Toleranz. Ethnisch-kulturelle Konflikte, religiöse Differenzen und die Gefahr politisierter Gewalt. Frankfurt/M: Suhrkamp, 426-449

Hormel, Ulrike/Scherr, Albert (2004): Bildung für die Einwanderungsgesellschaft. Wiesbaden: VS Verlag

Huber, Wolfgang (2003): Jenseits des Säkularismus? Zum Verhältnis von Religion und Recht. Vortrag, Kirchentag Berlin (www.ekd.de/recht_finanzen/030529_huber_oekt.html)

Huntington, Samuel P. (2006): Kampf der Kulturen. Hamburg: Spiegel

Joas, Hans (2007): Gesellschaft, Staat und Religion. Ihr Verhältnis in der Sicht der Weltreligionen. In: Joas/Wiegandt (2007): 9-43

Joas, Hans/Wiegandt, Klaus (Hrsg.) (2007): Säkularisierung und die Weltreligionen. Frankfurt: Fischer

Kanacher, Britta (2001): Religiöse Sozialisation und Individualisierung. Zum religiösen Kultur- und Identitätskonflikt muslimischer Migranten. Diss., Universität Bonn (http://deposit.ddb.de/cgi-bin/dokserv?idn=968434908)

Kant, Immanuel (1974): Kritik der praktischen Vernunft. Grundlegung zur Metaphysik der Sitten. Frankfurt/M.: Suhrkamp

Karakasoglu-Aydin, Yasemin (2000): Muslimische Religiosität und Erziehungsvorstellungen. Frankfurt/M.: IKO-Verlag

Khoury, Adel T./Heine, Peter/Oebbecke, Janbernd (Hrsg.) (2000): Handbuch Recht und Kultur des Islams in der deutschen Gesellschaft. Gütersloh: Gütersloher Verlagshaus

Kienzler, Klaus (2002): Der religiöse Fundamentalismus. Christentum, Judentum, Islam. München: Beck

Killen, Melanie/Smetana, Judith (Eds.) (2006): Handbook of moral development. Mahwah, New Jersey: Erlbaum

Kluge, Susann (1999): Empirisch begründete Typenbildung. Opladen: Leske & Budrich

Köbel, Nils (2008): Jugend, Identität, Kirche. Eine erzähltheoretische Rekonstruktion kirchlicher Orientierung im Jugendalter. Diss., Universität Frankfurt (http://publikationen.ub.uni-frankfurt.de/volltexte/2008/5290/)

Kohlberg, Lawrence (1995): Die Psychologie der Moralentwicklung. Frankfurt/M: Suhrkamp

Koller, Hans-Christoph (2002): Bildung und kulturelle Differenz. Zur Erforschung biographischer Bildungsprozesse von MigrantInnen. In: Kraul, Margret/Marotzki, Winfried (Hrsg.): Biographische Arbeit. Opladen: Leske & Budrich: 92-116

Krämer, Gudrun (2008): Hohe Religiosität und Vielfalt. Muslimische Aspekte des internationalen Religionsmonitors. In: Bertelsmann-Stiftung (2008): 68-73

Krämer, Gudrun (2005): Wettstreit der Werte: Anmerkungen zum zeitgenössischen islamischen Diskurs. In: Joas/Wiegandt (2005/Hrsg.): Die kulturellen Werte Europas. Frankfurt: Fischer, 469-493

Luckmann, Thomas (2004): Privatisierung und Individualisierung. Zur Sozialform der Religion in spätindustriellen Gesellschaften. In: Gabriel/Reuter (2004/Hrsg.): Religion und Gesellschaft. Texte zur Religionssoziologie. Paderborn: Schöningh, 136-148

Meulemann, Heiner (1998): Religiosität und Moralität nach der deutschen Vereinigung. In: Lüschen, Günther (Hrsg.): Das Moralische in der Soziologie. Opladen: Westdeutscher Verlag: 269-283

Müller, Peter (2002): Religionspädagogische Überlegungen. In: Baumann, Urs (Hrsg.): Islamischer Religionsunterricht. Frankfurt/M.: Lembeck: 163-181

Nisan, Mordecai (1987): Moral Norms und Social Conventions: A Cross-Cultural Comparison. In: Developmental Psychology 23. 719-725

Nökel, Sigrid (2002): Die Töchter der Gastarbeiter und der Islam. Zur Soziologie alltagsweltlicher Anerkennungspolitiken. Eine Fallstudie. Bielefeld: Transcript

Nucci, Larry P. (2001): Education in the moral domain. Cambridge: Cambridge University Press

Nucci, Larry P. (1981): Conceptions of personal issues: A domain distinct from moral or societal concepts. In: Child Development 52. 114-121

Nucci, Larry P./Turiel, Elliot (1993): God's word, religious rules, and their relation to Christian and Jewish children's concepts of morality. In: Child Development 64. 1475-1491

Nunner-Winkler, Gertrud (2000): Wandel in den Moralvorstellungen. Ein Generationenvergleich. In: Edelstein, Wolfgang/Nunner-Winkler, Gertrud (Hrsg.): Moral im sozialen Kontext. Frankfurt/M.: Suhrkamp: 299-336

Oser, Fritz/Gmünder, Paul (1988): Der Mensch. Stufen seiner religiösen Entwicklung. Gütersloh: Gütersloher Verlagshaus

Piaget, Jean (1986): Das moralische Urteil beim Kinde. München: DTV

Pollack, Detlef (2003): Säkularisierung – ein moderner Mythos? Studien zum religiösen Wandel in Deutschland. Tübingen: Mohr

Pries, Christine/Welsch, Wolfgang (1989): Jean-Francois Lyotard. In: Lutz, Bernd (Hrsg.): Metzler Philosophen Lexikon. Stuttgart: Metzler: 485-488

Reichenbach, Roland (2001): Demokratisches Selbst und dilettantisches Subjekt. Demokratische Bildung und Erziehung in der Spätmoderne. Münster: Waxmann

Riesebrodt, Martin (2000): Die Rückkehr der Religionen. Fundamentalismus und der „Kampf der Kulturen". München: Beck

Rohe, Mathias (2001): Der Islam. Alltagskonflikte und Lösungen. Freiburg: Herder

Roy, Olivier (2006): Der islamische Weg nach Westen. Globalisierung, Entwurzelung und Radikalisierung. München: Pantheon

Sag, Emir A. (1996): Üben islamisch-fundamentalistische Organisationen eine Anziehungskraft auf Jugendliche aus? In: Heitmeyer/Dollase (1996/Hrsg.): Die bedrängte Toleranz. Ethnisch-kulturelle Konflikte, religiöse Differenzen und die Gefahr politisierter Gewalt. Frankfurt/M: Suhrkamp, 450-472

Schiffauer, Werner (1998): Ausbau von Partizipationschancen islamischer Minderheiten als Weg zur Überwindung des islamischen Fundamentalismus? In: Bielefeldt/Heitmeyer (1998/Hrsg.): Politische Religion. Ursachen und Erscheinungsformen des modernen Fundamentalismus. Frankfurt/M: Suhrkamp, 418-437

Schluchter, Wolfgang (2005): Rationalität – das Spezifikum Europas? In: Joas/Wiegandt (2005/Hrsg.): Die kulturellen Werte Europas. Frankfurt: Fischer, 237-264

Shweder, Richard/Mahapatra, Manamohan/Miller, Joan (1987): Culture and moral development. In: Kagan, Jerome/Lamb, Sharon (Eds.): The emergence of morality in young children. Chicago: University of Chicago Press: 1-83

Simon, Bernd (2008): Einstellungen zur Homosexualität: Ausprägungen und psychologische Korrelate bei Jugendlichen mit und ohne Migrationshintergrund. In: Zeitschrift für Entwicklungspsychologie und Pädagogische Psychologie 40. 87-99

Song, Mjung-Ja/Smetana, Judith G./Kim, Sang Yoon (1987): Korean children's conceptions of moral and conventional transgressions. In: Developmental Psychology 23. 577–582

Tietze, Nikola (2003): Muslimische Identitäten. In: Bukow/Yildiz (2003): 83-91

Tugendhat, Ernst (1993): Vorlesungen über Ethik. Frankfurt/M.: Suhrkamp

Turiel, Elliot (1983): The development of social knowledge. Morality and convention. Cambridge: Cambridge University Press

Turiel, Elliot/Smetana, Judith (1986): Soziales Wissen und Handeln: Die Koordination von Bereichen. In: Oser, Fritz/Althof, Wolfgang/Garz, Detlef (Hrsg.): Moralische Zugänge zum Menschen. München: Kindt: 108-135

Weber, Max (1991): Die „Objektivität" sozialwissenschaftlicher und sozialpolitischer Erkenntnis. In: Ders.: Schriften zur Wissenschaftslehre. Stuttgart: Reclam: 21-101

Weyers, Stefan (2009): Achtung vor dem Gesetz? Entwicklung von Rechtsvorstellungen und die Koordination von Recht und Moral im Jugendalter. In: Latzko, Brigitte/Malti, Tina (Hrsg.): Moralentwicklung und Moralerziehung in Kindheit und Adoleszenz. Göttingen: Hogrefe (erscheint 2009)

Weyers, Stefan (2007): Menschenrechte zwischen Recht, Moral und Religion. Implikationen für die Menschenrechtsbildung in der mehrkulturellen Gesellschaft. In: Andresen, Sabine/Pinhard, Inga/Weyers, Stefan (Hrsg.): Erziehung, Ethik, Erinnerung. Micha Brumlik zum 60. Geburtstag. Weinheim: Beltz: 202-215

Weyers, Stefan/Köbel, Nils (2009): Folterverbot oder „Rettungsfolter"? Urteile Jugendlicher über
    Moral, Menschenrechte und Rechtsstaatlichkeit angesichts eines realen moralischen Dilemmas
    (under review)
Ziebertz, Hans-Georg/Kalbheim, Boris/Riegel, Ulrich (2003): Religiöse Signaturen heute. Ein religi-
    onspädagogischer Beitrag zur empirischen Jugendforschung. Gütersloh: Gütersloher Verlags-
    haus
Zimba, Roderick F. (1994): The understanding of morality, convention, and personal preference in an
    African setting. In: Journal of Cross-Cultural Psychology 25. 369-393

Begegnungen von Kulturen – eine differenzierte Sicht

Karl Friedrich Bohler/Michael Corsten

Betrachten wir die Beiträge dieses Bandes noch einmal im Zusammenhang, so setzen alle an der Mikrovermittlung von Makrophänomenen wie Globalisierung, Transnationalisierung, Interkulturalität, Hybridisierung und kultureller Enträumlichung an. In einer anderen Theoriesprache ausgedrückt, handelt es sich bei der Mikrofundierung makrogesellschaftlicher Prozesse um die Vermittlung von Allgemeinem und Besonderem, die sich immer nur im Einzelnen, in der konkreten Situation einer Diskursveranstaltung, im spezifisch lokalisierbaren Fall einer Partnerschaft oder eines subkulturellen Milieus zeigt. Die drei Abhandlungen weisen des Weiteren, wenn auch eher implizit, darauf hin, dass mehrere Ebenen die „Vermittlung" von Allgemeinem und Besonderem oder – in der Soziologie mehr gebräuchlich – die von Individuum und (Welt-)Gesellschaft leisten (für Niklas Luhmann (1997) fallen ja moderne Gesellschaft und Weltgesellschaft in seiner Systemtheorie zusammen).

Die hier versammelten Beiträge deuten deshalb alle auf den systematischen Punkt hin, dass die kulturelle Differenz nicht nur hinsichtlich der Kohärenzanforderungen an die personale Identität problematisch ist, sondern insbesondere entlang der familiären, milieuweltlichen und gesellschaftlichen Einbettung sich als spannungsgeladen zeigt. Beginnen wir mit der zuletzt genannten Ebene. Kulturelle und politische Fragen voneinander abgrenzen zu können ist sowohl eine Kulturleistung als auch Ergebnis des in der Soziologie viel beschworenen Differenzierungsprozesses, zu dem beispielsweise auch die Konstitution einer Bürger- oder Zivilgesellschaft gehört. In Spannung dazu steht die globale Erweiterung der abendländisch–westlichen Kultur mit ihrem universalistischen Anspruch, der den sich davon mit partikularistischen Weltbildentwürfen absetzenden Differenzierungsbestrebungen anderer Kulturen enge Grenzen setzt. Politisch zur abendländisch-westlichen Weltsphäre in Abwehr stehende Regionen verteidigen deshalb auch eine partikulare kulturelle Identität, die sich gemessen am universalistischen Modell moralisch-kognitiver Entwicklung als „geschlossen" (und nicht „offen") sowie „zurückgeblieben" (und nicht „progressiv") darstellt. Der Streit um die Geltung der Menschenrechte ist ein Indiz für solche Politik und Kultur nicht trennende Widerstands- und Konfliktlinien auf der Makroebene des Globalisierungsprozesses.

Die Expansion spezifisch moderner Gesellschaften gerät so seit Beginn des eigentlichen Modernisierungsprozesses immer wieder in Schwierigkeiten, wenn es zu Begegnungen mit Kulturen kommt, die keine prinzipiengeleitete und deshalb im Alltag flexible Lebensführung kennen und fördern, sondern an bestimmten rituellen Schemata und Handlungsnormierungen des sozialen Lebens hartnäckig festhalten. Dann sind es doch die von Charles Taylor postulierten „starken Wertungen" nicht–moderner Kulturgemeinschaften, die sich der „negativen Freiheit" der modernen Gesellschaften gegenüber als widerständig und konfliktbereit erweisen. Stefan Weyers macht in diesem Zusammenhang auf die Rolle des Säkularisierungsprozesses aufmerksam, der in der christlichen Welt weiter voran geschritten ist als zum Beispiel in der Sphäre des Islam. Nur in säkularisierten Gesellschaften kommt es zu einer klaren Trennung von kirchlicher Religion und Moral. Nur hier gelingt es in hohem Maße, religiöse und modern-säkulare Normen und Lebensformen in ihrer Differenziertheit zu vereinbaren.

Aufgrund dieser „Grundierung" der Begegnungen von Kulturen wird in der gesellschaftlich zentralen Dimension der sozialen Ungleichheit auf der Makroebene ein wichtiger Sachverhalt manifest: die in alltagskulturellen Hintergrundüberzeugungen angelegten Schließungsmechanismen und Rangordnungen in Bezug auf das Verhältnis von Kulturen. In diesem Zusammenhang erkennen wir drei wesentliche Differenzierungsmuster: *Erstens* können wir in den Beiträgen dieses Bandes immer wieder sehen, dass kulturelle Hintergrundüberzeugungen mit der Unterscheidung vertraut/fremd operieren und darüber das „Eigene und das Fremde" (Ackermann 2004) unterscheiden. Aus der ethnologischen Forschung sind nur ganz wenige Fälle bekannt, in denen Gemeinschaften nicht zwischen Eigenem und Fremden differenzieren. Fehlt diese Differenzierungsmöglichkeit, kann die eigene Kultur entweder nur die gesamte Menschheit (als übergeordnetes Sozialaggregat) repräsentieren oder Ausprägung einer isolierten, partikularistischen Gemeinschaft sein. Sie vermag in beiden Varianten das Nicht–Identische nicht zu erkennen oder anzuerkennen – auch nicht, ihm in einer Haltung des Respekts gegenüber kulturell Eigenständigem zu begegnen.

Abbildung: Kulturelle Selbst–Fremdbewertungen und Selbstabschließungen

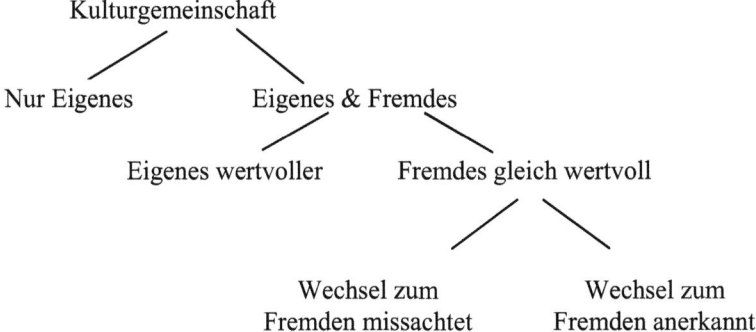

Die obige Abbildung mit ihren dichotomen Ausprägungen von kulturellen Selbst–Fremdbewertungen und Selbstabschließungen spinnt nun eine Argumentation weiter, die Martin Seel (1993) in Bezug auf die kulturelle Form der modernen Lebensform eingeführt hat. Demzufolge können die Kulturen, die andere Kulturen kennen *und* als neben ihnen existierend anerkennen, die fremden Lebensformen im Vergleich zur eigenen Kultur als weniger wertvoll oder als gleich wertvoll erachten. Der Aspekt der unterstellten Gleichrangigkeit der als verschieden anerkannten Lebensformen ist jedoch noch nicht das entscheidende Merkmal der modernen Kultur. Es lassen sich historisch außerhalb der Moderne etliche Beispiele von Kulturgemeinschaften finden, die fremde Lebensformen als gleich wertvoll oder gar als wertvoller im Vergleich zur eigenen Kultur empfinden.

Maßgeblich für die Entwicklung der Moderne ist ein *zweiter* Aspekt – die Frage nach der Möglichkeit eines Wechsels des Angehörigen einer Kultur zur Lebensform einer fremden Kultur. Erst die in den Verfassungen der modernen Gesellschaft garantierte Freiheit der Weltanschauung und der Religionsausübung ermöglicht – im Prinzip – die Wahl einer anderen Lebensform, einer anderen kulturellen Grundorientierung innerhalb der Gesellschaft. Damit lockert die Moderne selbst schon das Verhältnis von politisch–staatsrechtlicher Zugehörigkeit zu einer Gesellschaft und der kulturellen Ausrichtung der gesellschaftlichen

Lebensform. Die kulturelle Integration einer modernen Gesellschaft kann idealtypisch betrachtet entweder auf einer Zugehörigkeit qua politischer Willensentscheidung oder auf einer Zugehörigkeit qua kultureller Herkunft beruhen.

Richard Münch (1998) leitet die Differenz der beiden politisch–kulturellen
Integrationsmodi modellhaft aus der deutschen und der französischen Tradition[1]
des Verständnisses von Staat und Kultur her. Während die deutsche Auffassung
dem Herderschen Verständnis eines auf kultureller Herkunft basierenden sozio-
regionalen Zugehörigkeitsgefühls entspräche, kenne die französische Staatstheo-
rie schon früh die Vorstellung einer Zugehörigkeit, die auf Willensentscheidung
beruhe, auf der Zustimmung zu einem übergeordneten ‚volonté generale' gewissermaßen. Während eine Vorstellung von Zugehörigkeit qua kultureller Herkunft
das Erbe der vergangenen Traditionen betont, die qua Sozialisationsprägungen
noch in den Akteuren weiterwirke, können sich Individuen auch mit anderen,
fremden Herkünften im Willensmodell zu einer neuen Zugehörigkeit entschlie-
ßen. Liest man die Münchsche Unterscheidung anhand der Kategorisierungen
von Martin Seel, dann erweist sich die Zugehörigkeit qua Willensentschluss als
die Auffassung, die der modernen Lebensführung angemessener ist. Denn eine
Zugehörigkeit qua Willensentschluss erst ermöglicht es den modernen Individu-
en, die durch soziale und kulturelle Herkunft ererbte Zugehörigkeit zu einer
Lebensform abzustreifen und eine alternative neue Lebensform aufzugreifen. Die
Idee des Nationalstaats, der sich ja von spezifischeren regionalen Herkünften
abspaltet und sich nachgerade selbst als kulturelle Gemeinschaft erfindet und
imaginiert (dazu auch Anderson 1983), ermöglicht damit eben eine solche kollektive Identität, der sich der Akteur durch Entschluss zuwenden kann.

Wenn wir den Aspekt der kulturellen Differenzen nun auf diese Weise spe-
zifizieren, zeigt sich erst, worin in der Debatte um die Transnationalisierung der
Gesellschaft der eigentliche Zündstoff liegt. Eben weil mit der Transnationalisierung eine Lösung des Zugehörigkeitsproblems qua politischer Willensentscheidung erodiert, stellt sich verschärft die Frage der kollektiv–kulturellen und politischen Identität der Individuen einer transnationalisierten gesellschaftlichen Welt.
Zwar könnten sich die transnational und interkulturell mobilen Menschen der
Gegenwart auch – ähnlich wie in Bezug auf den Nationalstaat – als ‚global play-
er' oder als ‚transcultural hybrids' kollektiv neu erfinden – aber es scheint
schwer zu fallen, wie die hier wiedergegebenen Abhandlungen zeigen, und nur

---

[1] Er reflektiert dies am historischen Beispiel der gegensätzlichen Positionen von Mommsen und
Renan in der Frage der staatlichen Zugehörigkeit des Elsaß im 19. Jahrhundert.

schmale Segmente der Gesellschaft wie insbesondere die obere Schicht des Managements in multinationalen Konzernen oder internationalen Organisationen zu betreffen. Denn selbst die dem ‚post–colonial' zugeneigten Intellektuellen tendieren hier nicht nur gelegentlich zu einer Re–Ethnisierung qua kultureller Herkunft, wenn sie die Überlegenheit einer sozial–kulturell ererbten „Hybridness" gegenüber einer „Whitessness" proklamieren.

Die Stabilität der Moderne beruht gesellschaftlich somit *drittens* auf ihrer Möglichkeit, das Politische mit einer eigenen Rationalität vom eher diffusen Kulturellen freizuhalten. Fragen der Zugehörigkeit zu staatlich verfassten Gemeinschaften und zur Legitimität von Autoritäten werden abgekoppelt von Fragen der kulturellen Prägung der Lebensformen. Damit sind die gesellschaftliche Autorität und die Legitimität ihrer Ordnung aber an den modernen Rechtsstaat und den Willen der Akteure gebunden, sich diesem anzuschließen. Die Transnationalisierung schwächt dann aber wieder in einem prinzipiellen Sinne den auf der Nationalität der Moderne gründenden Rechtsstaat. Dies schränkt die Möglichkeit ein, zwischen politischen und kulturellen Autoritäten auf eine systematische Weise zu differenzieren. In erster Linie deshalb – und nicht aufgrund der historisch schon viel länger bestehenden und andauernden Differenzen von Lebensformen – kommt es zu den vielfach beschworenen „Kämpfen der Kulturen".

Unterhalb der gesellschaftlichen Ebene tritt als erstes die Spezifik der Ausgestaltung von Kulturen und Räumen in den Blick. Unter Kultur verstehen wir auf der milieuweltlichen Ebene den Hintergrund von Wissen und Bedeutungen, den Akteure im Milieu teilen. Mit Begegnungen meinen wir den Umstand, dass Akteure der Anwesenheit anderer Akteure im Interaktionsfeld Aufmerksamkeit und Beachtung schenken. In solchen Begegnungen treffen dann Akteure, Akteursgruppen sowie größere soziale Aggregate wie Organisationen oder Institutionen mit verschiedenartigem Orientierungshintergrund aufeinander. Mit Alois Hahn (2000) ließe sich dies auch als ein Aufeinandertreffen von „partizipativen Identitäten" beschreiben. Unter „partizipativer Identität" fasst er dabei den Einschluss oder Ausschluss von Akteuren anhand von sozialen Zuschreibungen der Zugehörigkeit. Diese Zuschreibungen können auf vielfältige Kulturen bezogen sein: Berufskulturen, ethnische Kulturen, politische Kulturen, usf. Sie alle konstituieren eine Milieuwelt. Das Konstrukt der „partizipativen Identitäten" ermöglicht zudem eine Vergleichsperspektive. Es lässt sich fragen, ob z.B. ethnisch konstruierte partizipative Identitäten zu grundlegenderen oder tieferen Brüchen, Spannungen oder Konflikten führen als etwa beruflich oder politisch bestimmte Identitätsformen.

Es fällt allerdings auf, dass die Beiträge in diesem Band ihrer Argumentation einen gegenüber der Vorstellung Alois Hahns von partizipativer Identität stärker substanziellen Begriff kultureller Identität zugrunde legen. Sie verweisen damit einmal mehr auf die konstitutive Bedeutung der soziale und kulturelle Identität stiftenden Milieuwelt. Es geht den Abhandlungen insbesondere nicht nur darum festzustellen, dass über partizipative Identitäten Zuschreibungen der Zugehörigkeit bzw. Abgrenzungen und sozial–kulturelle Differenzen hergestellt werden. Die über partizipative Identitäten konstruierten Zugehörigkeiten müssen aus ihrer Sicht auch ‚gelebt' werden – im Sinne von alltäglich praktiziert und durch das einbettende Milieu stabilisiert. Darüber werden sie routinisiert und gelangen in den selbstverständlichen Sinnhorizont des Alltagslebens.

Die so verstandene Milieuwelt (und das zeigt der Beitrag von Stefan Weyers zu den normativen Orientierungen christlicher und muslimischer Jugendlicher deutlich) spielt für die soziale Konstruktion des jeweils gültigen Weltbilds eine große Rolle. Sie tritt mit ihren kulturellen Mustern bis hin zu nationalstaatlichen Identifikationen und Gemeinschaftsbildungen in den Raum der Vermittlung von Individuum und Weltgesellschaft. Von entscheidender Bedeutung ist dabei, wie bereits gesagt, in welchem Maße diese kulturellen Muster für universalistische und partikularistische Weltbildbezüge und Wertemuster „offen" sind. Diese Spannung zeigt sich selbst in der universalistisch orientierten Diskurswelt zur Globalisierung, deren Teilnehmer oft genug alltags- und milieuweltlich bezogene Anreize benötigen, um sich auf die Reflexion möglicher und tatsächlicher Dissonanzen in interkulturellen Begegnungen und Austauschprozessen einzulassen.

Unter Bezug auf den Sinnhorizont der Milieuwelt ließe sich darüber hinaus mit einer anderen Stoßrichtung gegen übertriebene universalistische Ansprüche argumentieren, dass nicht immer „alle" in einer Gesellschaft „bei allem" mitmachen müssten. Gerade die moderne Gesellschaft, die eine Multiplikation von partizipativen Identitäten ermöglicht, kennt schließlich auch den Fall des belanglosen Sich-Ausschließens, der auf schlichtem Desinteresse beruht. Die Freiheit der Moderne ist ihrer Idee nach nicht zuletzt (so hatten wir in der Einleitung im Anschluss an Taylor argumentiert) als die Freiheit nicht bei allem dabei sein und mitmachen zu müssen. Alois Hahn spricht in einer grundsätzlichen Sichtweise davon, dass aufgrund der Vielfalt und der Endlichkeit subjektiver Handlungsmöglichkeiten nicht alle überall dabei sein und mitmachen könnten.

Dieses Nicht-Mitmachen-Können führt in der westlichen Welt so lange nicht zu einem politischen Konflikt und kulturellen Dissens, als die partikularistischen Normen einer sich sozial über die Distanz zur Mehrheitsgesellschaft definierenden Subkultur mit den universalistischen Grundwerten und Prinzipien moderner Gesellschaften vereinbar sind. „Starke Wertungen" einer Subkultur werden zum gesellschaftlichen Problem, wenn zum Beispiel ein religiös-orthodox fundiertes partikularistisches Wertemuster und Normengerüst der Abwehr und Negierung universalistischer Ansprüche von Sozialität und des moralischen Bewusstseins dient. Motiviert scheint dieses Muster durch eine kollektive Erfahrung biographischer Krisen im Zusammenhang mit Migration, kultureller Fremdheit, prekären Lebensverhältnissen und alltäglicher Diskriminierung. In dieser Situation kann beispielsweise religiöser Dogmatismus in den Ländern der westlichen Welt zu einer Quelle der Identitätsbildung radikaler Jugendlicher werden, die sich von der sie umgebenden, kulturell anders verfassten Mehrheitsgesellschaft ausschließen.

Bereits Max Weber (1976) hat im Zusammenhang mit der sozialen Bedeutung „starker Wertungen" auf eine andere Erscheinungsform kultureller Differenzen hingewiesen: Solche, die sich in der konkreten Lebensführung manifestieren. Neben den kulturell geprägten Speisevorschriften, die in seinen Augen für den Ausschluss von der „Tischgemeinschaft" und kulturelle Entfremdung stehen, stellt das Connubium – jedenfalls potentiell – einen privilegierten Ort der Akkulturation und der Integration dar. Wir betrachten deshalb die Familie in all ihren (Vor-)Formen als eine dritte konstitutive Ebene für die Vermittlung von Individuum und Gesellschaft und einen lebenspraktischen Ort möglicher kultureller Begegnung. Max Weber macht in seinen Ausführungen zur Vergemeinschaftung noch darauf aufmerksam, dass durch die Eheschließung – legitimiert durch als heilig geltende Traditionen oder gesatzte Ordnungen des Gesellschaftsverbands – die Partner unter anderem zu Haus- und politischen Genossen, aber auch zu Sippen- und Kultgenossen werden. Die ersten beiden Formen genossenschaftlicher Vergemeinschaftung öffnen, die letzten beiden schließen in einer typologischen Betrachtung eher den Möglichkeitsraum interkultureller Begegnung und kultureller Integration. Das bedeutet, dass aus dieser Perspektive betrachtet auch der Raum interkultureller Paar- und Familienbeziehungen von Spannungsgeflechten durchzogen ist.

Peter L. Berger und Hansfried Kellner (1965) weisen in ihrem bekannten Aufsatz zu „Ehe und die Konstruktion der Wirklichkeit" zum einen darauf hin, dass eine dauerhafte Paarbeziehung wie in der Ehe dem einzelnen Schutz gegen Anomie biete und sie ihn in seiner Stellung in der Welt bestätige. Eine vertrauensvolle, kommunikativ intensive Beziehung zu einem „signifikanten Anderen" (wie sie im Anschluss an G.H. Mead formulieren) übe eine „stützende Funktion" aus. Zum anderen sehen Berger und Kellner die in eine Ehe mündende Paarbildung als einen „dramatischen Vorgang" an, bei dem zwei „Fremde" aufeinander träfen und sich neu definieren müssten. Aber auch die Dauerhaftigkeit der Beziehung sei latent gefährdet, denn die jeweiligen Definitionen der Wirklichkeit durch die Partner müssten fortwährend in Korrelation zu denen des anderen gesetzt werden – und der andere Partner müsste auch als Fremder in fast allen Sinnhorizonten des Alltagslebens gegenwärtig sein, da er sonst aus der gemeinsamen Teilwelt ausgeschlossen werde.

Berger und Kellner sehen des Weiteren einen Wandel in den Bestandsbedingungen dauerhafter Paar- und Ehebeziehungen. In der traditionalen Welt waren, so führen sie aus, Ehe und Familie fest in ein Netz von Milieubeziehungen verankert, die sie mit der größeren Gemeinschaft verbanden. Gleichzeitig dienten die Familien als „Ausübungsorgane" der sozialen Kontrolle der sie einbettenden Gemeinschaft bzw. Milieuwelt. In der modernen Welt dagegen konstituiere im Prinzip jede Paar- und Ehebeziehung ihre eigene segregierte private Teilwelt. Diese Tatsache erfordere einen viel größeren „kommunikativen Einsatz" der Partner. Denn die gemeinsame private Welt müsse durch das, was im heute üblichen Jargon oft „Beziehungsarbeit" genannt wird, selbst geschaffen werden. Bereits die „numerische Armut" einer Zweierbeziehung bedinge in diesem Kontext eine hohe Intensität der Anstrengungen beim interaktiven Aufbau der gemeinsamen Welt. – Diese Deutung muss wohl im Zusammenhang mit der Tatsache gesehen werden, dass auch in der Moderne die große Mehrheit der Ehen „im Milieu" geschlossen wird.

Die Intensität dieser Anstrengungen zur Schaffung von Gemeinsamkeit und lebensweltlicher Stabilität wird erwartungsgemäß weiter steigen, wenn die Fremdheit des kulturellen Hintergrunds der Partner zunimmt. Anders als sozial homogene können sich interkulturelle Paarbeziehungen nicht über die Projektion auf eine gemeinsame milieuweltliche Vergangenheit stabilisieren. Damit kann aber auch die „existenzielle Angst" der Partner nicht beschwichtigt werden, „die wohl unausweichlich die Erkenntnis begleitet, dass nur die eigenen schmalen Schultern das Universum, in dem man zu leben sich entschieden hat, tragen" (Berger/Kellner 1965: 230). Interkulturelle Paarbeziehungen, sollten sie von Dauer sein, setzen dann bei den Partnern eine große Bereitschaft voraus, sowohl sich selbst zu re-definieren als auch die bisher eingeübten Handlungsmuster zu modifizieren. Dieser Bereitschaft muss eine Offenheit der „persönlichen Einstellung" zugrunde liegen, die es erlaubt, enge Beziehungen mit kulturell Fremden einzugehen. Denn die kulturell kontrastierenden Wissensbestände, lebenspraktischen Selbstverständlichkeiten und Lebensentwürfe müssen reflektiert, neu „kombiniert" und als gemeinsames „Projekt" gelebt werden. Positiv dürfte sich auswirken, wenn die Partner die neu interpretierte Vergangenheit und die gemeinsam neu erschaffene Welt als ein Kontinuum sehen, das eine Linie mit der gemeinsam projektierten Zukunft bilden kann.

Der Beitrag von Johanna Hess weist nun darauf hin, dass ungefähr jede achte Ehe in Deutschland einen solchen Ort kultureller Begegnung darstellt, und dass solche Ehen an Zahl und Intensität die meisten anderen und z.t. prominenteren Formen oder Orte interkultureller Begegnung übertreffen, wie sie aufgrund spezifischer Rollenbeziehungen oder eher kontingenter Gelegenheitsstrukturen im öffentlichen Raum stattfinden. Trotzdem zeigen die empirischen Befunde in der Mehrzahl, dass die Integration keine „auf halber Strecke" oder „in der Mitte" ist. Sondern dass die Einbettung der interkulturellen Lebensgemeinschaft in die sie umgebende konkrete Gesellschaft und Milieuwelt die Gültigkeit der Kulturmuster der jeweiligen Partner für ihren gemeinsamen Lebensentwurf erheblich beeinflusst – und u.U. eine stabilisatorische Wirkung entfaltet. Entsprechend stark oder schwach ist in der gemeinsamen Konstruktion der ehelichen Wirklichkeit der Bruch mit der jeweiligen Herkunftskultur der Partner, entsprechend unterschiedlich werden die Fragen nach der Zurechnung von Zugehörigkeiten und Autoritätsgeltungen beantwortet. Auf dieser Ebene der unmittelbaren Vergemeinschaftung des Menschen als eines sozialen Wesens zeigt sich, dass sich die Vorstellung von einer unmittelbaren Zugehörigkeit zur Menschheit im Rahmen einer universalistischen Identität ablöst von der lebenspraktischen Wirklichkeit oder von dem, was Alois Hahn als partizipative Identität bezeichnet.

Auf der Ebene von Paarbeziehungen – bzw. genereller: auf der diffuser Sozialbeziehungen – müssen kulturelle Unterschiede oder Fremdheitserfahrungen im privaten Raum und gelebten Alltag „ausgehalten" und Differenzen im Rahmen diffus strukturierter, die „ganze Person" betreffende Interaktion „ausgetragen" werden. Und das Ganze soll geschehen, ohne das Beziehungsband zu zerreißen. Paare mit unterschiedlichem kulturellem Hintergrund stehen so vor der Aufgabe, das Fremde im Anderen anzuerkennen und trotzdem eine gemeinsame partnerschaftliche Realität zu konstruieren. In der Konfrontation mit nicht vertrauten Wahrnehmungs-, Denk- und Handlungsweisen kann es zur Reflexion über die jeweilige eigene Identität kommen, wie die empirischen Befunde zeigen, ohne dass jedoch notwendigerweise die eigenen Haltungen und Verhaltensweisen auch faktisch verändert wird. Diese Konfrontation mit Fremdem kann als Bereicherung des Selbstverständlichen gesehen oder eine Haltung der

abwehrenden Bewahrung des Nicht-Selbstverständlichen in der Identität motivieren.
    Gerade Konflikte in der Paarbeziehung können jedoch nicht nur zu einem
Überdenken der kulturellen Selbstverständlichkeiten führen, sondern zu einer
Veränderung der Haltung und des alltäglichen Verhaltens. Die hohe Anpas-
sungsbereitschaft innerhalb einer Beziehung allein ist allerdings keine hinrei-
chende Voraussetzung für die Integration in die „neue" Gesellschaft. Oder anders gesagt: Die „Entfremdung" von der Herkunftskultur im Rahmen einer stabilen interkulturellen Paarbeziehung und hoher Assimilationsbereitschaft wird
nicht „automatisch" durch eine selbstverständliche Aufnahme und Zugehörigkeit
im neuen sozialen Umfeld „belohnt". In diesem Zusammenhang reproduziert
sich aufgrund von Interaktionen im öffentlichen Raum – und das gilt im Prinzip
auch für interkulturelle und interreligiöse Diskurse – die Geltung und Wahrnehmung kultureller Differenzen immer wieder. Die Paarbeziehung ist dann *der* Ort,
in dem notwendige Integrationsleistungen in einem kleinen System diffuser
sozialer Beziehungen stattfinden, die ein Leben in der Fremde auf Dauer ermöglichen und erträglich machen. Fehlt es hier an milieuweltlichen Gelegenheiten
und intersubjektiver Bereitschaft in der Gesellschaft, kommt es zur Bildung
diffus vergemeinschafteter „Parallelgesellschaften".
    Kommen wir abschließend zur Ebene der Akteure und ihrer spezifischen
Rolle im Kontext kultureller Begegnung. Seit Lessing und seines „Nathan der
Weise" gehört es zum bildungsbürgerlichen Wissenskanon, dass eine selbstbewusste Haltung der Toleranz eine subjektive Voraussetzung für im weiteren
Sinne konstruktive interkulturelle Beziehungen und Diskurse ist. Thomas Luckmann (2002) dagegen sieht die Stellung des Menschen in der modernen Welt
eher als eine erschütterte denn eine selbstbewusste. Multikulturalität und religiöser Pluralismus führten zu einem „Markt der religiösen Weltbilder und Praktiken", der die vertrauten Selbstverständlichkeiten, welche das alltägliche Handeln
entlasten, in ihrer unbezweifelt gegebenen Geltung problematisieren. Es gebe
deshalb gute Gründe anzunehmen, dass diese Erschütterung des modernen Da-
seins in ehemals vertrauten Milieus und kleinen Lebenswelten weit tiefer geht
und insbesondere weit größere Bevölkerungsteile betrifft als es bei früheren
Angriffen auf die kulturelle Identität mit ihren Sinn stiftenden lebensweltlichen
Selbstverständlichkeiten, z.B. durch Ohnmachtserfahrungen gegenüber Fügun-
gen des Schicksals, der Fall war.
    Eine notwendige Bedingung für konstruktive und dauerhafte interkulturelle
Beziehungen scheint dann ein entwickeltes moralisches Bewusstsein der Betei-

ligten zu sein, das seine Stabilität aus einer prinzipiengeleiteten Identitätsform gewinnt. Kohlberg (1981) spricht an dieser Stelle von einem postkonventionellen Moralbewusstsein. Die Sozialphilosophie sieht diese Form des Bewusstseins erreicht, „wenn sich das moralische Urteil nicht mehr aus der normativen Autorität eines partikularen Milieus herleitet, sondern aus der völlig reversiblen Reziprozitätsstruktur des role taking in einer (im Prinzip) unbegrenzten Kommunikationsgemeinschaft" (Apel 1988: 347).

Diesem ethischen Universalismus stehen aber sowohl äußere Faktoren wie Konkurrenz und Konflikt entgegen als auch

> „die Tatsache, daß die besondere Zuneigung oder Zuwendung zu einem Menschen oder einer Gruppe von Menschen in der Regel exklusiv ist. Sie setzt immer die Existenz anderer Menschen oder Gruppen voraus, denen man eine solche Zuneigung oder Zuwendung nicht entgegenbringt. In diesem Sinne ist auch ‚Brüderlichkeit' stets exklusiv, insofern sie auf der Unterscheidbarkeit der Brüder von allen übrigen Menschen beruht, die nicht Kinder derselben Eltern sind. (…) Die Idee einer allgemeinen Brüderlichkeit aller Menschen und das daraus abgeleitete Postulat, dass jedes Individuum moralisch verpflichtet ist, allen anderen Individuen unterschiedslos zu helfen, scheint die moralische Leistungsfähigkeit der meisten Menschen zu überfordern. Ein solches Postulat verfügt nur über eine sehr schwache motivationale Basis. Es ist daher ebenso anspruchsvoll wie kraftlos. Eine realistische Ethik wird die Grenzen der Sympathie und der Solidarität nicht einfach ignorieren können." (Bayertz 1998: 20f.)

Mit der Erhebung universalistischer Prinzipien zur Basis für eine im Prinzip alle verpflichtende Normierung zwischenmenschlichen Verhaltens und zur legitimationstheoretischen Begründung sozialer Formen in der Weltgesellschaft wird „die Globalisierung des Ordnungsmodells des menschenrechtlichen Egalitarismus, die Globalisierung von Markt und Demokratie logisch unvermeidlich. Gleiche Entdifferenzierung, Entindividualisierung und Entbesonderung verlangt die Unparteilichkeitsmoral, die Moral des *moral point of view* und *inpartial observer*." (Kersting 1998: 417) Wenn Gleichheit und symmetrische Reziprozität zu Grundsätzen moralischer Beurteilung werden, dann müssen sich auch die Grenzen der Solidarität bzw. die Grenzen der für solidarisches Handeln relevanten Gemeinschaft verschieben; im Grenzfall wird die Weltgesellschaft dem Anspruch nach zur Weltgemeinschaft[2] nach dem Vorbild der eigenen, westlichen Kultur mit ihrem moralischen Universalismus.

---

[2] Die entsprechende Solidaritäts-Rhetorik appelliert an den „ganzen Menschen" und versucht trotz aller Komplexität modernen Lebens, an einfachen Vorstellungen solidarischer „Einheit" und „Geschlossenheit" weiter festzuhalten (vgl. Göbel/Pankoke 1998: 466).

Diese neuen Solidaritäten unterscheiden sich empirisch allerdings von den traditionellen Formen, die in gemeinschaftlichen Milieus und Nationalverbänden gründen, in einigen wesentlichen Punkten. Sie betreffen die Geltungsansprüche und die Dauer der Beziehung. Neue Formen der Solidarität „sind meist zeitlich begrenzt und punktuell und binden daher weder lebenslang noch die ‚ganze' Person. Vor allem aber sind sie in doppelter Hinsicht frei gewählt: Die Individuen haben sowohl die Wahl, *ob* sie entsprechende Gemeinschaftsbeziehungen eingehen wollen, als auch *welche*. Bürgerinitiativen und Selbsthilfegruppen sind Beispiele für diesen neuen Typus der Solidarität. Dass diese Bindungen punktuell und zeitlich begrenzt sind, dass sie autonom eingegangen und ebenso autonom gelöst werden können, bedeutet freilich auch, dass sich auf ihrer Basis nur ‚schwache' Solidaritäten entwickeln." (Bayertz 1998: 31) Zu ihrer Sicherung müssen die Initiatoren auf Gerechtigkeitsargumente zurückgreifen, was den Prozess der Transformation gelebter Solidarität in eine Quasi-Solidarität weiter vorantreibt.

Problematisch für interkulturelle Diskurse wird es darüber hinaus, wenn in der Auseinandersetzung „Solidarität" zum Kampfbegriff mutiert. Denn dieser ist durch eine spezifische Zweipoligkeit gekennzeichnet: Auf der einen Seite durch einen positiven Bezug auf bestimmte Ziele, die im Interesse einer Gruppe liegen, und auf der anderen Seite einen negativen Bezugspunkt, weil die Interessensolidarität nicht nur auf die eigene Gemeinschaft begrenzt (Gemeinschafts-Solidarität als Inbegriff der wechselseitigen Bindungen und Verpflichtungen in einer sozialen Gruppe), sondern konflikthaft oder kampfbereit auf Außenstehende (Kampf-Solidarität als materielle und symbolische Hilfe für bestimmte Positionen und Akteursgruppen) bezogen ist." (ebd.: 44)

Je intensiver diese Form der Solidarität vertreten wird, desto größer dürfte der „Ertrag" an psychologisch-gesinnungsethischer Zufriedenheit sein. Umso dringlicher sind dann Kriterien für die Unterscheidung zwischen legitimer und illegitimer Solidarität, für die Abgrenzung von zulässiger und unzulässiger Parteilichkeit. Ohne sie wären Diskurse mit und zwischen kampfsolidarisch integrierten Gruppen nicht mehr sinnvoll und möglich. Auch wenn eine „Kultur der gemeinschaftlich konstruierten Solidarität" durch einen „sanften Terror der Geborgenheit" die Autonomie des Subjekts und seine moralische Urteilskraft beeinträchtigt, werden sie problematisch. Darüber hinaus blockiert die Geschlossenheit der „starken" Gemeinschaft die Interaktion und Kooperation auf Basis schwacher Beziehungen, die jedoch Heterogenes verbinden und Lernen von Neuen initiieren könnten (vgl. Göbel/Pankoke 1998: 466f.).

In dieser Sichtweise ist es von großer Bedeutung, gerade an den „Grenzen der Solidarität" Lernprozesse eines moralischen Perspektivenwechsels zu initiieren. Denn dies ermöglicht es, der aus dem Individualisierungs- und Pluralisierungsschub in der modernen Gesellschaft resultierenden Tendenz zur Entsolidarisierung mit diskursiven Prozessen zum Aufbau einer „reflexiven Solidarität" zu begegnen.

Fragen wir in diesem Zusammenhang zum Schluss noch einmal, welche subjektiven Motive für interkulturelle Begegnungen im öffentlichen Raum identifiziert werden können, so stoßen wir einerseits auf diffuse gesinnungsethische Impulse engagierter Bürger und andererseits auf spezifische Interessen von Akteuren, die in ihrem beruflichen Tätigkeitsbereich mit globalen Problemen konfrontiert werden.

Gesinnungsethisch motivierte Bürger sind beispielsweise Mitglieder und Sympathisanten von Nicht-Regierungs-Organisationen, die sich zu einer globalen Verantwortung und einer entsprechenden Form „reflexiver Solidarität" bekennen, beruflich Betroffene insbesondere Mitarbeiter und Funktionäre von multinationalen Konzernen und entsprechenden internationalen politischen Organisationen, die ein eher praktisches Verhältnis zu Strukturen „reflexiver Solidarität" haben werden. In der empirischen Betrachtung ist schließlich eine weitere Gruppe aufgefallen: die vom Globalisierungsprozess in ihrer Lebenswelt und Lebensführung Betroffenen. Ihnen fehlt sowohl der mit einem entsprechenden moralischen Bewusstsein verbundene gesinnungsethische Antrieb für eine „reflexive Solidarität" als auch die berufliche Integration in einen globalen politischen und wirtschaftlichen Handlungsraum. In dieser Gruppe finden sich die Akteure, die lokal verankerte und pragmatisch–funktional bestimmte Anreize benötigen, um über mögliche Dissonanzen, Probleme, Reglementierungsbedarfe oder Lösungsschemata zu reflektieren oder gar an interkulturellen Begegnungen und Diskursen teilzunehmen.

Literatur

Ackermann, Andreas (2004): Das Eigene und das Fremde: Hybridität, Vielfalt und Kulturtransfers. In: Jaeger, Friedrich/Rüsen, Jörn (Hrsg.) Handbuch der Kulturwissenschaften. Band 3. Stuttgart: Metzler: 139–154

Anderson, Benedict (1983) Imagined Communities: Reflections on the Origin and Spread of Nationalism. New York: Verso

Apel, Karl Otto (1988): Diskurs und Verantwortung. Frankfurt/M.: Suhrkamp

Bayertz, Kurt (Hrsg.)(1998): Begriff und Problem der Solidarität. Frankfurt/M: Suhrkamp

Berger, Peter L./Kellner, Hansfried (1965): Die Ehe und die soziale Konstrktion von Wirklichkeit. Eine Abhandlung zur Mikrosoziologie des Wissens. In: Soziale Welt Jg. 16: 220-235

Göbel, Andreas/Pankoke, Eckart (1998): Grenzen der Solidarität. In: Bayertz 1998: 463-494

Hahn, Alois (2000): Konstruktionen des Selbst, der Welt und der Geschichte. Frankfurt/M.: Suhrkamp

Hirschmann, Albert (1988): Engagement und Enttäuschung. Über das Schwanken der Bürger zwischen Privatwohl und Gemeinwohl. Frankfurt/M.: S. Fischer

Kersting, Wolfgang (1998): Internationale Solidarität. In: Bayertz 1998: 411-429

Kohlberg, Lawrence (1981): The Philosophy of Moral Development, San Francisco

Luckmann, Thomas (2002): Veränderungen von Religion und Moral im modernen Europa. In: Berliner Journal für Soziologie, 12. Jg., Heft 3: 285-293

Luhmann, Niklas (1997): Die Gesellschaft der Gesellschaft. 2 Bände. Frankfurt/M.: Suhrkamp

Münch, Richard (1998): Elemente einer Theorie der Integration moderner Gesellschaften. Eine Bestandsaufnahme. In: Ders.: Globale Dynamik, lokale Lebenswelten. Der schwierige Weg in die Weltgesellschaft. Frankfurt/M.: Suhrkamp: 27 - 67.

Seel, Martin (1993): Ethik und Lebensformen, in: Brumlik, Micha/Brunkhorst, Hauke (Hrsg.), Gemeinschaft und Gerechtigkeit, Frankfurt/M: S. Fischer: 244-257

Weber, Max (1976): Wirtschaft und Gesellschaft, Tübingen (5. Aufl.): J.C.B. Mohr (Paul Siebeck)

Über einen Kernbegriff der Sozial- wissenschaften: Kommunikation

> Was ist und was vermag Kommunikation?

Jo Reichertz

Kommunikations- macht

Was ist Kommunikation und was vermag sie? Und wes- halb vermag sie das?

2010. 267 S. (Wissen, Kom- munikation und Gesellschaft)
Br. EUR 24,90
ISBN 978-3-531-16768-8

Kommunikation kann Macht haben, kann dem anderen ein bestimmtes Handeln nahe legen, ohne dass direkter oder indirekter Zwang dahin- ter steht. Die Frage ist, weshalb kommunikatives Handeln auch ohne Gewalt und Herrschaft Macht entfalten kann. Eine klare Antwort hat die Soziologie und die Kommunikationswissenschaft bislang noch nicht geben können.

Hier wird eine Antwort entworfen und gezeigt, dass und wie alltägliche Kommunikationsmacht sich im kommunikativen Zusammenspiel erst aufbauen muss, um wirken zu können. Dabei kommt der Beziehung und deren Auswirkung auf die Identität der Beteiligten eine besondere Bedeutung zu.

Das Verständnis der alltäglichen Macht von Kom- munikation kann dabei helfen, Kommunikations- macht zu nutzen oder sich gegen sie zu wehren.

www.vs-verlag.de

VS VERLAG FÜR SOZIALWISSENSCHAFTEN

Abraham-Lincoln-Straße 46
65189 Wiesbaden
Tel. 0611.7878-722
Fax 0611.7878-400